CORAÇÕES
IMPERFEITOS

Título original
The Heart of Perfection: How the Saints Taught Me to Trade My Dream of Perfect for God's
Copyright © 2012 by Colleen Carroll Campbell

Capa & diagramação
Gabriela Haeitmann

Dados Internacionais de Catalogação na Publicação (CIP)

Campbell, Colleen Carroll
Corações imperfeitos / Colleen Carroll Campbell — 1ª ed. –
São Paulo: Quadrante Editora, 2022.

ISBN: 978-85-7465-377-8

1. Testemunhos 2. Cristianismo I. Título II. Série

CDD–248.5

Índices para catálogo sistemático:
Testemunhos: Cristianismo

Todos os direitos reservados a
QUADRANTE EDITORA
Rua Bernardo da Veiga, 47 - Tel.: 3873-2270
CEP 01252-020 - São Paulo - SP
www.quadrante.com.br / atendimento@quadrante.com.br

COLLEEN CARROLL CAMPBELL

CORAÇÕES

IMPERFEITOS

Como os santos me ensinaram
a trocar o meu sonho
de perfeição pelo
de Deus

QUADRANTE

SUMÁRIO

CAPÍTULO 1
UMA VELHA MENTIRA — 9

CAPÍTULO 2
A LUTA PELA DOÇURA — 39

CAPÍTULO 3
PERSEGUIR A ALEGRIA — 69

CAPÍTULO 4
ENFRENTAR AS ONDAS — 99

CAPÍTULO 5
A GUERRA INTERIOR — 129

CAPÍTULO 6
UM EQUILÍBRIO APAIXONADO — 163

CAPÍTULO 7
PEREGRINOS E ESTRANGEIROS — 197

CAPÍTULO 8
DA CABEÇA AO CORAÇÃO — 229

SUGESTÕES DE LEITURA — 271

AGRADECIMENTOS — 277

Para meus filhos:
Clara Colleen, John Patrick, Joseph Francis e
Maryrose Therese, que, junto com seu pai, John,
são os maiores presentes que Deus me deu, fora Ele.

Toda dádiva boa e todo dom perfeito vêm de cima...

(Tg 1, 17)

CAPÍTULO 1
UMA VELHA MENTIRA

> *Pois a lei nada levou à perfeição.*
> *Apenas foi portadora de uma esperança*
> *melhor que nos leva a Deus.*
>
> (Hb 7, 19)

Nunca me considerei uma pessoa perfeccionista — até ter filhos. Costumava tratar o perfeccionismo como um problema dos outros.

Era a aflição típica dos ratos de biblioteca que, em plena noite de sábado, permaneciam no *campus* estudando, assombrando-o com suas caras pálidas, enquanto todos os demais já tinham saído para tomar cerveja. A sina dos brutamontes que, concentrados em seus treinos desumanos, passavam a primavera toda levantando peso e gemendo dentro do ginásio todo forrado de espelhos, verdadeiro mausoléu daquele mesmo *campus*. Para mim, perfeccionismo era o que movia as mães, no auge do esgotamento físico, a ficarem durante toda a noite costurando fantasias para o dia das bruxas; era o que fazia os pais, lutando para fazer uma renda extra, gritarem em casa, vermelhos de raiva — ou se tornarem trabalhadores compulsivos que acabavam perdendo tudo o que tinham.

Perfeccionista, para mim, era aquela alma atribulada que, diante da travessa de saladas do bufê, parece brotar na nossa frente e inspeciona cada folha de alface com o mesmo rigor de quem garimpa ouro, apontando para o garçom a rodela de

nabo que alguém deixara cair no molho — livre de gorduras, vindo direto da fazenda.
Isso é ser perfeccionista, pensava. *E isso não sou eu.*
É verdade que já fui chamada de obsessiva. Na escola primária, cheguei a considerar uma nota 8,5 um fracasso ignóbil — lá estava eu preocupada em melhorar meu currículo enquanto a maioria das crianças não conseguia sequer escrever uma palavra corretamente. Durante o ensino médio, tinha por hábito corrigir com caneta vermelha os erros que encontrava nas cartas de amor que recebia do meu namoradinho do colégio, e só então as remetia de volta a ele. Uma jornalista, colega minha, certa vez predisse que, com base em quem eu era aos 25 anos de idade, o próximo passo na minha carreira seria ter uma crise de meia-idade.

Eu costumava ridicularizar comentários como esse, mas só por fora — por dentro, eu os levava em consideração. Quando um entrevistador me perguntava qual era a minha maior fraqueza, devolvia-lhe uma resposta-padrão, capaz de transmitir algo que ninguém julgaria ser um defeito: «A minha? Ah, acho que é trabalhar demais. Sou um pouco *perfeccionista*.»

Sempre me vi como uma pessoa assaz divertida e assaz equilibrada para ser verdadeiramente perfeccionista. Talvez tenha sido um pouco dura comigo mesma, é verdade, e também com os outros. É uma característica que herdei de família, assim como a de estabelecer — e buscar — altos padrões. Quem seria eu sem minhas conquistas?

Se me pedissem para conciliar aquela declaração com a minha crença em que devemos moldar nossa identidade segundo os méritos de Cristo, e não segundo os nossos, teria discorrido sobre como Deus deseja que eu viva para realizar as minhas potencialidades. Talvez mencionasse os versículos da parábola dos talentos, tão citada pelos meus professores: «Porque, a quem muito se deu», diziam em tom solene, com uma voz madura que sempre soava mais ou menos amedrontadora, «muito se será pedido».

Passei por certos períodos em que a minha autoestima foi abalada, e neles as minhas conquistas não serviram como consolo. Relatei alguns destes momentos em meu livro de memórias, *Minhas irmãs, as santas*. Como contei ali, minha jornada pela infertilidade, a luta do meu pai contra o mal de Alzheimer, juntamente com as santas que se tornaram minhas amigas naquele processo, ajudaram-me a compreender que dependia de Deus.

Ainda assim, meu perfeccionismo — e seu papel central na minha luta permanente por confiar em Deus — permaneceu oculto aos meus olhos. Até eu me tornar mãe.

Ainda me lembro daquela tarde de setembro, tão surreal, em que eu e meu marido John deixamos o hospital e fomos para casa com nossos gêmeos. Tão logo acomodamos os bebês, embrulhadinhos de rosa e azul, nos assentos do carro, rimos da loucura que era sermos responsáveis por aqueles dois seres humanos. Parecia que precisávamos de uma licença, ou algo assim.

Tínhamos lido livros. Tínhamos assistido aulas. Tínhamos recebido conselhos *ad nauseam*, como recebem todos os pais de primeira viagem. No entanto, o que realmente sabíamos sobre criação de filhos? Sabíamos que cometeríamos erros. Mas que erros eram esses? E quando os cometeríamos? Saberíamos que eram erros enquanto os cometíamos? Ou só o descobriríamos décadas mais tarde, quando os gêmeos — com um histórico de terapia, prisões e divórcios — fossem nos visitar no asilo, apontando-nos cada trauma que lhes tínhamos causado?

Eu fazia piada dos erros que cometeria como mãe, e assim divertia alguns amigos. Por dentro, porém, não via graça nenhuma naquilo. Eu estava espavorida.

Nos meus tempos de jornalista, havia tomado conhecimento das pesquisas sobre o desenvolvimento do cérebro infantil e do quão importantes são os primeiros anos do ser humano – e falo já dos nove meses que a criança passa no útero da mãe. Por observar meus próprios filhos, vi quão vulnerável são as crianças, vi como algo que parece não ter nenhum mistério para um adulto pode ser traumático e crucial para um filho. Quando menina, eu havia sofrido feridas profundas que, à época em que aconteceram, não foram notadas por ninguém, e essas feridas — como percebi mais tarde — alimentaram meu perfeccionismo. Quis, portanto, poupar meus filhos de sofrerem o mesmo.

Mas como faria isso, tendo em vista todas as minhas imperfeições e meus pontos fracos? E como fazê-lo enquanto executava todas aquelas tarefas rotineiras — a alimentação ao longo do dia, a troca de fraldas, as vigílias noturnas por um filho doente, a sequência interminável de canções infantis, como *Nana, neném, Boi da cara preta* e *Brilha, brilha, estrelinha,* — que sempre fizeram da maternidade uma possibilidade amedrontadora para mim, embora ansiasse por gerar filhos? Passara as duas últimas décadas interagindo quase que exclusivamente com adultos. A última vez que tinha sido babá fora na sétima série. Queria desesperadamente ganhar meus bebês, mas será que estava pronta para eles?

Percebi, então, que teria de dar o máximo de mim — o meu melhor. Eu os amaria e rezaria pedindo sabedoria. Em seguida, vestiria minha roupa de jornalista e faria aquilo que sempre fazia quando queria ter êxito em algo: investigaria todos os ângulos possíveis, indagaria todas as fontes confiáveis, colocaria minhas hipóteses à prova, avaliaria meu progresso e compararia meus resultados. Iria trabalhar, trabalhar e trabalhar. E teria êxito — ou pelo menos dormiria em paz, sabendo que fizera o possível.

Como era de se esperar, o sono foi a primeira coisa que perdi quando chegaram os bebês. E, logo depois, a paz — não só de espírito, mas também do corpo e do casamento.

Depois de 22 horas de trabalho de parto para ter minha filha e de uma cesariana de emergência para ter meu filho, tive de me recuperar de dois pós-partos em vez de um. No hospital, não dormia mais de uma hora, e o tempo que ficava acordada era destinado a pedir que me levassem até o berçário da unidade de terapia intensiva neonatal, onde meu filho passava seu primeiro dia e meio de vida sem mim. Quando finalmente deixamos o hospital e fomos para casa, tive tanto medo da Síndrome da Morte Súbita Infantil que durante a primeira noite inteira me queixei, em intervalos de quinze minutos, a fim de ver se meus bebês ainda respiravam. Tão logo voltava a me deitar, era preciso amamentar um, trocar a fralda de outro. E vice-versa.

Foi assim noite após noite, dia após dia — durante semanas. John já voltara a trabalhar e estava exausto. De tão cansada, eu chegava a delirar, ainda sangrando e sentindo dores. Os meus bebês eram prematuros, e por isso precisavam acordar a cada duas horas para mamar, inclusive nas noites em que eles — ou eu — podiam dormir mais tempo. Eles passaram uma semana em um leito especial, em fototerapia, a fim de tratar a icterícia. Tínhamos de tomar nota de cada fralda molhada ou suja e levá-los — enroladinhos como múmias, por medo dos germes — ao consultório do pediatra regularmente. Muitos momentos eram de uma alegria de tirar o fôlego, mas, na maioria das vezes, John e eu estávamos muito cansados para nos darmos conta disso. Sobrecarregados, brigávamos. «É uma guerra», ouvi um ex-militar dizer mais tarde, quando alguém lhe perguntou sobre a vida com gêmeos recém-nascidos. «A única diferença é que na guerra você às vezes dorme um pouco».

Seis semanas depois, finalmente me animei a ir à casa das minhas amigas do clube do livro, o qual eu não frequentava desde antes do parto. Sentia-me péssima, era um inferno, mas precisava de algumas horas longe dos bebês. Um copo de Chardonnay ou um chocolate não fariam mal.

Enquanto estávamos na cozinha da minha amiga naquela noite, alguém perguntou se eu estivera aproveitando a maternidade. Tentei entrever ali uma piada qualquer, mas em vez disso surgiram lágrimas. Confessei que tinha sido difícil, muito mais difícil do que eu esperava, e que me sentia culpada por não ter aproveitado tanto, já que tudo o que eu mais queria eram aqueles bebês. Também me senti culpada por outros dois motivos: a chegada antecipada dos meus gêmeos, com 36 semanas, prematuros; e a permanência de meu filho na UTI neonatal, o que nos privara daquele primeiro contato entre mãe e bebê que eu sempre ouvira dizer ser tão crucial logo após o parto.

Meu filho estava bem. Os médicos disseram que o estado de saúde dele era bom e que, na verdade, 36 semanas constituíam um tempo de gestação satisfatório para gêmeos. Mesmo assim, eu tinha certeza de que só havia entrado em trabalho de parto por conta de uma longa caminhada que fizera no dia anterior. E o parto precoce deve ter sido a razão por trás do cordão umbilical prolapsado do meu filho, motivo de sua permanência na UTI neonatal – permanência esta que causaria inúmeros problemas silenciosos nos próximos anos, graças à sua mãe estúpida, egoísta, e ao seu passeio de domingo: meus bebês não tinham nem dois meses de idade e eu já tinha estragado tudo.

Lembro-me do modo como uma amiga me observava do outro lado do balcão da cozinha, concordando com o que eu falava. Podia ver que algo brilhava em seus olhos, como lágrimas. Ela, mãe de cinco filhos, incluindo dois gêmeos, tinha visto os filhos revezarem-se na UTI neonatal, e eles agora eram adultos saudáveis, à exceção de uma menina, que morrera alguns dias após o nascimento.

«Colleen», disse esta amiga, com uma voz firme e clara que nunca esquecerei. «Não sei se existe espaço para o perfeccionismo em outra área da vida, mas na maternidade eu sei que não existe.»

Aquelas palavras me atingiram como as luzes de um holofote. Senti-me em choque, exposta... e estranhamente aliviada.

Talvez aquele parto traumático, que durante todos os dias das últimas seis semanas eu vinha me forçando a reviver, não tivesse sido a calamidade que eu imaginava. Talvez aquele processo que abria contra mim mesma não fosse tão impossível de ser contestado como eu supunha. E talvez a ameaça real que eu oferecia ao futuro dos meus filhos não tivesse nada a ver com o meu exercício pré-natal, tampouco com o nascimento prematuro deles.

A ameaça real provavelmente vinha daquela necessidade insaciável de perfeição que desde a infância eu carregava nas costas como uma mochila cheia de chumbo.

Agora lá estava eu, transferindo-a para meus filhos. Lá estava eu sobrecarregando ombrinhos tão pequenos. Com certeza eu os esmagava. Eu mesma já me sentia esmagada.

Naquele momento, sabia que minha amiga tinha razão: não há espaço para o perfeccionismo quando se é mãe.

E também sabia de outra coisa: o perfeccionismo não era um problema apenas para as outras pessoas; antes, era um problema também para mim.

Para ter problemas com o perfeccionismo não é preciso ser uma perfeccionista congênita como eu, ou não admitir falhas em nenhum aspecto da vida; o perfeccionismo é simplesmente um vício em controlar, uma recusa em aceitar a imperfeição dos esforços humanos. Olhando para a nossa cultura atual, eu diria que muita gente sofre com isso.

Que outro ponto em comum possuem, atualmente, as mães autoritárias e os pais superprotetores, ambos escravos do trabalho que, viciados em sua atividade, ficam angustiados com os treinos perdidos, mas nunca saem de férias? Qual é o elo que existe entre a crescente dependência de remédios e os de distúrbios alimentares; entre os níveis de ansiedade e depressão, cada vez maiores; entre o surto de dívidas de cartão de crédito e a popularidade estrondosa das cirurgias plásticas? Muitos fatores contribuem com o aumento dessas tendências, mas um fator é o principal: a nossa demanda por perfeição.

Essa demanda recai, dura e pesada, sobre as mulheres. Desde que somos meninas ouvimos que temos de manter o corpo perfeito, o guarda-roupa perfeito, a carreira perfeita, o casamento perfeito, os filhos perfeitos e a casa perfeita, e que devemos fazer o que for preciso para alcançarmos essa perfeição. Vemos, então, milhões de mulheres passando fome de propósito; automedicando-se com drogas e álcool; tentando provar o próprio valor oferecendo seus corpos a homens que não se preocupam com elas — e que muitas vezes não sabem sequer seus nomes; punindo-se a si mesmas, mais e mais, ao passar novos períodos sem comer, muitas vezes mutilando-se e chegando a ponto de tentarem se matar.

Aquele velho joguinho de comparação que as mulheres jogavam umas com as outras é agora um esporte de última geração, emotivo e sanguinolento. Hoje em dia, nós não nos comparamos apenas com as amigas e mulheres da família — competimos com supermodelos, cheias de curvas ressaltadas por programas de computador, e com as amigas que temos nas redes sociais, cuja vida real não se assemelha muito àquela que elas pintam na internet, sempre com imagens alegres e vibrantes. Nesse desespero de nos mantermos em alta acabamos violentando nossas relações, nossas consciências e até nossos corpos.

Os homens também tentam galgar os Degraus da Perfeição. Basta considerar o «perfeccionismo social» que, segundo Rory O'Connor, possui ligações com as taxas cada vez mais elevadas de depressão e suicídio entre os homens. Parece que, nos dias de hoje, um número crescente de homens se sente envergonhado por sua incapacidade de viver segundo padrões sociais muitas vezes complexos e conflitantes. Ser provedor e protetor, amar a esposa e dar atenção aos filhos já não é o suficiente para que um homem seja considerado *homem*. Agora ele deve andar na moda, ser um metrossexual com excesso de testosterona, viciado em esportes e sexo, um magnata, um sujeito incansável no trabalho e, em casa, um ouvinte sensível — bem como um disciplinador complacente, apesar de firme. Tudo isso sem se atrasar para pegar o Uber nem se ofender com uma cultura de massas e um aparato legal que vêm tratando os pais como mães ignorantes e dispensáveis, de segunda classe.

Os homens que não conseguem se qualificar não têm muitos lugares onde possam obter apoio dos pares. A mesma sociedade que estabelece altos parâmetros para os homens escarnece — chamando-a de sexista e temível — de qualquer forma de irmandade masculina que não seja aquela estereotipada camaradagem, beberrona e cheia de gritos obscenos, do futebol das quartas-feiras.

Talvez tudo isso soe um pouco exagerado. Afinal, nem todo mundo é obcecado pela aparência, pelo currículo ou por extratos bancários. Talvez você ache graça da atual tendência dos pais superprotetores e esteja longe tanto de sonhar com o bisturi da cirurgia plástica como de se endividar para impressionar os outros.

Arriscaria dizer, contudo, que se você olhar lá dentro do seu coração, da sua vida, pode acabar descobrindo que, em pelo menos uma área específica, a preocupação com o sucesso e o controle lhe toma mais tempo que o necessário.

Talvez seja algo insignificante, como a luta interminável para perder dois ou três quilos, ou mesmo para aumentar a média de acertos do seu filho na escola. Talvez seja algo de extrema seriedade, como a perpétua busca pela aprovação de um pai rigoroso.

Quiçá se trate, ainda, de algo mais difícil de identificar, como uma obsessão em ser o melhor que assume a aperência de piedade. Nos círculos de confissão cristã, a maioria de nós não compete abertamente por dinheiro, emprego, roupas. Competimos, porém, de outras formas: comparando para ver quem tem os filhos mais obedientes — ou simplesmente para ver quem tem mais filhos —, bem como para ver quem de nós se sacrificou mais em prol deles. Podemos competir para ver quem dedica mais tempo ou dinheiro à igreja; quem tem a família mais virtuosa; quem tem mais intimidade com o pároco...

Às vezes o perfeccionismo adquire contornos ainda mais sutis. Porventura você já teve a impressão de que o que se diz sobre a misericórdia de Deus não lhe dizia respeito? De que, se não cumprisse todas as coisas que tem de cumprir agora — sua rotina diária de oração, seu serviço prestado à família e à comunidade, seu dízimo e seu testemunho público de fé —, Deus poderia amá--lo menos? De que Ele poderia, inclusive, castigá-lo? Já contou a alguém sobre o amor ilimitado de Deus, do Seu perdão, mas acreditando secretamente que nem este perdão nem aquele amor *se aplicam a si*? Já disse que, sendo você essa pessoa tão agraciada, não há desculpa para quando *você* falha?

Em outras palavras, pode ser que você não seja um perfeccionista de acordo com os padrões do mundo, mas pode muito bem ser você um perfeccionista *espiritual*.

Este é um problema verdadeiro, dos mais difundidos e traiçoeiros da vida espiritual. E sua periculosidade reside em que muitos de nós o confunde com virtude.

O perfeccionismo espiritual é a obsessão por controle e impecabilidade transposta para a relação com Deus.

Sua raiz está na falsa ideia de que podemos conquistar o amor de Deus e, em seguida, nos encaminharmos para o céu graças a nosso próprio esforço.

A maioria de nós sabe que isso não é verdade, apesar de vivermos como se acreditássemos. Passamos os dias nos esforçando para aprimorar a nós mesmos, adquirir virtudes e expurgar vícios, como se fosse a força de vontade a conduzir nosso progresso espiritual, em vez da graça. Consumimos os livros e os espetáculos espirituais da moda — todos eles prometem nos tornar discípulos, cônjuges e pais perfeitos, ou mesmo fazer de nós uma personalidade capaz de promover transformações culturais. Encaramos nossos irmãos de fé como competidores que trilham um sinuoso caminho em direção a Deus. Por dentro, sentimos orgulho quando nos damos conta de que outros caíram ao nosso redor, enquanto nós nos mantivemos de pé; entretanto, quando somos nós que caímos — em erros que cometemos desde o colégio —, sentimos uma vergonha paralisante. Remoemos nossos próprios pecados — leves ou graves, confessados ou não — e nos abismamos ante nossa fraqueza. Nestes momentos tenebrosos, sentimos um desânimo que beira o desespero, juntamente com um amargo temor desse Deus que exige aquilo que não podemos dar.

O perfeccionismo espiritual é a forma mais tóxica de perfeccionismo e a mais difícil de identificar. Seu círculo de orgulho, pecado, vergonha, culpa e desespero contamina cada aspecto de nossas vidas, alimentando e potencializando várias outras formas de perfeccionismo. O perfeccionismo espiritual distorce nossa visão, levando-nos a enxergar o próximo através da mesma lente supercrítica que, segundo nosso equivocado parecer, Deus usa para nos ver; além disso, torna nossa jornada espiritual um trabalho árduo ou nos convence de que o melhor a ser feito é abandoná-la de vez; e, por fim, distancia-nos da nossa única esperança de cura: a graça de Deus.

Em meio a uma cultura que nos chama a buscar a felicidade e a reforçar nossa autoestima a todo custo, o perfeccionismo espiritual pode parecer um problema secundário, uma preocupação apenas para aquela parcela — cada vez menor — da população que ainda se preocupa com o pecado. Mas não se engane com os *slogans* que, hoje em dia, defendem o bem-estar acima de tudo. Se falar sobre pecado e culpa é coisa rara, mais comum é essa mania coletiva de alcançar o desenvolvimento pessoal. Milhões de pessoas migram de tendência em tendência numa busca frenética por paz e iluminação. E todos sabemos, diante disso, que algo está errado. Esse algo está além das técnicas de meditação e dos manuais de autoajuda. Trata-se de que não temos formas para corrigir um erro desses — não cabe a nós, não por nós mesmos.

Os cristãos sabemos disso. Ou ao menos deveríamos saber. Mesmo os cristãos fiéis, comprometidos e devotos caem feiamente nas armadilhas do perfeccionismo espiritual. Tomamos essa bebida adulterada, que é o perfeccionismo, como qualquer outra pessoa, só que em dose dupla. Não nos satisfaz conhecer apenas os padrões de perfeição do mundo, não nos basta conquistar um abdome definido ou fazer um filho chegar a Harvard, quando podemos também alcançar a caridade ideal e uma santidade que brilhe no escuro. E então fazemos tudo do jeito certo, rezamos da maneira certa, lemos os livros certos e fazemos amizade com as pessoas certas. Contudo, ao longo do caminho, ficamos exaustos — e a fé que outrora nos consolava torna-se motivo de vergonha. Tudo isso porque esquecemos a verdade central dessa mesma fé: Jesus veio para nos salvar justamente porque não podemos nos salvar a nós mesmos.

O que estou defendendo, afinal? Que joguemos a toalha, deixemos de rezar e nos resignemos à mediocridade espiritual? Que sejamos mais um número nos já volumosos indicadores de nômades espirituais, rejeitando exigências doutrinais e tratando a misericórdia divina como um pretexto para fazermos o que quisermos? É assim que alguns em nossa cultura atual — e também na Igreja — parecem entender a misericórdia de Deus: como uma disposição que anula e contradita Sua justiça e, sobretudo, dispensa nosso arrependimento e conversão. Seguindo essa lógica, a solução para o nosso perfeccionismo seria baixar nossos padrões e aceitar que o chamado universal à santidade não é verdadeiramente universal.

Isso, porém, não convence. Não importa quantas pessoas sorriam com complacência ante nossos pecados ou sejam levadas a cometê-los: há algo que, em nosso mais íntimo, diz que não podemos melhorar por nossas próprias forças e que não temos sequer de fazê-lo. É o sopro de alerta do Espírito Santo. Eis a Sua misericórdia. As Escrituras e a tradição nos dizem que a justiça e a misericórdia divinas sempre caminham juntas. Assim, a resposta para o perfeccionismo deve ser encontrada em ambas. Devemos confiar na graça de Deus, mas também cooperar com ela; devemos rejeitar o perfeccionismo espiritual, sem tropeçarmos na indolência.

Essa não é uma tarefa simples. É mais fácil cair na desesperança ou na presunção do que atingir o meio-termo justo que há entre as duas. Ocorre que um problema que vem sendo negado por décadas não pode ser resolvido da noite para o dia. Basta notar que certas características das quais você sempre dependeu para encontrar soluções — a autossuficiência e a força de vontade; as ilusões de controle e o medo, tão desmotivador, de falhar — são, por si só, o problema. Mesmo com todos os danos que ele causa, é tentador apegar-se ao perfeccionismo quando não se conhece outro caminho além dele.

Um belo dia, no entanto, a angústia decorrente do perfeccionismo cresce de modo tão insuportável que já não pode mais ser ignorada. Esse dia chegou para mim em um meio de semana comum, anos após o alerta inicial que recebera na cozinha da minha amiga. Em minha cabeça, ainda vejo aquele momento decisivo como quem assiste a um videoclipe filmado por outra pessoa.

O sol começa a se pôr. Estou grávida de nove meses, visto uma camisola rosa própria para gestantes, mas que mal cobre minha barriga arredondada. Devia estar usando um casaco: não imaginei que faria frio. Nesse momento corre um vento gelado que entra pelo estacionamento do hospital, numa punição por mais um erro cometido.

Levo uma criança sangrando para o pronto-socorro. Preciso correr para lhe prover aconchego e segurança, mas não consigo: as varizes, que sempre inflamam durante a gravidez, estão especialmente inflamadas agora, e a cada passo que dou elas vão crescendo em minha coxa esquerda. A lombar palpita por causa do peso do feto, que já se sente pronto para nascer. Sinto uma contração — uma das fortes, ainda mais forte do que as outras que, durante todo o dia, vinha sentindo — e me inclino de dor, agarrando a mão do meu filho e com uma enorme dificuldade para respirar. Lágrimas salgadas se misturam com o suor que chega à minha boca seca. Penso: «Vou entrar em trabalho de parto aqui mesmo, no estacionamento de um hospital. Ótimo! Afinal, eu mereço... mereço tudo de ruim, já que a culpa foi toda minha».

Tratava-se de um acidente estranho que poderia acontecer com qualquer criança, mas que acontecera com a minha, e bem diante dos meus olhos. Eu poderia tê-lo evitado se desacelerasse um pouco, se verificasse melhor as coisas, se decidisse não brincar de ser supermãe, se parasse de tentar fazer tudo de uma vez, ficando esgotada, sem condições de proteger meu filho.

Reproduzo esse fim de tarde na minha cabeça, e cada cena revela um erro diferente: eu deveria ter deixado de lado uma última tarefa, deveria ter pedido a prorrogação de um prazo, deveria ter me contentado com um presente que já era suficientemente bom, em vez de arrastar as crianças por toda a cidade a fim de garantir o presente perfeito; deveria ter servido o jantar um pouco mais tarde ou ter pedido uma pizza, sem me preocupar se tinha limpado a casa, arrumado as roupas e tirado as coisas do carro antes que o John chegasse do trabalho.

Em vez disso, mais uma vez, eu quisera fazer tudo. E, no fim de mais um dia frenético, aumentavam em mim a fome, o cansaço e as contrações. Estava ciente do risco que corria, tamanha era a intensidade com que elas aumentavam. E o acidente aconteceu. Agora estou aqui, sem me aguentar em pé enquanto aperto a mãozinha do meu filho, cujo corpo tem de suportar essa mácula: o meu perfeccionismo.

Coloco as mãos sobre os joelhos tentando me estabilizar, e uma multidão de pensamentos começa a surgir: lembro da noite em que, neste mesmo hospital, fora mãe pela primeira vez e tivera meu filho levado para a UTI. Sinto, avassaladores, o mesmo medo, a mesma culpa, só que desta vez tudo é pior: a dor não é imaginária nem potencial, mas tão real quanto o sangue que se espalhara pela minha roupa ao tentar fazer um curativo no ferimento do meu filho.

Meu filho vai ficar bem, a lesão que sofrera não era capaz de o incapacitar, nem causava nenhuma ameaça à sua vida. Mas e se, no entanto, não cicatrizar da maneira correta? E se, cada vez que eu olhar para aqueles olhos tão doces, que confiam tanto em mim, eu encontrar minha própria vergonha e arrependimento? Já me castiguei, sem dó, por ofensas menores — nunca irei me perdoar por esta.

Penso em como John ficará com raiva, em como Deus ficará com raiva. Não mereço o perdão deles, não mereço sequer o perdão de mim mesma.

Então, pela primeira vez na vida, penso o seguinte: «Alguém deveria dar um descanso a essa mulher».

Fico espantada, pois é como se o pensamento me fosse estranho — como se viesse de outra pessoa.

Ergo a cabeça e, quase sem fôlego, recobro as forças e sigo com meu filho em direção à sala de emergência. Uma calma surpreendente me envolve enquanto avanço na escuridão que se espalha. Velhas palavras de recriminação começam a ecoar em minha cabeça, como um cântico que diz: «É tudo culpa minha, é tudo culpa minha», mas aos poucos silenciam, como se eu as ouvisse só de longe... De repente, outra sequência involuntária irrompe, como um adágio: «*Preciso me perdoar. Errei, mas sou a única mãe que esta criança tem. Preciso cuidar de mim mesma para poder cuidar destas crianças, inclusive deste bebê que está dentro de mim e que em breve vai nascer*».

Prestes a cruzar a entrada luminosa do hospital, pergunto a mim mesma: será que a voz perfeccionista que me pôs nesta confusão é a mesma que agora diz que não há como sair dela? E será que a voz que me diz o contrário é a voz da Verdade?

Não tenho tempo para chegar a uma conclusão. Entramos na sala de emergência. E do resto da noite não me lembro.

Os acontecimentos daquele dia — o acidente do meu filho e a minha reação — fizeram o perfeccionismo tornar-se uma preocupação central para mim. Comecei, então, a rezar nesse sentido; falei dessa questão a confessores e diretores espirituais, sempre prestando atenção no modo como ele afetava a minha vida.

Passei a perceber que aquela voz interior, tão crítica, à qual por tanto tempo dera ouvidos roubava a minha alegria durante os meus momentos felizes, orquestrando, assim, a minha dor durante os de tristeza. Por décadas, presumi que essa voz crítica era minha e que se tratava de um guia fidedigno, muito embora desencorajador, rumo à dura verdade da minha existência e de mim mesma. Agora começo a perguntar: será que aquela voz era realmente minha? Será que tinha razão? Será que queria o meu bem?

Quanto mais eu parava para analisá-la em vez de acatá-la cegamente, mais reconhecia que ela me impossibilitava de ser aquele tipo contente, afirmativo e amável de mãe, portadora de um amor incondicional, que eu sempre quisera ser; além disso, atrapalhava outras áreas da minha vida: impedia o meu crescimento profissional, semeava a discórdia no meu casamento e distorcia o meu relacionamento com Deus.

Ter afetado esta última área, em particular, foi algo surpreendente para mim. Sempre acreditei que a minha luta pela perfeição, bem como a ilusão que criara para alcançá-la, fazia parte de quem eu era, que era assim que Deus tinha me feito e que era assim que eu tinha de ser para merecer Seu amor.

Se isso não fosse verdade, o que seria? Será que eu estaria capacitada a reconstruir minha personalidade e espiritualidade da noite para o dia, sem já ter estragado os meus filhos de forma permanente? Como poderia me livrar dos incontáveis hábitos que, com a mente e o coração, eu cultivara baseando-me nessas crenças — hábitos tão enraizados que só o seu reconhecimento me desesperava, mesmo ainda tão longe de conseguir romper com eles? Como eu poderia agir para isso e, ao mesmo tempo, conservar as características que apreciava, ou seja, a minha capacidade de produzir mesmo sob pressão, minha atração por grandes desafios e meu desejo de fazer o melhor para Deus? Como distinguir as características que estavam contaminadas pelo perfeccionismo — e que portanto eu deveria extirpar — das que diziam respeito a quem eu sou?

Nos anos seguintes, à medida que removia lentamente as camadas de engano e confusão que encobriam o problema do meu perfeccionismo, percebi que não estava sozinha em minha busca por respostas. E percebi também que essa busca não era nenhuma novidade. As Escrituras estão repletas de exemplos de fiéis que, apoiando-se em suas próprias forças em vez de se apoiarem em Deus, passam por tribulações. O mesmo ocorre ao longo da história da Igreja. Embora Santo Agostinho tenha triunfado no século V, em sua disputa doutrinária contra Pelágio (monge herege que preceituava que os cristãos eram merecedores da salvação sem a graça), o pelagianismo está vivo e passa bem entre aqueles que os sociólogos Christian Smith e Melinda Lundquist Denton denominam «deístas terapêuticos e moralistas», homens para quem a religião é apenas um meio de se tornar uma pessoa melhor, com a ajuda de Deus ou sem ela.

A heresia continua viva porque a falsa promessa que a subjaz é bastante sedutora: «E sereis como deuses» (Gn 3, 5). Há uma razão para o Senhor ter instituído a proibição da idolatria como seu Primeiro Mandamento. A idolatria é nossa fraqueza original, a mesma que ludibriou Adão e Eva. O perfeccionismo espiritual é a idolatria revestida de um verniz de piedade. E o falso deus que adoramos não é outro senão nós mesmos.

Por certo, não é nestes termos que pensamos quando pensamos nisso; antes, achamos que, agindo assim, estamos sendo virtuosos, vivendo nossa fé com o devido rigor, com um zelo louvável. Durante anos, acreditei — como, a meu ver, acreditam muitos cristãos comprometidos — que «Sede perfeitos» significava: «Ou me torno, de uma vez por todas, perfeito nas coisas de Deus, ou morrerei tentando». Na minha concepção, o perfeccionismo era algo a se ambicionar na vida espiritual. Afinal, o que poderia ser mais importante do que a busca pela santidade? Se determinação e trabalho árduo são as chaves para o sucesso em outras áreas da vida, por que seria diferente com a vida espiritual?

Muitas vezes as Escrituras e os santos parecem corroborar essa atitude perfeccionista. Na Primeira Epístola aos Coríntios,

UMA VELHA MENTIRA

São Paulo diz para nos prepararmos para a vida espiritual como quem se prepara para uma corrida, pois «todos correm, mas bem sabeis que um só recebe o prêmio» (1 Cor 9, 24). A obra-prima de Santa Teresa de Ávila chama-se *Caminho de perfeição*; a de Santo Afonso de Ligório, *Caminho da salvação e da perfeição*. Em quase todos os veículos de mídia religiosa e devocional, somos exortados a lutar pela perfeição, adquirir virtudes e alcançar a santidade.

Não há nada intrinsecamente errado nestas frases. Elas podem ser úteis, especialmente nos estágios iniciais de nossa caminhada com Cristo, quando tentamos nos afastar de pecados mais evidentes e compreender realidades espirituais que a princípio nos pareciam abstratas e distantes.

Ao causarem em nós certa confusão, essas frases nos levam a substituir nossas próprias ideias de perfeição pelas de Deus. Elas vêm para reparar um erro comum, cometido por toda sorte de cristãos sinceros — até mesmo pelos santos — que anseiam por oferecer a Deus o seu melhor.

Todos nós conhecemos as histórias de grandes santos que no início de suas vidas eram grandes pecadores: Maria Madalena, de quem Cristo expulsou sete demônios; Paulo, que, nos dias que precederam sua ida a Damasco, perseguia cristãos; Agostinho, que, depois de ter um filho com uma concubina, implorou a Deus que lhe «concedesse a castidade e a continência, mas não ainda». Embora possa haver reviravoltas nessas histórias de conversão, o ápice é sempre o mesmo: o momento da completa submissão do santo à graça de Deus, de uma vez por todas.

O que dizer, contudo, daqueles santos que não se renderam de modo tão dramático e que por décadas lutaram para perceber que precisavam se render completamente, seja porque seus pecados eram menos graves e mais sutis, seja porque acreditavam ser capazes de se consertar a si mesmos? O que dizer daqueles que, torturados por faltas arraigadas, perguntavam-se por que não conseguiam se livrar delas, mesmo depois de uma vida inteira de tentativas? O que dizer daqueles que lutaram para confiar em Deus? E daqueles que acabaram confundindo sua visão pessoal de santidade com o que é, de fato, a santidade aos olhos divinos? E quanto aos santos canonizados que também eram perfeccionistas espirituais?

Durante muito tempo achei que não houvesse nenhum santo assim.

Que os santos tinham muito a colaborar com outros problemas, disso eu sabia, como bem aprendera na faculdade. No meu último ano, enquanto enfrentava um doloroso vazio interior que não podia ser preenchido nem pelo meu estilo de vida no *campus*, árduo como era, nem pela minha prática católica, tão básica, ganhei de meu pai uma biografia de Santa Teresa de Ávila. Meus pais sempre adoraram livros de santos e sobre santos e me incentivaram a ver, com meus próprios olhos, que uma religiosa reformista da Idade Média era capaz de solucionar problemas modernos como os meus. Eu tinha lá as minhas dúvidas — afinal, era sofisticada demais para ler as obras daqueles elevadíssimos santarrões que enchiam as estantes de casa. Porém, no fim das contas, não tinha nada a perder.

Algumas horas e centenas de páginas depois, constatei que uma freira que vivera quinhentos anos antes de mim era capaz de falar comigo, e de modo muito claro, sobre os desafios que eu enfrentava naqueles dias. O brilho e a bravura de Santa Teresa me inspiraram, suas confissões jocosas e autodepreciativas me animaram e sua paixão por Jesus reavivou a minha. Percebi, então, que os santos tinham algo a me ensinar e que a sabedoria de um verdadeiro e extraordinário seguidor de Cristo não tem data de validade.

No decorrer dos quinze anos que se sucederam, as histórias e escritos dos santos alimentaram a minha fé e me ajudaram a mantê-la viva nas noites mais escuras. As diversas circunstâncias e conflitos por que os santos passaram me convenceram de que alcançar a santidade é possível para qualquer personalidade, independentemente de posição social. O mais interessante é que aquela grande «nuvem de testemunhas» (Hb 12, 1) me aproximara de Jesus, fazendo que eu mesma desejasse ser santa.

Foi então que a crise de perfeccionismo bateu à porta. Embora já estivesse habituada a recorrer aos santos quando precisava de ajuda para resolver meus problemas, nesse caso era diferente: não voltei meus olhos para eles. E, quanto mais enfrentava o meu perfeccionismo, mais eu me afastava dos santos que um dia tinha amado.

Em parte, isso se dava por cansaço. Quando, em pouco mais de quatro anos, se dá à luz quatro filhos, como aconteceu comigo, raros são os momentos que podem ser dedicados à oração e à leitura espiritual. Ser mãe mudou minha rotina de oração durante a semana. Se antes ia diariamente à Missa e toda noite reservava uma hora para a Adoração Eucarística, passei a ter somente quinze minutos roubados no sofá, enquanto as crianças cochilavam — isso quando eu mesma não caía no sono.

Arranjei mais tempo assim que pude, mas passava a maior parte das minhas horas de vigília em modo de sobrevivência: cuidando das crianças e do lar; ralando no trabalho; tendo pouco tempo para dar uma corridinha rápida ou conversar e rezar com meu marido... Ao contrário dos assuntos abordados pelos livros que se empilhavam no alto da minha estante empoeirada, minhas preocupações eram todas concretas e imediatas: não rezava por uma transformação em Cristo, mas para chegar a hora de dormir sem que ninguém — nem eu — entrasse em colapso.

Havia, porém, algo mais: os santos sempre falavam de perfeição. Será que todos aqueles anos que eu havia passado lendo suas obras e me esforçando para imitá-las eram parte do meu problema? Os santos me tinham ajudado muito em outras lutas, mas nesta, talvez, seriam de pouca utilidade.

À medida que ia encontrando mais tempo para rezar com regularidade e me adequar ao ritmo que a maternidade requeria de mim, meu apetite pela leitura espiritual voltou. Ainda tinha pouco tempo livre, e era comum que eu adormecesse logo que abrisse um livro para ler. Perseverando, no entanto, descobri uma coisa: alguns santos que outrora pareciam corroborar meu perfeccionismo eram eles próprios perfeccionistas que lutavam para se emendar. Descobri também que muitas das obras que, segundo minha interpretação, autorizavam minhas tendências perfeccionistas estavam na verdade repletas de ensinamentos sobre como e por que combatê-las.

Os santos não usam o termo *perfeccionismo*, é claro. Falam, antes, contra os escrúpulos e o orgulho; pedem confiança e humildade; tratam da necessidade de se render aos planos de Deus em vez de buscar um plano pessoal. Os santos contam que o diabo os persegue, incutindo neles tristeza e culpa; enfatizam a urgência de aceitar a misericórdia de Deus e de não invejar o progresso espiritual do próximo. Além disso, os santos escrevem sobre a perfeição. A maneira como a definem, contudo, é absolutamente diferente da definição de perfeição dada pelo mundo. Por conseguinte, o roteiro que até então eu seguia para alcançá-la tinha pouca semelhança com aquele usado por eles.

Não havia procurado esse roteiro antes, e por isso não o tinha encontrado. Hoje consigo achá-lo nas obras de todos os santos, de São Francisco de Sales a Santo Inácio de Loyola; de Santo Afonso de Ligório a Santa Teresa de Ávila; de Santa Joana de Chantal a São Bento; de Santa Teresinha do Menino Jesus a Francisco de Assis; e até nas de São Paulo, que combateu com desânimo mesmo depois de sua dramática conversão no caminho de Damasco. Nem todos esses santos foram perfeccionistas em sua acepção clássica, mas todos se depararam, quer em suas vidas, quer em seus escritos, com tentações típicas do perfeccionismo.

A sabedoria dos santos está profundamente arraigada nas Escrituras. E nelas encontrei as referências ao perfeccionismo que antes havia perdido. Muitas histórias bíblicas, salmos e epístolas tratam da diferença entre a visão de Deus acerca da perfeição e a visão que nós temos dela, mostrando-nos que Deus age por meio de nossa fraqueza, e não de nossa força. Ao ler esses versículos e os comentários feitos a respeito deles — vindo de santos que haviam lutado contra as mesmas tentações que eu —, senti que havia encontrado um tesouro escondido e que compartilhá-lo era uma necessidade.

Eis a razão por que escrevi este livro. Minha intenção era desembrulhar essas riquezas e entregá-las àqueles que talvez não pensassem em recorrer aos santos para obter ajuda com o perfeccionismo, ou que simplesmente não procuravam solucioná-lo. Desejava compartilhar o modo como vi esses ensinamentos serem confirmados pelos dramas e dilemas da minha própria vida cotidiana, uma vida moldada pelas exigências de quatro crianças pequenas e por todas aquelas obrigações habituais oriundas do trabalho, da família e da comunidade. Quis analisar como essa sabedoria poderia ajudar os cristãos em todas as esferas da vida, somos nós, os cristãos, que temos de viver em um mundo competitivo sem sucumbir a suas pressões; pois somos nós, os cristãos, que temos de trocar a escravidão do perfeccionismo pela liberdade em Cristo.

Com isso não quero dizer que eu seja uma perfeccionista totalmente curada. A cura do meu perfeccionismo é uma jornada contínua — basta perguntar ao meu marido ou aos meus filhos, que têm sido meus melhores professores. Uma coisa que aprendi é que o progresso lento e gradual — o qual nós, perfeccionistas impacientes, detestamos — pode ser uma bênção, pois nos ensina, humildemente, a nos manter atados à oração, produzindo assim frutos visíveis à medida que avançamos em direção a uma entrega mais completa. Abrir o coração à misericórdia do Senhor, mesmo que só possamos fazê-lo aos poucos, permite que Ele cure em nós as feridas que encobrimos com nosso perfeccionismo, que nos aproximemos d'Ele e de todos aqueles que amamos. Isto é, por si só, uma libertação.

Entretanto, a libertação não é o objetivo último desta vida. O objetivo último desta vida — acredite você ou não — continua sendo... alcançar a perfeição. Mas uma perfeição *cristã*. E essa perfeição cristã não é apenas diferente do perfeccionismo, mas diametralmente oposta a ele. O próprio impulso perfeccionista, que nos faz vencedores aos olhos do mundo, precisa ser superado se quisermos obter a vida eterna com Cristo. Pense nisto: uma vida perfeita, de acordo com os parâmetros do mundo, é aquela que se mostra plenamente gerenciada, plenamente planejada e plenamente controlada; trata-se de uma vida que não dá espaço para sofrimentos ou fraquezas — mas que também não dá espaço para a alegria, pois a alegria genuína não é algo que possa ser fabricado, planejado ou controlado, pelo contrário: a alegria genuína nos sobrevém no instante mesmo em que entregamos o comando de nossa vida a Deus, oferecendo-a a Jesus e permitindo que o Espírito Santo faça que nossos planos se elevem e ultrapassem nossas expectativas.

Promover esse tipo de abertura radical diante de Deus não é fácil. Como diz um bispo que conheço: «A obediência a Deus sempre nos coloca em apuros». Mas isso é bom, pois, desta forma somos obrigados a nos inclinar perante a graça divina em vez de rechaçá-la, privilegiando nossos planos, regras e limites mesquinhos.

Deixar o perfeccionismo de lado nos liberta e abre caminho para buscarmos a verdadeira santidade, e não um simulacro impregnado de hipocrisia. Quando se é um perfeccionista espiritual, adquire-se um forte estímulo psicológico para negar faltas e erros. Quem quer admitir que ficou, mais uma vez, aquém de seu objetivo? Mas, quando aceitamos a fraqueza como parte de nossa própria condição humana, confiando em que Deus pode agir por meio dela para santificar a nós e aqueles que amamos, as faltas e os erros deixam de ser desastres — tornam-se, antes, oportunidades para aprender: passamos a reconhecer, admitir e confessar os pecados com maior facilidade, pois já não é mais de nosso interesse fingir que não os cometemos.

Mesmo a prática do pecado se transforma. Você começa a olhar seu pecado de frente e perguntar, com genuína curiosidade: «O que Deus está tentando me ensinar por meio disto? Como Ele vai usar essa bagunça que eu fiz para a Sua glória e para o meu bem?». São Paulo nos diz: «Sabemos que todas as coisas concorrem para o bem daqueles que amam a Deus» (Rm 8, 28). Deixar o perfeccionismo espiritual de lado é dizer: «Sim, penso que esse perfeccionismo existe». E ainda: «Existe... e não só nos outros, mas também em *mim*».

Quando renunciamos ao nosso equivocado objetivo de perfeição pessoal, a vivência da fé volta a tornar-se, pouco a pouco, uma agradável aventura. Acontece algo curioso: ao perdoarmos a nós mesmos por sermos imperfeitos, achamos mais fácil perdoar o nosso próximo. Nossas relações começam a mudar. Nossos cônjuges, filhos, pais, amigos e colegas de trabalho, e até mesmo nossos inimigos, passam a sentir os efeitos dessa onda de misericórdia que permitimos inundar nossas vidas. Diz-se que os perfeccionistas são pessoas que sofrem grandes dores e as transmitem aos outros. Quando damos um pontapé no hábito do perfeccionismo, deixamos de comunicar dor e, em seu lugar, começamos a transmitir a graça de Deus.

Todavia, o perfeccionista costuma acreditar que agir assim é ceder ao pecado. Por essa razão, é crucial lembrar que o perfeccionismo é, por si só, pecaminoso. Nossa culpabilidade por qualquer ato de orgulho, presunção, desânimo ou desespero varia dependendo do quão conscientes estamos de nossas ações ou do quão livres estamos para agir de maneira oposta. Contudo, quer percebamos ou não, o perfeccionismo é uma negação da soberania de Deus. É uma rejeição da Sua graça — e é coisa séria. Devemos, portanto, rejeitá-lo sem abrir concessões.

Também devemos nos preparar para as provações. Ao contrário da busca por perfeccionismo, uma vida que visa alcançar a perfeição cristã provavelmente não impressionará o mundo, não impressionará nem mesmo os nossos amigos na igreja. Os santos que, antes de nós, trilharam esse caminho enfrentaram a ridicularização, a incompreensão e o sofrimento. Suas vidas muitas vezes terminavam em aparente fracasso.

Pense em São Francisco de Assis, despojando-se de suas vestes durante a contenda com seu pai e marchando, completamente nu, a fim de abraçar a pobreza evangélica, não vendo senão mais tarde, enquanto morria, a integridade de sua reforma religiosa desabrochar nas mãos de seus seguidores. Veja Madre Teresa de Calcutá, lutando sozinha para, aos 37 anos de idade, iniciar um ministério nas ruas e favelas da Índia, sofrendo durante cinquenta anos uma secreta desolação enquanto trabalhava por um Deus cujo amor ela não conseguia mais sentir. Pense em Santa Teresinha, morrendo aos 24 anos de idade em um convento francês onde a maior preocupação das irmãs era não ter o que escrever em seu necrológio, tamanha era a sua falta de notoriedade; ou mesmo em seu pai, São Luís Martin, recentemente canonizado, que passou os últimos anos internado por demência, experiência que ele acolheu como uma oportunidade para arrancar fora o seu orgulho. Por fim, olhe para São Paulo, que desistiu de uma vida boa e próspera segundo a lei mosaica para se tornar o pregador itinerante de um Evangelho que o fez ser açoitado, espancado com varas, apedrejado, roubado, perseguido, traído; que o levou ao naufrágio e à privação de comida, água e sono; que o deixou ao relento, atormentado pela angústia... E mais: «Foi-me dado um espinho na carne, um anjo de Satanás para me esbofetear e me livrar do perigo da vaidade» (2 Cor 12, 7).

O caminho da perfeição de acordo com o Evangelho é o caminho estreito, o que nem sempre faz sentido. A ideia que o mundo tem de perfeição — enquanto comando e controle, a aplicação de uma rigidez sem falhas — muitas vezes se adapta melhor a nós. Trata-se, sem dúvida, de um alvo mais simples de se almejar; embora quase impossível de ser alcançado, tem alguma concretude reconfortante. Nós conseguimos compreender esse padrão de perfeição. Podemos até reclamar dele, ficar irritados e aquém, mas é esse tipo de padrão que se encaixa em nosso modo humano de pensar.

Essa deveria ser a primeira pista de que, se assim pensamos, nossa abordagem está equivocada, pois «tanto quanto o céu domina a terra, tanto é superior à vossa a minha conduta e meus pensamentos ultrapassam os vossos» (Is 55, 9). Como seres humanos, nossos pensamentos tendem naturalmente à busca de controle. Queremos manter o governo de nossas vidas, até mesmo de nossas vidas espirituais. Por mais miseráveis que nos tornemos por causa do perfeccionismo espiritual, tememos que a escolha de nos render completamente à surpreendente vontade de Deus possa ser pior.

Os santos também a temiam. Muitos lutaram durante anos para conseguir se render a Deus, para dar-Lhe permissão de mostrar o poder divino por meio de sua fraqueza. Quando começaram a se render, porém, descobriram a alegria profunda e duradoura que só Deus pode proporcionar. Mesmo Madre Teresa, atormentada pelos sentimentos da rejeição divina em seus momentos de escuridão, escreveu as seguintes palavras: «Hoje realmente senti uma profunda alegria: a de que Jesus não terá mais de enfrentar agonia nenhuma. Quer, no entanto, enfrentá-la em mim — mais do que nunca, portanto, entrego-me a Ele, mais do que nunca estarei à Sua disposição».

A rendição — assim como a alegria — encontra-se no coração da perfeição cristã. E essa perfeição evangélica é a antítese do perfeccionismo.

Nem todos querem que cheguemos a essa rendição. Os «principados e potestades» de que São Paulo adverte em sua Epístola aos Efésios trabalham incessantemente contra nossos esforços por nos livrar dos grilhões do perfeccionismo. Pois, se o fizermos, aproximar-nos-emos de Jesus, atraindo assim outras almas para mais perto d'Ele. O diabo não quer que o façamos e tentará de tudo para nos recolocar naquela roda de *hamster* que é o perfeccionismo.

Não quero assustar ninguém falando de Satanás. Sei que, mencionando-o, posso ser mal interpretada. Tampouco quero que alguém pense ver espíritos malignos à espreita atrás de cada moita. Sabemos que, na batalha entre o bem e o mal, Cristo é o Vencedor, e Ele não quer que percamos tempo olhando para quem perde.

Contudo, Jesus também nos aconselha a não sermos ingênuos diante da oposição que enfrentaremos se O seguirmos. «Sede, pois, prudentes como as serpentes, mas simples como as pombas» (Mt 10, 16). Essa advertência é válida também para nós. Nosso destino eterno depende do resultado de nossa batalha contra o perfeccionismo, o desânimo e o desespero. Precisamos saber o que estamos enfrentando para nos prepararmos da maneira adequada.

Primeiro, devemos nos voltar àqueles santos que nos deixaram estratégias para vencer essa batalha; em seguida, aplicamos essas estratégias à vida que vivemos hoje. É desejo deste livro promover ambas as atitudes.

Nos capítulos que se seguem extraio das Escrituras, da vida dos santos e da minha própria vida exemplos que mostram os caminhos sutis pelos quais o perfeccionismo espiritual pode nos vir a enganar, bem como as táticas e verdades de que precisamos dispor para escapar de seu domínio.

Não venho oferecer soluções rápidas. Elas não existem. Fingir que existem só alimenta ilusões relativas ao perfeccionismo.

Em vez disso, trago histórias — umas, apanhadas da minha própria vida, de algum trabalho ainda em andamento; outras, da vida de santos perfeccionistas e fascinantes que, tendo cometido falhas e terem caído nas mesmas areias movediças que nós, de alguma forma encontraram uma saída. É na interação de nossos dilemas contemporâneos com os dilemas de santos que viveram centenas de anos antes de nós que encontro a mais rica fonte de sabedoria prática para superar o perfeccionismo. Cada capítulo deste livro traz a história de um santo — e, no caso do capítulo três, de uma suposta santa cujo perfeccionismo a levou à heresia — e histórias da minha vida, bem como ensinamentos bíblicos. No geral, são estes os elementos que iluminam um aspecto particular do perfeccionismo ao qual precisamos resistir; uma estratégia particular de resistência que precisamos empreender; e, no caso dos dois capítulos finais, um desafio particular que surge quando, começando a mudar nossos caminhos — antes obstados pelo perfeccionismo —, descobrimos que outras áreas de nossas vidas também devem mudar.

Toda essa resistência e toda essa mudança têm ligação com uma ordem elevada, bem maior do que nós. Nada poderemos realizar sem a graça de Deus, e com Ele «nada é impossível» (Lc 1, 37).

Se o que você leu até aqui lhe parece verdadeiro; se, vendo-se preso em um ciclo de autossuficiência e autocomiseração, você já se perguntou como sair dele; se já desejou parar de competir e se comparar com os outros e simplesmente começar a viver; se já se deu conta de que seus padrões elevados estão sufocando seu casamento, seus filhos ou sua própria alma, tome uma atitude. Agora. Dê o primeiro passo no único caminho que vale a pena trilhar: o caminho que leva à verdadeira perfeição cristã. Junte-se a mim, e sigamos em direção à liberdade.

«Se, portanto, o Filho vos libertar», diz-nos Jesus, «sereis verdadeiramente livres» (Jo 8, 36).

Façamo-lo, pois! E deixemos que Ele nos liberte.

O dia para começar é hoje.

CAPÍTULO 2

A LUTA PELA DOÇURA

> *Portanto, como eleitos de Deus, santos e queridos, revesti-vos de entranhada misericórdia, de bondade, humildade, doçura, paciência. Suportai-vos uns aos outros e perdoai-vos mutuamente. (...) Mas, acima de tudo, revesti-vos da caridade, que é o vínculo da perfeição.*
>
> (Cl 3, 12-14)

Tinha sido um dia *daqueles*, numa semana *daquelas*, lotada de tarefas — aulas de violino, escolinha de futebol, reunião do grupo de escoteiros, jogos, os famigerados encontros com o pessoal da igreja na sexta-feira à noite — que só pensamos em faltar. Mas, não. Faltar não é uma opção. Logo é manhã de sábado, e a gente precisa retomar a louca rotina de percorrer toda a cidade a fim de cumprir tarefas atrasadas e levar as crianças para executar suas atividades imprescindíveis, tão fáceis de administrar em teoria, mas quase insustentáveis na prática.

Era o meu segundo ano como adepta da educação domiciliar. Ainda presa à minha mentalidade de iniciante, estava um tanto empolgada: aproveitava cada oportunidade de interação extracurricular que surgisse, tudo para que meus gêmeos, em seu primeiro ano, não sofressem com a terrível e famosa falta de socialização advertida por todos. Meus filhos socializavam até não poder mais; já eu... vivia exausta.

Naquele dia, estava atrasada — era como se eu vivesse atrasada... Bem, naquele dia eu estava atrasada para o chá de bebê do filhinho do meu primo. Meu marido e eu tínhamos combinado que sábado seria o dia em que ele cuidaria das crianças para que eu pudesse escrever. Devido à nossa agenda cheia, às vezes o arranjo precisava mudar. Era uma dessas ocasiões. Trocamos de função às pressas, e de repente estávamos eu e Maryrose, com seus seis aninhos, outra vez no carro, agora para irmos até a casa dos meus tios em Leesburg, a uma hora de distância do nosso lar em Alexandria, na Virgínia.

Estava tensa, esgotada; vinha de uma semana bastante corrida, com pouquíssimo sono e pouquíssima oração. John percebeu minha situação só ao olhar-me pela janela do carro, na hora de me dar um beijo de despedida.

— Você tem quatro filhos pequenos — disse ele. — Não tem problema chegar um pouco atrasada.

Fingi concordar. Minutos depois, fingi concordar outra vez — com minha filha: Maryrose tinha se levantado do banco de trás para repetir conselho que eu mesma tinha lhe dado sei lá quantas vezes. Disse:

— Dê o seu melhor, mamãe. Só isso. Tudo o que devemos fazer é dar o nosso melhor.

O que pensei na hora: *Pra mim isso não basta! Pode ser o bastante pra você — pra mim, não!*

Eu tinha consciência de que chegar na hora a um chá de bebê era uma preocupação menor. Tinha consciência de que deveria relaxar e aproveitar aquele raro momento a sós com minha filha mais velha, toda empolgada com o nosso passeio, as duas juntas, sem os irmãos em seu encalço. Tinha consciência de que era bobagem me preocupar com eventuais julgamentos acerca do meu atraso, já que naquele evento eu ia, quando muito, desempenhar um papel bem diminuto.

A LUTA PELA DOÇURA

Não era a primeira vez que isso acontecia. Sempre fico nervosa quando tenho de participar de grandes aglomerações familiares, principalmente quando se trata da minha família por parte de mãe. Meus parentes são calorosos, amigáveis, brincalhões; contudo, como ocorre em muitas famílias grandes, todo esse coro de risadas costuma acabar por se voltar contra mim. Minha mãe destoava um pouco do resto da família, pois brincava além da conta. Ela nunca tinha sido a filha preferida da minha avó, e isso não passava despercebido a seus irmãos, meus tios. Por essa razão, era como se eu e meu irmão tivéssemos de atender a exigências específicas de nossos parentes. A nossa régua de aprovação sempre foi mais alta que o normal.

Tento fazer a minha parte comparecendo sempre à casa dos meus avós no dia de Ação de Graças e durante as férias de verão, e faço isso sempre com as minhas melhores roupas, com o meu melhor penteado, trazendo o melhor boletim escolar e muitas fotos para comprovar os papéis de protagonista nas peças infantis, as vitórias no *softball* e a existência de vários amigos. Meu irmão costumava comparar nossa situação a um número circense. Porém, por mais que eu trabalhasse para ser uma boa atração naquele circo, sempre fracassava.

Nenhum daqueles parentes que eu esperava ver no chá de bebê tinha por hábito me provocar. Entretanto, cada um fazia parte de um ecossistema familiar no qual meninas acanhadas e sensíveis saíam-se mal — meninas como a que eu fora: educadas demais para falar e tímidas demais para se esquivar de uma zombaria ou de uma ofensa à própria inocência.

Não queria fomentar esse ecossistema. Então, assim que o trânsito congestionado dos subúrbios de Washington finalmente abrandou um pouco, de modo que eu pudesse entrever as cabines do pedágio — felizmente vazias numa estrada acariciada pelo sol —, decidi ganhar tempo e pisei no acelerador.

Foi uma sensação realmente boa. Até que, de súbito, vi luzes piscando no espelho retrovisor.

— Você estava a 130 km/h, e nessa rodovia o limite é 90 km/h — vociferou o policial minutos depois, enquanto observava o meu carro e notava uma menininha, Maryrose, de olhos arregalados no banco de trás.

Cento e trinta! Enquanto pegava a carteira de motorista, a ponta dos meus dedos começava a congelar. No quê eu estava pensando? Que diabos havia de errado comigo? E desde quando o limite de velocidade tinha caído para 90 km/h?

Mais tarde fiquei sabendo que tinha arrancado com o carro justamente diante da maldita patrulha. Não havia desculpa, no entanto. Tinha colocado em risco a segurança da minha filha, e a punição poderia ter sido muito pior do que a multa de 270 dólares aplicada pelo policial. Eu poderia ter ferido gravemente alguém, ter sido intimada a comparecer ao tribunal. O policial, no entanto, cheio de misericórdia, registrara uma velocidade inferior àquela em que eu andava.

Fiquei trêmula, envergonhada; e, ao voltar lentamente para a rodovia, agarrava o volante com um terror, com uma cautela... Parecia que eu tinha o dobro da minha idade. Quando finalmente chegamos ao chá de bebê, mal pude desfrutar do evento, tão nervosa que estava. Fui franca; e, a todos os parentes que passaram por mim, confessei que tinha sido multada por excesso de velocidade. A minha intenção era vomitar aquela culpa excruciante, e por isso repetia sem parar minha humilhante história, chegando a contá-la a pessoas que sequer tinham percebido meu atraso.

Uma hora e meia depois, terminado o chá de bebê, enquanto conversava com uma tia e três primos sobre minha avó, minha cabeça ainda martelava. Falar sobre minha avó, naquele dia, pareceu-me propício. Nós a chamávamos carinhosamente de vovó Bia, ou rainha Bia. Fora uma perfeccionista inveterada, a força centrípeta em torno da qual nossa família orbitou até sua morte, oito anos antes, no auge dos seus 96 anos.

Vovó fora célebre por conta de seus hábitos e de seu vigor. Graduada em música, aspirante a cantora, após se casar com meu avô, nos anos 1930, canalizou seus talentos para a vida doméstica. Além de ter criado doze filhos e ter conduzido praticamente toda a atividade cultural de Green Bay, bem como as iniciativas católicas dali, vovó também fazia pão integral caseiro enquanto as mães dos anos 1950 compravam pão de forma industrializado; também mandava seus filhos para a escola com minicumbucas cheias de misturas quentes e preparadas por ela mesma, dispensando, assim, o consumo na cantina, cujos lanches custavam sempre mais que o aceitável. Além disso, acolhia crianças e adolescentes órfãos de toda a cidade, fora os coelhinhos, tartarugas, cães e outros animais perdidos que seus filhos resgatavam. E vovó, vejam só, andava sempre deslumbrante: às seis da manhã lá estava ela com sapatos acetinados, um chapéu combinando e um sorriso fascinante no rosto, marchando com seus doze patinhos. Iam à Missa diariamente.

Vovó faz a atual onda de supermães parecer um *show* de calouros. Apesar disso, toda essa carapuça de perfeição exigiu muito dela e de seus filhos.

Para começar, a Missa da manhã era apenas a primeira: as crianças assistiam a duas Missas por dia, além de frequentarem escola católica. Toda essa marcha forçada para, duas vezes por dia, participar da Missa Tridentina, associada a uma devoção familiar orquestrada com tanto cuidado pela minha avó, abunda nas histórias contadas por meus tios e tias quando lamentam a fé que perderam ao sair de casa, fé à qual muitos deles nunca retornaram.

Aquelas crianças vestidas de modo tão adorável, aqueles pisos prístinos, aqueles sapatos lustrosos precisavam, contudo, de severo cuidado, o que coube, naturalmente, à minha mãe: a filha mais velha, uma das poucas que se mantiveram firme na fé. Aluna brilhante, e também ela uma perfeccionista confessa, mamãe recorda que, tendo passado o dia inteiro cuidando de bebês, limpando o chão e lustrando sapatos, só tinha tempo livre após a meia-noite, quando se retirava para o seu cantinho a fim de poder estudar.

Não que vovó fosse preguiçosa. Ela era uma mulher trabalhadora, surpreendentemente trabalhadora. Mesmo quando prestes a completar noventa anos, lembro-me dela aprontando, antes do amanhecer, um café da manhã quentinho para servir aos vários convidados que enchiam a casa; e, quando anoitecia, se esticava toda para catar as migalhas de pão que ninguém mais via. Até a velhice, vovó caminhava um quilômetro e meio diariamente para ir à Missa; todavia, os tombos frequentes forçaram-na a se recolher em uma casa de repouso. Todo ano vovó dava presentes de Natal meticulosamente embrulhados para cada um de seus doze filhos e 28 netos. Tinha o costume de oferecer carona a estranhos que passavam por dificuldades na rua. Ninguém saía de sua casa sem um abraço apertado e as mãos cheias dos melhores e mais nutritivos pãezinhos, queijos e doces sem açúcar.

Vovó era amável e admirável, continuo amando-a e admirando-a, mas certas coisas nela me intrigavam. Por que eu nunca conseguia auxiliá-la na cozinha sem me sentir um recruta no quartel, sob a pressão de não poder cometer nenhum erro? Por que, para ela, era tão difícil elogiar minha mãe e tão fácil achar defeitos em suas roupas, nos seus amigos e até mesmo na maneira como ela roía as unhas? Por que vovó sentia tanta necessidade de ser convalidada por qualquer pessoa com a qual cruzasse, fosse na igreja, fosse em restaurantes, fosse em sua própria casa? Haveria alguma relação entre tudo isso e o fato de ela ter enterrado a mãe quando tinha apenas nove anos de idade, ao que passara uma adolescência solitária no internato? Será que dava tanto valor aos aspectos exteriores da maternidade por não conhecer aqueles mais fundamentais, que consistem em dar e receber amor?

Por que sua fé parecia ter arrefecido no fim da vida? Vovó ainda cria, mas eu achava curiosa uma mulher que, tendo outrora se esforçado ao máximo para incutir a verdade da fé noutras pessoas, em seus últimos anos desviara de todas as minhas tentativas de conversar a respeito de Deus e da vida eterna, fazendo pouco do crucifixo que eu lhe levava para pendurar na parede da casa de repouso — uma parede lotada de fotos e cartões postais de família colados desordenadamente. «Pendura ali», ela resmungava, «embaixo das fotos, ou do lado». Será que vovó achava que Deus havia exigido muito dela? Que o perfeccionismo espiritual havia roubado sua alegria?

São apenas conjecturas. Pois, considerando todo o tempo que passei com ela, mesmo durante a época da faculdade — quando optei por estudar em Milwaukee em parte para vê-la com mais frequência —, minha avó jamais deixou de ser um mistério para mim.

O mistério de vovó — como e por que ela fez tudo o que fez — dominava a minha cabeça enquanto conversava com meus parentes no fim do chá de bebê. Quando, enfrentando a situação, reconheci que havia perfeccionismo tanto na minha avó como em mim, senti-me estranhamente reconfortada: percebi que não era só eu quem tentava conduzir a vida de modo tão rigoroso; além disso, pude ouvir da boca de outras pessoas a confirmação da tendência crítica de nossa família, tendência que nos leva a reparar excessivamente nas fragilidades, tanto próprias como alheias.

Minutos depois, enquanto Maryrose e eu nos despedíamos pela janela do carro, entendi que Deus estava mais uma vez chamando a minha atenção: era como se dissesse que o perfeccionismo vem de família e que, se eu não tratasse de reparar isso hoje, meus filhos iriam pagar o preço amanhã.

E não era só. Havia mais um alerta, tão concreto quanto a multa por excesso de velocidade que abrira um rombo no meu bolso e na minha consciência. E então me dei conta de que poderia superar meu perfeccionismo, contanto que atacasse meu rigor e impaciência habituais, já que ambos estão entre os sintomas mais destrutivos do perfeccionismo. Ou seja, eu devia mudar a maneira como conduzia a vida, substituindo o método quanto-mais-forte-e-mais-rápido-melhor, que durante toda a infância tivera de aprender, por um método mais suave, que só conseguiria executar aos poucos e com certa dificuldade.

Veja se esse padrão não soa familiar. Você se esforça demais ou se apressa demais e, como resultado, comete uma série de erros. Então você se pune por ter se esforçado demais, por ter se apressado demais e por ter cometido uma série de erros. Tudo isso faz com que você se sinta ainda pior, levando-o a mais e mais esforços, a mais e mais punições, a mais e mais erros.

Psicólogos e *coaches* chamam isso de «ciclo de retroalimentação negativa». Trata-se de um ciclo no qual criticar excessivamente um fracasso contribui para que surjam novos fracassos e novas críticas, reduzindo as probabilidades de futuros sucessos.

Essa crítica excessiva geralmente vem de dentro do perfeccionista, tornando-se quase impossível escapar dela, principalmente quando se está lutando não apenas contra hábitos antigos, contra um histórico familiar, mas também contra uma personalidade altamente exigente que nutre uma ideia distorcida do que Deus espera dela.

A LUTA PELA DOÇURA

Santa Joana Francisca de Chantal soube o que era isso.

Mãe, viúva e freira no século XVII, durante anos a francesa Joana lutou para se libertar desse ciclo, tendo enfrentado as mesmas circunstâncias que a maioria de nós enfrenta hoje: em meio a uma vida ocupada, de constante cobrança, criou filhos, cuidou de um lar, lidou com parentes e colegas de trabalho problemáticos, manteve-se em dia com as obrigações sociais e caritativas, indo na contramão de uma cultura que lhe dizia para se preocupar mais com as aparências do que com amar a Deus... Joana travou dura batalha com sua personalidade impaciente e exigente, na esteira de uma formação aristocrática e de uma austeridade e perfeccionismo naturais, reforçados por uma série de perdas traumáticas.

Apesar de tudo isso, Joana tornou-se santa. E não uma santa qualquer, mas a santa padroeira da doçura, alguém que, junto com São Francisco de Sales, fundou uma ordem religiosa dedicada às virtudes da doçura e da paciência, as quais que nunca lhe sobrevieram naturalmente.

A história de como isso aconteceu, aliada aos conselhos que São Francisco de Sales deu a Joana (e que mais tarde Joana deu a outros), é a melhor resposta que encontrei para os problemas da severidade e da impaciência, típicos do perfeccionismo.

Se quiser ter uma ideia do quão improvável era que Joana Francisca Frémyot de Chantal se tornasse padroeira da doçura, basta olhar para ela aos quatro anos de idade. Imagine uma menininha esperta, lindinha e corajosa, cuja mãe falecera quando ela nasceu e cujo pai, um advogado bem-sucedido, teve de educá-la em casa. Nascida em 1572, sua família, de nobres franceses, era abastada e mantinha relações próximas com santos e reis, e Joana sabia disso. Graças às frequentes lições de catecismo que tomou de seu pai, pôde conhecer a fé católica de tal modo que, sempre que ouvia críticas à sua fé por parte de calvinistas, advogados colegas dele, não recuava. «Como ousas duvidar de que a Santa Eucaristia *seja* o corpo e o sangue de Jesus», perguntou certa vez a um, «se foi o próprio Jesus que o disse? Não crer n'Ele é o mesmo que chamá-lO de mentiroso».

O calvinista retruca, mas Joana lhe responde de volta e do melhor modo que pode, até que, depois do debate, o calvinista se cansa e diz à sua pequena adversária que vá brincar um pouco, oferecendo-lhe um monte de guloseimas para adoçar a disputa.

Joana pega os doces, corre em direção à lareira e os arremessa ali dentro.

E diz: «Isto é o que acontece com quem não crê no que diz Nosso Senhor».

Esta é Joana quando menina.

Ela não era uma criança ecumênica — nas décadas subsequentes à Reforma Protestante, quase nenhum cristão o era —, porém, onde lhe faltava de sutileza, sobrava sinceridade. Apaixonada, impetuosa e bravamente obstinada, Joana não fazia nada pela metade, o que transparecia no modo como servia aos pobres e doentes, bem como no relacionamento com seu marido, o barão de Chantal, elegante cavaleiro por quem nutria uma devoção tão intensa que mais tarde foi vista, por ela própria, como uma espécie de idolatria.

Seu casamento, no entanto, não foi lá uma grande alegria. O barão de Chantal era frequentemente convocado a se juntar à corte real francesa ou a servir em campanhas militares. Joana era deixada para trás e tinha de administrar os empregados e as finanças da vasta, embora abandonada, propriedade rural de seu marido; além disso, tinha de criar os filhos — dois deles falecidos logo após o nascimento. Quando seu marido se aposentou e poderia, finalmente, passar mais tempo em casa, foi baleado acidentalmente na cabeça durante uma caçada; Joana, que ainda estava de resguardo após o nascimento de sua filha, empenhou todos os esforços para tentar salvá-lo, antes de precisar correr floresta afora rogando pela vida dele.

— Senhor, tomai de mim tudo que tenho — bradou aos céus. — Tomai minha família, meus bens, meus filhos... Mas não mo leve de mim!

Deus o levou. E então, quando tinha 29 anos, quatro filhos com menos de seis — um deles, uma menina recém-nascida —, Joana tornou-se viúva.

No decorrer dos anos seguintes, a vida de Joana foi de mal a pior. Dificuldades financeiras a forçaram a ir morar, ela e seus filhos, com o sogro ranzinza e licencioso, que vivia em um castelo sombrio, caindo aos pedaços, com uma governanta feita amante e cinco filhos ilegítimos. Propenso a acessos de fúria, o velho barão favoreceu descaradamente seus filhos em detrimento dos netos, permitindo que Joana fosse maltratada pela altiva amante-governanta, que a via como ameaça aos planos de herdar a fortuna da família.

A fim de se fortalecer, Joana voltou-se para Deus. E fez um voto privado de não se casar novamente, duplicando as penitências e obras de caridade com o intuito de combater as dúvidas sobre a fé que começavam a pulular em sua mente junto com o estranho desejo de entregar a vida totalmente a Deus.

Joana não conseguia compreender o que acontecia dentro dela, e então rezou para que lhe aparecesse um diretor espiritual. Seus amigos recomendaram um padre austero e controlador. Ele acreditava que a melhor maneira de lidar com uma perfeccionista linha-dura era sendo ainda mais duro com ela. Assim, instituiu para Joana um programa de penitências que consistia em jejuns mais rigorosos, privação de sono e métodos de oração complexos que lhe consumiam demais, prejudicando sua jornada como mãe.

Até que, quando estava chegando ao limite de suas forças, Joana conheceu Francisco de Sales.

Os dois se encontraram em 1604, quando Joana tinha 32 anos e Francisco, bispo de Genebra, 37. Joana levou semanas para criar coragem e ir falar com ele, pois seu autoritário diretor espiritual a proibia de buscar conselhos espirituais com outras pessoas. Enquanto sofria um violento ataque de dúvidas, o qual a deixou em estado de pânico e atordoada demais para se importar com as regras impostas pelo seu diretor, Joana finalmente desobedeceu à determinação e foi buscar o auxílio de Francisco, que não a decepcionou. Respondeu com toda a paciência e sensibilidade que faltara ao outro. Disse-lhe, ainda, que Deus não se ofenderia com seus pensamentos sombrios, contanto que não consentisse neles.

Pela primeira vez em dois anos, Joana foi tomada por uma imensa paz. Pediu que Francisco fosse seu diretor espiritual. Ele rezou, dormiu e, ao acordar, aceitou.

«Creio que Deus me tenha dado a ti», escreveu Francisco na primeira das centenas de cartas que passaria a lhe escrever.

Durante os dezoito anos seguintes, Francisco e Joana forjaram uma das mais frutíferas amizades espirituais da história da cristandade. Trocando cartas a cada duas ou três semanas e encontrando-se pessoalmente pelo menos uma vez por ano, os dois se inspiravam um no outro para alcançar novos patamares no amor a Deus e empreender novas e ousadas maravilhas em Seu serviço. A iniciativa mais notável dos dois foi a fundação, em 1610, da Ordem da Visitação, uma comunidade de irmãs religiosas dedicadas a viver a espiritualidade doce e humilde de Maria tal qual expressa no *Magnificat* — isto é, nas palavras que Maria proferiu ao visitar sua prima Isabel, quando regozijou-se no Senhor, que «olhou para sua pobre serva... [e] realizou em mim maravilhas» (Lc 1, 48-49).

Da fundação da Ordem da Visitação até a sua morte, em 1641, Joana ensinou à sua crescente família de filhas espirituais o caminho da doçura e da humildade de Maria. Antes, porém, teve de aprender a guiar-se sozinha neste caminho. Foi aí que revelou-se incalculável o valor dos conselhos de Francisco, principalmente durante os primeiros seis anos em que ela ainda vivia no mundo, trabalhando e cuidando dos filhos.

Francisco admirou Joana desde o início. Pouco depois de tê-la conhecido na cidade onde ela nascera, Dijon, disse a um amigo: «Em Dijon encontrei aquilo que Salomão raramente encontrava em Jerusalém: uma mulher valorosa [de Provérbios 31]». Francisco enaltecia Joana por seu «valente coração e por sua força de vontade», e tão impressionado ficou com sua sede de santidade que planejou escrever um livro baseado nas cartas que recebera.

É certo que Francisco notou também os pontos negativos da intensidade de Joana. Ele observou que Joana advertia os filhos com severidade por pequenas faltas; que se frustrava com os parentes e empregados que estavam abaixo dos seus altos padrões; e que priorizava o cumprimento de regras e a adesão à sua própria agenda devocional em detrimento das necessidades de outras pessoas. Francisco percebeu que, por ser tão dura e impaciente consigo mesma, Joana acabava sendo dura e impaciente com o próximo, estando ambas as condutas relacionadas ao perfeccionismo que, segundo a compreensão de Joana, Deus esperava dela.

«No que diz respeito à pureza da tua fé, és muito perfeccionista», escreveu Francisco a ela, um ano depois de se conhecerem. «Basta que a menor dúvida surja, e então já passas a crer que tudo está arruinado».

Nos tempos de faculdade, Francisco tivera esse mesmo comportamento. Após ouvir os debates sobre predestinação entre luteranos e calvinistas na Sorbonne, em Paris, começara a se afligir: viu-se entre os condenados e concluiu que, fizesse o que fizesse, já estava destinado a passar a eternidade no Inferno, blasfemando contra o Deus que tanto amava. Atormentado por seus pensamentos, Francisco mal dormira, mal comera durante seis semanas. Até que, finalmente, entrou numa igreja perto do *campus* e ajoelhou-se diante de uma estátua de Nossa Senhora. Ali mesmo decidiu que, qualquer que fosse o seu destino final, dedicar-se-ia a esse Deus tão amoroso e sussurrou baixinho um *Memorare* — uma das mais conhecidas orações de invocação à intercessão de Maria. Ao terminá-la, levantando-se do chão, todo o seu medo foi embora... e nunca mais voltou.

Essa e outras experiências enquanto pastor de almas convenceram Francisco de que crescemos em santidade mais rapidamente quando, em vez de nos concentrarmos em nossos pecados, nos concentramos no amor de Deus. Ele ouviu a murmuração daqueles que fracassavam, viu que o modo como tentavam crescer em virtude era um engenhoso disfarce para seu egocentrismo e uma perigosa distração da graça de Cristo: só ela pode corrigir nossas falhas. Francisco também nutria uma visão negativa das penitências radicais e das rotinas exigentes de oração, as quais, a seu ver, serviam mais à vontade humana que à de Deus. Quanto aos desejos urgentes de alcançar a santidade e criar filhos santos, Francisco acreditava que tentar apressar e forçar o crescimento espiritual — a exemplo do que ocorre quando se tenta apressar e forçar as crianças a aprenderem novas habilidades — poderia produzir efeitos negativos.

«Vigia para não cederes às preocupações e à pressa», escreve ele, «pois nada nos atrapalha mais em nossa jornada rumo à perfeição».

Francisco mostrou a Joana que, para ver mudanças nela mesma e naqueles que amava, era preciso esperar pacientemente em Deus. Que corrigisse as falhas de seus filhos, mas «como os anjos o fariam», disse ele, encorajando-os com carinho, respeitando sua liberdade, sem recorrer a nenhuma das grosserias e intimidações que só fazem as crianças se rebelarem ainda mais. Que praticasse a abnegação, mas sem morrer de fome ou de sono (Francisco disse a Joana que ela precisava de pelo menos sete ou oito horas de sono por noite), e com penitências mais sutis e mais bem direcionadas, como o jejum de uma comida apreciada e uma resposta cordial quando fosse interrompida. Francisco acreditava que os melhores sacrifícios não eram aqueles que escolhemos, mas os que nos escolhem: aquelas frustrações, ansiedades e dores da vida cotidiana que nos incitam a responder com paciência e amor, e não com irritação e raiva.

Francisco aconselhou Joana a fazer orações simples, advindas do coração, no lugar dos longos e complexos métodos que seu antigo diretor lhe havia proposto; encorajou-a a receber a Sagrada Comunhão com mais frequência e a esperar por respostas do Senhor em vez de sempre buscá-las na direção espiritual, ansiosa, toda vez que sentisse vontade. «Não procures por anseios vãos», diz ele. «Eu chegaria ao ponto de dizer: não fiques ansiosa nem mesmo por quereres evitar a tua ânsia; fica em silêncio enquanto percorres teu caminho, pois é um bom caminho».

Para uma mulher que andava quase quinze quilômetros para ir e voltar da Missa todos os dias, e que após a morte do marido marcava o peito com o nome de Jesus a fim de espantar os pretendentes, esse era um desafio e tanto. Joana era uma verdadeira velocista espiritual. O que mais sabia fazer era pôr a carroça na frente dos bois.

«Nunca estou satisfeita, mas não sei por quê!», reclamou, certa vez, a Francisco.

«Não seria porque a própria multidão dos teus desejos sobrecarrega a tua alma?», respondeu ele. «Também eu já sofri com esse mal».

Para Francisco, o antídoto era a doçura. Fruto do Espírito Santo citado por Paulo em sua Epístola aos Gálatas, a doçura comumente se traduz no uso de palavras amáveis e respostas serenas às pessoas e coisas que nos perturbam. Essas expressões externas, no entanto, são apenas meios de cultivar o dom interior, muito maior, da doçura, essa paz de uma alma recolhida que pode manter seu equilíbrio apesar das desgraças, das perturbações e das demoras que venham a surgir no meio do caminho.

O mundo tende a relacionar a doçura com a covardia ou permissividade. Mas Francisco via a doçura como um sinal de força espiritual. «Nada é tão forte quanto a doçura», diz, «e nada é tão doce quanto a verdadeira força».

Vemos essa força em Jesus, cuja suprema coragem de abraçar a morte na Cruz só foi igualada por Sua suprema ternura, a qual O fez perdoar aqueles que O tinham condenado. Não em vão, São Paulo coloca a temperança ao lado da doçura (que ele chama de brandura) e da paciência entre os frutos do Espírito Santo. É verdade que estes são dons oriundos da graça; contudo, só os recebem aqueles que «crucificaram a carne, com as paixões e concupiscências» (Gl 5, 24).

Para os perfeccionistas espirituais, nessas paixões e concupiscências estão incluídos nosso apetite por um desempenho impecável e nossa sede de rapidez. Crucificá-las consiste em reconhecer nossos limites, nossa incapacidade de fazer o que queremos fazer no tempo e do modo que queremos. É consentir em parecermos menores aos olhos de pessoas que confundem nossa doçura e paciência com incapacidade, indiferença, ou falta de objetividade.

Ao sermos punidos por buscar um padrão de excelência que o mundo não reconhece, descobrimos a fortaleza exigida pela doçura. Descobrimos também o desafio implícito nas palavras de Jesus no Evangelho de Mateus: «Tomai meu jugo sobre vós e recebei minha doutrina, porque eu sou manso e humilde de coração, e achareis o repouso para as vossas almas» (Mt 11, 29). O Senhor não convida a aprender com Ele apenas os que são dóceis por natureza; convida-nos a todos — os linha-dura, os temperamentais, os que querem tudo para ontem... Ele nos convida a trocar o jugo de nossas próprias expectativas, exigências e prazos pelo jugo suave.

Há certos dias em que essa troca não é nada fácil, e sem a graça de Deus não podemos levá-la a cabo. É assim com todo aquele que procura praticar a doçura genuína, a genuína paciência bíblica, e não o seu simulacro, isto é, um comportamento passivo-agressivo ou que vise a agradar demasiadamente as pessoas. E é assim também com os perfeccionistas espirituais, que muitas vezes consideram excruciantes os sacrifícios silenciosos, tão necessários para se alcançar a doçura. A boa notícia é que nossa aversão a esses sacrifícios pode tornar mais agradável a conquista dessas virtudes tão incompreendidas, subestimadas e, no caso de Joana, heroicas. «Aquele que logra preservar a doçura em meio às tristezas e fraquezas; a paz em meio aos aborrecimentos e à multidão dos afazeres cotidianos», escreve Francisco, «é quase perfeito».

Embora a doçura seja uma virtude bíblica das mais cruciais, em um mundo que muitas vezes manda bons garotos e garotas calarem a boca e ficarem sentadinhos no seu canto, seu cultivo pode parecer uma proposta aterrorizante. Muitos de nós passamos a vida aprendendo a dialogar com as vozes que definem a mansidão cristã como rabugice e a paciência cristã como maleabilidade ilimitada. E preocupa-nos que, ao apararmos nossas duras arestas, possamos perder ambas completamente, desfazendo-nos do vigor e do impulso que são nossa marca e que nos tornam livres.

Francisco percebeu isso. Ele sabia que perfeccionistas como Joana almejavam e mereciam a liberdade. Mas também sabia que a liberdade é uma das primeiras coisas a desaparecer quando permitimos que a dureza e o afã perfeccionista permeiem — e arruínem — nossas vidas.

Joana pode ter sido alguém obsessivo por controle, mas na verdade era ela quem estava sendo controlada: pelas próprias expectativas, pelas exigências alheias, pelos ditames daquele ídolo enraivecido que ela havia substituído pelo Deus vivo... Francisco queria que Joana praticasse a doçura e a paciência para que ela pudesse recuperar o que ele descreveu como «a liberdade dos filhos [de Deus] que se sabem amados», como vemos na Epístola de São Paulo aos Romanos. Essa liberdade nos permite amar a Deus por Seu próprio bem e aceitar as provações e interrupções de nossos planos sem perder a paz nem temer o descontentamento de Deus e do próximo. Trata-se de um dom de Deus, de um cultivo da doçura que, por sua vez, desencadeia mais e mais doçura. Como explica Francisco,

> os efeitos desta liberdade são uma grande paz de espírito, uma grande mansidão e a tolerância para com tudo o que não é pecado ou perigo de pecado; trata-se deste humor manso, disposto a praticar atos de toda e qualquer virtude e caridade... As oportunidades de exercer esta liberdade se revelam diante de todas as coisas que se voltem contra nossas inclinações; pois quem não está vinculado às suas próprias inclinações não se torna impaciente quando as coisas não saem conforme o esperado.

Uma liberdade assim é algo que ou pegamos, ou largamos. Se a colocarmos em prática por meio de atos diários de doçura e paciência para conosco e para com os outros, ela crescerá; por outro lado, se a negligenciarmos, recaindo na dureza, no afã e no excesso de autocrítica, ela começará a esvanecer.

Cumprimentar um vendedor mal-educado com um sorriso de alegria ou de sarcasmo. Chamar a atenção de uma criança com firmeza amorosa ou condenação veemente.

Pular refeições e algumas horas de sono para cumprir um prazo ou sair para tomar um ar e cuidar do corpo que Deus nos deu. A cada momento apresenta-se-nos uma nova escolha, e todas essas escolhas nos darão forma até o dia em que, cumprida a nossa missão, findaremos a jornada da vida. São essas escolhas que determinam se passaremos os anos presos nesse ciclo de retroalimentação negativa ou se iremos progredir constantemente em direção à transformação em Cristo.

Joana queria sua liberdade de volta. E, para que pudesse encontrá-la novamente, confiou em Francisco, que a ajudou. Pouco a pouco, ela foi colocando em prática as orientações dele.

Em vez de jejuar até a exaustão, Joana, outrora tão exigente com suas refeições, passou a praticar a «santa indiferença», deixando que um servo escolhesse sua comida, optando por comer, a cada dia, um prato de que não gostasse, guardando os melhores pedaços para os pobres. Parou de procurar penitências rigorosíssimas e se concentrou em ser doce com seus filhos, com seu sogro e até mesmo com a amante-governanta. Quando os amigos começavam a falar mal de seus sogros, Joana mandava que se calassem; quando era tentada a ter pena de si mesma, abria o hinário que carregava para todo lado e entoava salmos que elevassem seu espírito. Mesmo os vizinhos, que a acusavam de pôr os filhos em risco ao cuidar de leprosos e camponeses acometidos de doenças, receberam de Joana um tratamento mais gentil; em vez de voltar atrás ou ignorá-los, como era de costume, explicou pacientemente o que fazia e o porquê.

A cada sacrifício, Joana encontrava uma nova liberdade e um desejo maior de deixar o mundo e entregar tudo a Deus. Francisco pediu, entretanto, que ela sacrificasse até mesmo esse desejo — o de entregar tudo a Deus —, ou que ao menos esperasse. Ele sabia que Joana ansiava por ser freira na ordem religiosa que um dia os dois fundariam juntos, mas isso haveria de ocorrer no tempo devido. Acreditava que era da vontade de Deus realizar esse desejo, porém os filhos de Joana precisavam dela, e Francisco a encorajou a encontrar sua alegria fazendo a vontade de Deus no lugar em que ela estava. «Nada impede mais o nosso progresso na perfeição do que suspirar por outro modo de vida», disse-lhe.

Joana lhe deu ouvidos; e, embora tudo em sua natureza impulsiva quisesse resistir, esperou em Deus. Quando finalmente chegou a hora de ser fundada a comunidade religiosa da Visitação, Joana o fez sabendo que havia se submetido ao tempo de Deus, e não ao *seu* próprio tempo — e, assim, tornou-se mãe espiritual do que viria a ser uma ordem religiosa multinacional: armada com as pequenas virtudes que ela apreendera, primeiro, no convívio familiar, Joana fundou cerca de noventa conventos durante as três décadas seguintes.

A maneira como Joana conduzia suas filhas espirituais dava provas da profundidade com que havia assimilado as virtudes da doçura e da paciência. Baseando-se no que aprendera com seus filhos e com seu amigo Francisco, orientou suas freiras com o que a teóloga Wendy Wright descreve como uma mistura única de «persuasão e encorajamento suaves», com «um instinto materno de cuidado, uma sensibilidade para com as diferentes pessoas que ocupariam sua função»... Em suas cartas, Joana lembrava incessantemente às irmãs a necessidade de se suportarem docemente umas às outras; de se corrigirem suavemente umas às outras; e de esperarem pacientemente pelo aperfeiçoamento de si mesmas e das outras irmãs. Este método da docilidade «é um modo imbatível de ganhar almas», escreveu Joana a uma superiora, «e é um método caracteristicamente nosso».

Joana ainda lutava contra a impaciência. Seu intenso impulso nunca arrefeceu totalmente, e, em seus primeiros anos como freira, reclamava de que tinha «pressa demais em realizar o que quer que me seja, apenas pelo puro desejo de concluir, de terminar algo».

Joana perseverou, todavia; e, com o passar dos anos, foi se tornando uma guia espiritual serena, conhecida e procurada por seus méritos. Entrava nas cidades para fundar conventos e encontrava multidões que de pé a cumprimentavam e ovacionavam. A realeza e o campesinato clamavam por seus conselhos espirituais. Joana achava tudo aquilo desconcertante. «Estas pessoas não me conhecem», dizia ela, encolhendo os ombros. «Estão enganadas». Aqueles que conheciam Joana — e o alto preço que ela tinha pago para adquirir a doçura e a paciência — admiravam-na mais e mais. «Eu a considero uma das almas mais santas que já conheci nesta terra», disse seu amigo São Vicente de Paulo. A Igreja reconheceu sua santidade: em 1767, o Papa Clemente XIII a canonizou, enaltecendo seus muitos feitos; assinalou que «maior do que tudo o que se fez revelar ao mundo exterior» foi o que Joana permitiu que Deus realizasse em seu coração. Joana deu a Deus permissão para tomar e mudar o que a Ele aprouvesse. Disse o Papa: «Seu coração de mulher foi o primeiro e mais completo sacrifício».

Existe uma história acerca da transformação de Joana, incluída em cada uma das doze biografias dela que li (mesmo aquelas que tentam ocultar, de alguma forma, os defeitos da santa), que sempre me intrigou, talvez porque dessa história possamos tirar uma preciosa lição: Joana tinha por hábito levantar-se às cinco horas da manhã para rezar. Naquela fase da vida, uma senhora da idade de Joana não se levantava sozinha. Ela precisava que uma empregada acendesse a lareira, ajudasse-a a se vestir e a arrumar o quarto. Os despertadores ainda não tinham sido inventados, e assim a pobre criada passava metade de cada noite acordada, com receio de, diante de um chamado de Joana, estar dormindo.

Francisco soube do fato e acabou com isso. «Tua devoção deve ser amável para com Deus e atenciosa para com o próximo, de maneira que não incomode a ninguém», disse a Joana, que aparentemente nunca havia parado para pensar em como sua rotina de piedade acabava afetando a vida da criada. Joana autorizou, então, que a mulher dormisse e começou ela mesma a acender a lareira, fazer a cama e varrer o chão.

Tratava-se de uma mudança pequena, mas que foi percebida por outras pessoas. «O antigo confessor da patroa a fazia rezar três vezes por dia, e todos nós já estávamos cansados disso», brincavam os servos da Joana, «mas o novo a faz rezar o dia todo, e ninguém fica de fora».

Minha primeira reação ao ler essa história foi caçoar da situação. Tinha Joana uma empregada que, todas as manhãs, a vestia? Ora, não há dúvida de que era assaz disciplinada e piedosa. Eu mesma, se tivesse servos que cuidassem de mim e dos meus filhos, teria mais tempo para rezar. Como pode, portanto, uma mulher santa, famosa por seu altruísmo, precisar de que um Doutor da Igreja lhe apontasse que o sacrifício do seu sono não era tão sacrificante assim, já que, para empreendê-lo, ela necessitava de que outra pessoa sacrificasse suas noites, permitindo-lhe rezar com maior conforto? Para mim, parece tudo muito óbvio.

É esse o ponto central do perfeccionismo: ele faz a pessoa fixar toda a sua atenção em si mesma — no que *ela* precisa fazer, no que *ela* faz de errado, em se *ela* está progredindo ou não... —, tornando-a cega a tudo e a todos. Joana estava tão ocupada cumprindo esse seu arbitrário objetivo espiritual que não percebeu que, para avançar nele, precisava passar por cima de outra pessoa; que a sua devoção do tipo «tenho-de-fazer-isso-*agora*-e-do-jeito-*certo*» roubava dos outros algo de que necessitavam (nesse caso, o sono), talvez colaborando com a deterioração do relacionamento deles com Deus.

É fácil para mim identificar o perfeccionismo na vida de Joana, assim como fora fácil identificá-lo na da minha avó.

O que já não é tão fácil é identificá-lo na *minha* vida. Ser mãe tem me auxiliado nessa tarefa, sobretudo por causa da educação domiciliar, que não educa só a meu filho, mas também a mim. Diariamente eu vejo como meu humor afeta o deles, como o modo com que abordo uma tarefa determina, em grande parte, o comportamento deles. Se estou tensa, com pressa, irrequieta, eles respondem com ansiedade, petulância, desânimo; se estou calma, pacífica e doce, eles perseveram e seguem adiante.

«Não perfeita — perseverante», digo a uma de minhas filhas, cuja frustração com as próprias falhas se parece bastante com a minha. «Não precisamos ser perfeitos; só precisamos continuar tentando».

Essa sou eu quando estou em um bom dia. Quando estou em um dia ruim — porque dormi pouco, porque não tive uma folga das crianças a semana toda, porque meu filho, balançando-se, prestes a tombar da mesinha, não consegue se lembrar do verso do poema que lhe ditei três vezes nos últimos cinco minutos, já que, ocupadíssimo escutando a briga dos irmãos no cômodo ao lado, não me dá ouvidos... Quando *isso* acontece, aí dou vazão aos meus piores comportamentos.

«Nós *não vamos* dar uma pausa até que você entenda tudo direito», disse eu, certa manhã, na primavera passada, pulando da minha cadeira e me abanando com o papel do plano de aula; e completei: «Quero que esteja perfeito».

«*Perfeito*?», repetiu ele em tom de queixume, com a voz num *crescendo*; e depois olhou para mim, de sua mesinha, com os olhinhos transbordando de lágrimas: «Perfeito? Eu não consigo ser perfeito».

Sim: é isso mesmo — lá estava eu dizendo a meu filho que ele tinha de ser perfeito.

Tentei refrear as palavras, mas já tinham sido ditas; e eu as disse porque *quis* dizê-las. Estava no limite da minha paciência, cansada de progressos lentos, graduais; estava cansada de «por hoje está bom» e «amanhã tentamos de novo». Eu queria a perfeição — e a queria para *já*.

Momentos como esse não deixam dúvidas: minha rigidez e minha pressa afetam meus filhos. Eles mesmos me recordam de que cultivar a doçura e a paciência vai além da mera questão de saber mais ou de se esforçar mais. Sei que não devo exigir perfeição nem de mim mesma, nem de meus filhos, nem da minha vida. Entretanto, muitas vezes, sem perceber, começo a exigi-la — e só a graça de Deus interrompe esse meu comportamento.

A graça está sempre querendo entrar; abrir o coração para recebê-la, porém, não é fácil, sobretudo após uma queda desanimadora. Quando isso acontece, o que faço é fugir, tentar raciocinar, ficar pensando naquilo — qualquer coisa, menos encarar a minha culpa, pedir perdão e seguir em frente.

Encarar, no entanto, é preciso; tanto para o meu próprio bem como para o bem dos meus filhos, que aprendem a reagir aos seus próprios tropeços e quedas observando a mãe deles. Se me recuso a ser paciente comigo mesma, se me recuso a aceitar a misericórdia de Deus para com meus fracassos, que testemunho lhes darei acerca dessa misericórdia? De que modo o meu exemplo virá em seu auxílio quando, ao cometerem um pecado, forem atormentados pelo diabo, que irá sussurrar em seus ouvidos que o pecado cometido fora grave demais e que nem mesmo a misericórdia divina pode perdoá-lo, fazendo-os crer, assim, que não conseguirão se levantar da queda? Eles recordarão os chavões que eu lhes dizia sobre a perseverança ou recordarão apenas a minha reação a meus pecados?

Provavelmente a última opção. Não quero que, ao pensarem em mim, eles me vejam como uma mãe que se atormentava toda vez que tropeçava, mas como uma mãe que, humildemente, reconhecia seus erros e, permitindo-se ser reerguida pela mão divina, levantava-se e seguia em frente, pronta para tentar outra vez, de novo e de novo.

«A prática mais valiosa na vida espiritual, derivada da virtude da paciência», diz Joana, «consiste em suportar o fracasso e a fragilidade de nossa vontade»; ou, como diz Francisco: «Sê paciente com todos, especialmente contigo mesmo».

Ser paciente consigo mesmo não é apenas um hábito; é, antes, uma arma concreta, capaz de romper o ciclo de retroalimentação negativa tanto em nossos corações como em nossas famílias. Se, por um lado, a rigidez e a pressa restringem minha liberdade e a dos meus filhos, por outro a doçura e a paciência a expandem, criando um efeito cascata de graça sobre graça, uma graça que toca todas as pessoas que cruzam comigo. Minhas escolhas diárias — pisar no acelerador ou frear um pouco, ir com sede ao pote ou ir com calma — geram consequências que se estendem para muito além das fronteiras da minha alma e do meu lar.

Essas escolhas têm, ainda, o poder de me manter firme — ou atrapalhar — na luta contra o perfeccionismo. Não foi da noite para o dia que consegui mudar; assim, não será da noite para o dia que irei regredir. Se, diante das minhas quedas, eu não praticar a virtude da paciência, correrei o risco de perder as esperanças e desistir antes mesmo de poder me curar.

Criar novos hábitos e rituais que substituam os antigos — dos quais tanto luto para me livrar — é um meio de praticar a virtude da paciência.

Certa vez, li um artigo a respeito de um casal que pelejava para extirpar o perfeccionismo de seus filhos. Toda noite, durante o jantar, cada um dos membros da família falava sobre como tinha sido o seu dia, sem se gabar dos êxitos nem se queixar dos aborrecimentos; em vez disso, mencionavam — o pai e a mãe, inclusive — um erro que tivessem cometido e que lição haviam tirado dele.

Pensando bem, é uma ótima estratégia. Por que não ensinar a nossos filhos desde cedo uma verdade que muitos de nós levamos décadas para aprender, uma verdade de que até mesmo os santos por vezes se esqueciam: a de que as maiores lições da vida vêm com os erros e fracassos? Admitir nossa fraqueza não nos torna fracos, mas nos faz humildes e sinceros, prontos para crescer.

Quando chega o outono, dedico o nosso novo ano letivo de educação domiciliar a Jesus, por intermédio de Sua Mãe, Maria. Em cada ocasião escolho um título mariano diferente, que se relacione ao dom de que nós (especialmente eu) mais necessitamos no momento.

No meu primeiro ano educando em casa, colocamo-nos sob a proteção de Nossa Senhora Sede da Sabedoria. Parecia uma escolha óbvia. Mas logo descobri que, para educar em casa, era necessário muito mais que sabedoria. Assim, no segundo ano, escolhi Nossa Senhora das Graças.

Este ano, em homenagem a Joana, escolhi *Mater Amabilis*, em latim, que significa Mãe Amável, também conhecida como Mãe Louvável e, como gosto de chamá-la, Mãe de Doçura.

No primeiro dia de aula, comecei um pequeno estudo sobre a *Mater Amabilis* com meus filhos; depois, expus um ícone dourado, em que Maria encosta ternamente a bochecha na do Menino Jesus. Tratava-se de um presente que, alguns anos antes, minha mãe havia me dado. Embora sempre o guardasse em meu quarto, decidi colocá-lo na parede do andar de baixo para que, todas as manhãs, eu e as crianças nos deparássemos com ele ao recitarmos as orações de abertura, as canções e os versículos das Escrituras.

Durante as manhãs, lembro-me de contemplar aquela imagem em vez de simplesmente passar por ela; assim, era levada a ter menos pressa, e então fechava os olhos durantes as canções de louvor e saboreava as fisgadas na perna, puxões dos corpinhos que estavam dentro da minha barriga e que, em breve, estariam tão grandes que mal conseguiria me levantar... Cenas como essa me fazem lembrar das palavras que eu mesma repetia havia muitos anos, em criança; eram palavras ditadas por um padre bem idoso que me ensinara a rezar quando eu havia começado a confessar meus recorrentes pecados de impaciência e dureza:

> **Jesus, manso e humilde de coração,**
> **Fazei meu coração semelhante ao Vosso.**

O ícone também me lembrava de não dizer com pressa as últimas palavras que sempre pronunciamos antes de iniciar nossas aulas:

> **Nossa Senhora da Paciência e das Graças,**
> **rogai por nós.**

Há certos dias em que tudo isso funciona; neles sou paciente, sou doce. Nós nos divertimos e nos deleitamos com a fonética e a caligrafia, terminando antecipadamente as atividades para, antes mesmo do almoço, irmos ao parquinho.

Há outros, porém, que requerem trabalho árduo. Minha paciência se esgota já nos primeiros quinze minutos. E qualquer coisa se torna um agravante: o tempo úmido, as birras do meu filho, até mesmo aquele técnico que veio bater à porta para consertar algo justo quando finalmente consegui que meus alunos do segundo ano parassem de olhar para a janela e voltassem a se concentrar na matemática. Nesses dias, fico louca de nervoso e não consigo me controlar.

Na semana passada, tive uma manhã exatamente como essa. Estava me sentindo muito bem por ter conseguido esconder o aborrecimento dos meus filhos, até que, depois de recitar de forma impecável um poema, minha filha olhou para cima e começou a chorar.

«Você não sorriu para mim», disse ela, chorando e esfregando as mãozinhas nos olhos. «Quando recitei o meu poema, você não sorriu».

É verdade: não havia sorrido; tampouco tinha percebido que normalmente sorria — mas, sim: eu costumava sorrir, e ela notara a diferença.

Então, acariciei sua cabecinha e lhe dei um beijo; e, quando ela recitou o poema seguinte, sorri — um sorriso largo.

Se, há alguns anos, alguém me contasse uma história dessas, eu provavelmente teria dito que a filha precisava aprender a fazer o trabalho dela, quer recebesse um sorriso, quer não. Afinal, minha filha haveria de cumprir muito bem seu trabalho. Seria uma boa menina.

Naquele dia em particular, contudo, ela precisava de um sorriso. Ela precisava ser encorajada com doçura. Não ter sido encorajada a machucara.

«Ganha-as com doçura», escreveu Joana, certa vez, a uma superiora que tinha atritos com suas noviças, «mas sem ceder a seus caprichos... Percebo que és um pouco dura por natureza. Luta contra isso e tenta, com a ajuda de Deus, governar de modo doce e gracioso. Verás que, assim, todas as irmãs irão progredir, e com maior alegria e fidelidade».

Eis um bom conselho de uma santa que abdicara do seu tempo para vivenciar os desafios da maternidade. Tento me lembrar disso quando estou lidando com um filho que se sente desencorajado ou que precisa de alguma orientação a um só tempo firme e amável.

Também tento me lembrar disso quando penso em minha avó, em minha mãe e em todos aqueles parentes e entes queridos que, mesmo que não tenham feito tudo perfeitamente, me moldaram ao longo dos anos. Todos eles merecem doçura, paciência e misericórdia da minha parte; ora, eu não posso querer que pratiquem esses virtudes comigo se eu mesma não as pratico com eles.

Espero que, apesar dos meus defeitos, meus filhos façam o mesmo por mim um dia; espero que, daqui a algumas décadas, me visitem e saibam que, onde quer que eu esteja, aquele ícone dourado de Santa Maria com o Menino Jesus permanecerá no centro da minha parede; faço votos de que aquele ícone lhes traga boas lembranças, lembranças de terem se sentido amados e aceitos, mesmo quando cometiam erros graves.

Espero que, um dia, a ternura que há nos olhos de Maria ao embalar o Menino Jesus os faça pensar, nem que seja por um instante: *Isso me faz lembrar da mamãe.*

CAPÍTULO 3

PERSEGUIR A ALEGRIA

> *Caríssimos, se Deus assim nos amou, também nós nos devemos amar uns aos outros. Ninguém jamais viu a Deus. Se nos amarmos mutuamente, Deus permanece em nós e o seu amor em nós é perfeito.*
>
> (I Jo 4, 11-12)

Já faz quase vinte anos, mas ainda me lembro de sentir meu coração bater mais forte quando entendi que Deus me chamava para o Seu altar.

Naquele tempo, eu era uma jornalista jovem e bastante ambiciosa, uma novata do *St. Louis Post-Dispatch* que trabalhava — até mesmo depois do expediente — numa investigação das escolas públicas da cidade. Minha vida social se resumia às poucas horas noturnas que, durante os fins de semana, me restavam, horas que passava indo de bar em bar na companhia de outros jornalistas ou me misturando com gente mais equilibrada, meus conhecidos da igreja.

Não me sentia à vontade em nenhum dos dois grupos. Os jornalistas eram legais, mas ficavam um pouco confusos com a minha fé; os amigos da igreja, por sua vez, partilhavam da minha fé, mas não do meu senso de humor, tampouco da minha paixão por trabalhar em um jornal que eles consideravam um reduto de ímpios e progressistas. Por vezes, parecia que a única coisa que tínhamos em comum era o fato de sermos jovens de vinte e poucos anos mandados a St. Louis, cidade onde as panelinhas da escola primária duram até o lar de idosos e os recém-chegados passam anos tentando fazer parte de uma vida social que gira em torno de uma única pergunta, a que ninguém consegue responder de forma adequada: «Em que escola você fez o ensino médio?».

Apesar de me sentir deslocada em St. Louis na maior parte do tempo, tive bons momentos por lá. Um deles dizia respeito ao grupo católico do qual fiz parte por recomendação do meu pároco. Os encontros eram mensais; neles reuniam-se jovens e adultos de toda a arquidiocese que, juntos, trabalhavam para organizar uma procissão. Durante meses, nós a planejamos. Quando o grande dia finalmente chegou, vimos que todo o nosso trabalho tinha valido a pena: o sol resplandecia, os alto-falantes foram entregues e o número de pessoas — em se tratando de um evento organizado por gente de fora de St. Louis — superou as expectativas.

Enquanto admirava o auditório quase lotado durante a Missa de encerramento, o padre, um animado pregador que eu nunca tinha ouvido antes, tomou um rumo pouco convencional em sua homilia. O sermão, sobre a necessidade de arrependimento e abertura ao Espírito Santo, tornava-se mais e mais intenso, até que ele levantou os braços, fechou os olhos e começou a nos chamar para perto do altar.

Interessante, pensei. *Não sabia que era permitido chamar as pessoas ao altar durante a Missa. Quero ver o que vai acontecer daqui pra frente.*

Primeiro, um silêncio na multidão; e, depois, uma agitação. Uma jovem foi a primeira a ir. Em seguida, um jovem. E mais outro. E vários outros começaram a aparecer. O padre continuava rezando em voz alta à medida que mais e mais jovens se aproximavam do altar improvisado para se ajoelhar e rezar.

Nossa! Eu não sei o que está acontecendo aqui, mas... Deus seja louvado!

Os que se sentavam ao meu lado não se impressionaram tanto: à minha esquerda, uma estudante de doutorado bonita e empertigada, católica cerebral que podia citar de cor cada ponto do Catecismo e farejar abusos litúrgicos a quilômetros de distância. Posso apostar que ela era louca. À minha direita, uma das poucas nativas de St. Louis no grupo, uma mulher um pouco tensa, embora gentil, que ainda vivia com a mãe e provavelmente nunca tinha visto uma Missa como aquela. Tampouco eu tinha visto.

Dali do alto vimos aqueles corpos se proliferando, indo na direção do altar, como o fluxo lento e constante do rio Mississippi. Alguns levantavam as mãos conforme iam se aproximando; outros inclinavam o rosto para o chão como se estivessem dominados por alguma força sutil. Em poucos minutos, umas duas dezenas de jovens adultos já estavam diante do altar, enquanto outras iam se achegando.

De repente, eu senti. No começo, tentei fugir daquilo tudo, pensei em me centrar na minha carreira de jornalista e apenas assistir àquele espetáculo, em vez de fazer parte dele. Mas senti: era um impulso poderoso, uma necessidade quase física de dar um passo à frente — necessidade essa que, até ali, só tinha sentido uma vez na vida: quando, na faculdade, experimentara um novo despertar da minha fé.

À época, aquele impulso tinha me conduzido de volta à Igreja — a uma igreja vazia, onde, ajoelhando-me, fiz uma oração que marcou o início da minha jornada espiritual na vida adulta. Anos depois, naquele auditório, pude sentir

Deus me atraindo para Ele novamente, só que dessa vez me chamava diante de uma multidão.

Por favor, não: é constrangedor demais. Eu Te amo, Senhor, mas o que os meus amigos vão pensar?

Eu me mexia na cadeira, tentando me distrair, tentando não sentir o calor que envolvia meu corpo. Cada vez que alguém se aproximava do altar, sentia um sobressalto: queria ir também.

Mas não, não posso subir no altar. Vou rezar daqui do meu lugar. Jesus, eu Te amo. E vou amar-Te daqui mesmo.

O fluxo de corpos ao meu redor começou a diminuir. Havia agora uma espécie de repescagem: era a vez dos retardatários. O padre fez a última chamada.

«Venha», disse. «Se o Senhor o está chamando hoje, venha.»

O suor escorria em minha testa. Minha respiração estava acelerada.

Não suba lá. Você não precisa ficar encucada por causa disso. Fique no seu lugar.

E então me levantei.

A decisão fora tomada em uma fração de segundo; apenas acatei ao *sim* mais tímido que soava lá no fundo do meu ser; e, assim que o acatei, um ímpeto mais forte que minhas pernas me tirou do lugar e me empurrou para frente. Cheguei ao altar e caí de joelhos. Eu soluçava. Lágrimas rolavam, e era como se me lavassem sem que eu o pudesse explicar: senti que todas as minhas pretensões e atitudes estavam sendo purificadas.

Perdoai-me, Jesus. Sinto muito por não ter me entregado inteiramente a Vós. Quero viver inteiramente para Vós. Eu Vos amo, Jesus. Não importa quão louca eu esteja parecendo. Eu Vos amo.

Eu me sentia arrebatada pelo Seu amor, tomada por um aconchego e uma paz indescritíveis.

Obrigada, Jesus. Obrigada. Eu Vos amo. Ajudai-me a Vos amar mais e mais.

À medida que os instantes se sucediam e as lágrimas escorriam, senti um braço deslizar em volta de mim — era o braço daquela amiga tímida que estava à minha direita. Ela tinha me seguido escada abaixo, alarmada com minha partida repentina; e, enquanto dava tapinhas nas minhas costas, parecia mais tensa do que nunca:

«Colleen, você está bem? Está tudo bem, ouviu? Está tudo bem.»

«Eu sei», respondi, sorrindo entre lágrimas. «Eu sei.»

Alguns minutos depois, todos nós nos sentamos novamente. Minha amiga ficou me olhando de soslaio pelo resto da Missa, provavelmente imaginando que pecado monstruoso eu tinha cometido para acabar prostrada no chão, chorando diante de Deus e de toda aquela gente. Eu teria explicado a ela; mas, terminada a Missa, quando saímos para ver o sol, percebi que não conseguia explicar: ainda estava tentando entender aquilo tudo sozinha. Uma coisa era certa: desde menina eu não sentia uma alegria como aquela; eu sentia Jesus tão perto de mim que era como se respirássemos o mesmo ar.

Em seguida, a doutoranda lançou sua crítica:

«Ele não deveria ter feito aquilo», disse, olhando de cima a baixo meu rosto radiante e inchado. «Não se deve fazer convocações como aquela durante a Missa.»

Dali em diante, ela começou a apontar os erros da homilia, das orações, da música; e, conforme detalhava cada descumprimento das rubricas do Missal, eu sentia a minha alegria se esvair. Provavelmente ela estava certa; afinal, entendia do assunto. No entanto, eu não podia negar o que havia experimentado: o Espírito Santo me inundara na mesma liturgia que, na concepção dela, fora uma abominação.

Depois de mais alguns minutos de críticas, tomei coragem para me afastar e seguir com outro grupo. Fiquei longe dela o resto do dia.

Alguns anos mais tarde, li no jornal que o padre que fizera aquela convocação coletiva para o altar estivera envolvido num escândalo sexual que lhe obrigou a renunciar ao sacerdócio. Na mesma época, travei conhecimento das sábias diretrizes da Igreja para uma liturgia reverente, incluindo o princípio de que experiências inovadoras em matéria de adoração não se encaixam no corpo da Missa e não devem fazer parte da Celebração Eucarística.

O que não me foi dado conhecer é o porquê de Deus ter escolhido aquele padre profundamente falho, de práticas litúrgicas incorretas, para tocar meu coração. O Senhor o escolhera, no entanto. Sei que escolhera. E aquele toque dera frutos.

Há mais de uma década, reconheço aquele chamado como um momento crucial na minha jornada de fé. Foi uma alegria espiritual cujo sabor pude sentir de modo tangível, uma alegria que me deu forças para me render de maneira mais completa a Cristo nos anos que se seguiram, além de me libertar de uma fé que se centrava na minha própria consciência e permitir que eu iniciasse algo bem mais valioso: a obra de evangelização que Deus havia planejado para mim. Aquela experiência também me ensinara que, mesmo nas horas áridas de oração, sou amada por um Deus e que Ele anseia por mim ardentemente, infinitamente.

Embora minha amiga estivesse certa sobre o convite ao altar, ela não tinha conseguido entender o ponto principal — e este erro eu também cometo muitas vezes, mais vezes do que gostaria.

Isso acontece às vezes na igreja, quando me vejo avaliando o sermão do padre em vez de ouvi-lo, ou protestando interiormente contra os pais que deixam os filhos soltos durante a Missa, brincando no banco da frente, enquanto tento ensinar o meu a se sentar e ficar quieto; ou, então, quando estou conversando com velhos amigos que trabalham para a

Igreja e o que antes era um riso geral e descontraído diante das provações que temos em comum vai se transformando em uma sessão amarga e coletiva de críticas a pessoas e instituições que nos decepcionaram; ou, ainda, quando estou *online* e quero saber detalhes de um escândalo distante sobre o qual não tenho o mínimo controle, o que faz com que minha curiosidade doentia, minha justa indignação, se torne algo bem mais sombrio: um desprezo, uma repugnância e um desânimo em relação ao atual estado da Igreja.

Chamem de elitismo espiritual, sectarismo ou espírito crítico — seja qual nome receba, essa mania de se fixar nas falhas da Igreja, dos seus membros e daqueles que não levam a religião tão a sério quanto *eu*, o católico exemplar, é horrorosa. É uma mania tão vergonhosa que é difícil confessá-la a si mesmo, e por isso abandoná-la também se torna difícil.

«A presunção é o maior pecado católico», escreveu certa vez a romancista Flannery O'Connor. «Eu o encontro em mim mesma e, ainda assim, não o repulso.»

Não se trata, porém, de um problema exclusivamente católico. Cristãos de qualquer denominação tendem à presunção. Acreditamos ter encontrado a chave para a vida eterna — ou a plenitude da fé, como nós católicos dizemos — e esquecemos que esse é um motivo de gratidão, não de vanglória. A alegria certamente é mais agradável. Principalmente quando você passa a vida toda desviando de perguntas intrometidas e comentários maldosos vindos de pessoas que não conseguem entender por que você tem tantos filhos; por que os cria da maneira como cria; e por que não gasta seu tempo e dinheiro da maneira como todos os outros gastam. Pode ser tentador permitir que seu cansaço e ressentimento se transformem em algum tipo de autoproteção, em uma camada de superioridade e desprezo em relação àqueles que não veem as coisas como você vê.

Trata-se da velha tentação da soberba espiritual, a qual, quando afeta perfeccionistas que nadam contra a corrente da cultura atual, geralmente toma a forma do partidarismo religioso. Como explica C. S. Lewis nas *Cartas de um diabo a seu aprendiz*, o diabo raramente nos tenta a sentir orgulho de sermos cristãos; em vez disso, tenta-nos a sentir orgulho de sermos o tipo *certo* de cristão: o tipo fiel, o tipo intelectual, o ortodoxo, o tradicional, o progressista ou o compassivo.

Uma vez que agimos assim, começamos a desenvolver o que Lewis chama de «calorosa admiração mútua» em relação aos membros de nossa comunidade e «uma quantidade significativa de vaidade e ódio» contra todos os que não fazem parte dela, sendo essa vaidade e esse ódio «incentivados sem nenhum pudor, pois estão a serviço de uma "Causa" que consideram impessoal». Mesmo uma causa santa pode servir a fins maléficos, escreve Lewis, uma vez que os cristãos «adquirem a intensidade inquietante e a justiça defensiva de uma sociedade ou grupo secreto».

Não leio essas palavras com o intuito de desferir um golpe na cristandade. Estar em comunhão com seus irmãos é vital para qualquer fiel, ainda mais para os pais que, em meio ao secularismo atual, buscam criar filhos tementes a Deus. Admitir a necessidade de buscar a companhia de outros cristãos que também lutam pela santidade não é elitismo; trata-se de uma marca de humildade e maturidade espiritual.

A saída está em encontrar uma comunidade de apoio sem evitar totalmente os que estão fora dela, vivendo intencionalmente nossa fé sem nos tornarmos nem condescendentes, nem indispostos com aqueles que não a seguem. Em tempos de complacência, corrupção e confusão na Igreja — tempos que vivemos nos dias de hoje —, essa não é uma tarefa nada fácil.

A boa notícia é que a Igreja já passou por situações como essa, tendo cambaleado, noutros tempos, tanto por divisões internas como por ataques externos. Assim como agora, a atração pelo sectarismo e pelo pessimismo religioso foram fortes. Para entender como e por que devemos resistir a essa atração, passemos a olhar para uma mulher que não resistiu a ela: Angélique Arnauld, amiga de São Francisco de Sales e de Santa Joana de Chantal que, com seu carrancudo elitismo espiritual, acabou encabeçando uma das heresias mais sombrias da história da Igreja.

Sugiro que se abra qualquer livro antigo sobre Angélique — de preferência um desses bem velhos e empoeirados, publicado antes de 1940, que encontramos jogados no canto de um sebo. Você conhecerá uma abadessa francesa do século XVI sendo descrita como uma amálgama de Caifás e Cruella de Vil: astuta, rebelde, hostil, com um coração de pedra e, além disso, principal conivente de um grupo de freiras apóstatas que, nas famosas palavras do arcebispo de Paris, eram «puras como anjos e orgulhosas como demônios».

Entretanto, ao investigar a história mais a fundo, descobrir-se-á uma cristã sincera que, por décadas, se esforçou para reformar a si mesma e à Igreja. Nunca fora a intenção de Angélique fomentar nenhuma heresia; ela desejava simplesmente amar a Deus — só que à *sua* maneira, com a *sua* grei de cristãos, sem interferências de quem fosse teológica e moralmente inferior a ela.

Noutras palavras, Angélique era uma elitista. E esse seu elitismo a levou à ruína.

As sementes de sua ruína foram semeadas desde cedo e pela própria família, a qual era influente na França daqueles tempos. Nascida em 1591, Angélique tinha apenas sete anos quando seu avô entrou em acordo com Henrique IV, rei da França, para que fizesse sua neta Angélique abadessa de Port-Royal, um mosteiro cisterciense perto de Paris. Os Arnauld mentiram a idade dela nos documentos que enviaram a Roma com o intuito de viabilizar a aprovação eclesiástica da nomeação.

Angélique foi então mandada à abadia de Maubuisson a fim de tomar aulas de catecismo com uma superiora notoriamente promíscua, a qual residia ali na companhia de uma dezena de filhos de pais diferentes e incentivava as freiras do convento a adotar semelhante comportamento, colecionando amantes pela vida. No tempo em que foi feita abadessa em Port-Royal, com apenas onze anos de idade, Angélique era tão ignorante da fé católica que, no dia mesmo de sua Primeira Comunhão, teve de pegar emprestado o Missal de um faz-tudo da abadia no intuito de tomar conhecimento de que estava prestes a receber o Corpo e o Sangue de Cristo, coisa que ninguém nunca lhe havia explicado.

Os cinco anos que passou ali, passou-os lendo romances mundanos, entre achaques e convalescenças de males motivados pela depressão, tomada por devaneios de fugir dali casada, como suas tias protestantes, tendo gosto em ver sua mãe e seu irmão mais velho rodando todo o convento atrás de si. Port-Royal era lugar de tumulto e devassidão, marcado pelas festas à fantasia que ocorriam nas suas luxuosas dependências, habitadas por freiras que não sabiam sequer dizer o que era um sacramento, já que o sacerdote que as devia supervisionar estava mais preocupado em sair para caçar do que lhes ensinar a rezar o Pai-Nosso.

Quando contava dezesseis anos, um frei capuchinho chegou a Port-Royal falando de um humilde Rei que deixara Seu trono para vir ao mundo como pobre, por amor a ela. Essas palavras fizeram brilhar uma centelha na alma de Angélique, convencendo-a a consagrar sua vida a Cristo. Com isso, a jovem mergulhou em oração e penitência, torturada pela culpa de ter logrado um cargo religioso por meio de fraude. Ao contar a outro frei capuchinho visitante que tinha planos de renunciar à função de abadessa, ele a convenceu, em vez disso, a reformar todo o convento.

Assim fez Angélique. E ninguém — nem sua família, nem as freiras da abadia, nem as prioras que normalmente geriam as coisas por lá — gostou daquilo. Sem lhes dar importância, Angélique perseverou, sendo um modelo para aquelas irmãs e levando-as a resgatar seus votos de pobreza, castidade e obediência. Aos poucos, as irmãs foram concordando em abrir mão de seus bens e em restabelecer a clausura que as apartava do mundo, chegando até mesmo a apoiar Angélique quando esta resolveu desafiar o poder de seus parentes, mantenedores do convento. Na ocasião, as freiras embarreiraram a entrada do lugar, impedindo que, enfurecidos, os familiares de Angélique, entre os quais suas irmãs de dezenove anos, entrassem lá e fizessem uma tremenda farra logo após o aniversário de dezoito da filha. A Reforma Angélica, como ficaria mais tarde conhecida a grande mudança que Angélique promoveu na vida religiosa francesa, tinha começado.

Uma década depois, Angélique transformou Port-Royal em referência de rigor teológico e moral. As freiras não viviam apenas com simplicidade. Às duas da manhã já tinham de estar de pé para rezar, em jejum; acampavam em dormitórios, vestiam roupas ásperas que irritavam a pele, falavam apenas durante um período de recreação e dividiam o resto de suas horas entre penosos trabalhos e orações coreografadas. Era uma vida extenuante. Em meio a uma cultura que entendia austeridade como sinônimo de santidade, aquelas irmãs tornaram-se celebridades: eram elas que os abonados de Paris queriam para educar seus filhos e promover retiros de que pudessem participar.

Era portanto questão de tempo para que a afamada abadessa de Port-Royal cruzasse o caminho do ainda mais afamado bispo de Genebra. Ter encontrado Francisco de Sales foi como vivenciar um sonho para aquela Angélique de

27 anos, que o admirava havia longos anos e estava em busca de um diretor espiritual. Francisco, que àquela altura contava 51 anos, passou a comparecer regularmente ao convento de Angélique na condição de sacerdote, somando mais uma à sua crescente lista de correspondentes. Ele admirava as reformas empreendidas pela sua nova amiga, mas não demorou a corrigir-lhe as faltas:

«Não te sobrecarregues tanto a ti mesma com vigilância e austeridade», disse a Angélique. «Adentra a Porta Real [Port-Royal] da vida religiosa pela Estrada Real do amor a Deus e ao próximo, com humildade e doçura.»

O amor a Deus recaiu facilmente sobre Angélique, mas não o amor ao próximo. Líder competente, apesar de inflexível, Angélique julgava duramente todo aquele que violasse as regras ou escandalizasse os fiéis. Por ter tardado em servir a Deus, não tolerava que almas estultas e tíbias tomassem seu tempo.

Francisco a compreendia. Bispo numa cidade de maioria calvinista e, portanto, hostil a católicos — tão hostil que ele nem podia residir no território de Genebra —, encontrou lá grande parcela de católicos indolentes e relapsos. Seu compromisso de pregar a verdade com amor chamou a atenção até mesmo dos críticos protestantes. Francisco trouxe multidões de volta à fé católica, transformando uma diocese outrora enfraquecida em um celeiro de renovação. Caridade e alegria sempre foram as chaves do seu sucesso — poucas coisas o incomodavam mais do que ver devotos se rendendo à sisudez e maculando, assim, a reputação da fé.

Quando Francisco soube de uma disputa em Maubuisson na qual Angélique recorrera ao sarcasmo a fim de se valer sobre seus adversários, disse-lhe: «Não esperava que escarnecesses e zombasses daquelas pessoas, mas que as iluminasses mediante a compaixão que mereciam». Certa vez, Angélique reclamara de que Joana lhe havia chamado de «irmã», termo que considerara complacente demais. Ao saber disso, Francisco admirou-se de sua sinceridade, mas a repreendeu, mostrando-lhe o orgulho que havia por trás daquela queixa que classificou de «sem sentido». Quanto aos padres e monges corruptos que tanto enfureciam Angélique, Francisco exortou-a a redirecionar sua legítima frustração a orações em prol da transformação daqueles homens, pois, ao contrário das queixas e fofocas, a oração gera frutos. Que ela praticasse a virtude e a abnegação de modo «alegre e prazenteiro», disse, relembrando que nossa santificação, bem como a reforma da Igreja, é um processo lento. Como lhe disse noutra ocasião: «A perfeição a que aspiramos, minha filha, não virá nos próximos anos».

Secretamente, Angélique comia os restos da comida de Francisco e guardava objetos em que ele tivesse tocado, como se fossem relíquias de um santo vivo. Apesar de toda essa reverência, não seguiu seu conselho. Em suas correspondências, Francisco dá as mesmas orientações como resposta às repetidas perguntas de Angélique. As cartas são graciosas, todavia: como observa Wendy Wright, contêm «sutis indícios de que aquela amiga não o estava compreendendo tão bem assim».

Talvez Angélique não quisesse mesmo compreender o que Francisco lhe dizia. Ele a convidava a entregar o que havia de mais característico na personalidade dela: sua austeridade; seus juízos afiados e precipitados; a satisfação que sentia ao lutar em defesa dos ensinamentos da Igreja, massacrando os que não o faziam. Afinal, se deixasse de ser assim — Angélique, a reformadora com mão de ferro —, quem seria ela? Se fechasse os olhos para as mínimas coisas, se se dispusesse a dialogar com seus detratores, como poderia preservar a integridade de sua reforma e, a bem da verdade, da sua reputação?

Francisco pareceu perceber que não tinha êxito. Eis a possível explicação de nunca ter acalentado a ideia de Angélique deixar Port-Royal para se juntar à Ordem da

Visitação que fundara junto com Joana. Angélique insistia nesse propósito, tendo até recrutado Joana a interceder por ela. No entanto, Francisco permaneceu relutante em acolher aquela severa elitista espiritual numa ordem inspirada no *Magnificat* (Lc 1, 46-55), em que Maria clama: «Meu espírito exulta de alegria em Deus, meu Salvador».

Se Francisco tivesse dedicado mais tempo a conduzir Angélique, talvez ela aprendesse a suavizar a rigidez, podendo encontrar seu lugar na Ordem da Visitação. Contudo, em dezembro de 1622, pouco menos de quatro anos após terem se conhecido, Francisco morreu de apoplexia. Com isso, Angélique passou a década seguinte trocando de diretor espiritual até encontrar Jean Duvergier de Hauranne, mais conhecido como o Abade de Saint-Cyran, em quem confiou tanto quanto confiara em Francisco.

Tal qual o bispo de Genebra, Saint-Cyran era um padre brilhante e piedoso; porém, era também mais dominador que Francisco, mais severo em seus julgamentos e menos dócil às autoridades da Igreja quando estas questionavam as ideias que ele herdara do bispo e teólogo holandês Cornelius Jansen, seu amigo. Tais ideias consistiam em uma visão estreitíssima acerca de quem poderia ser salvo; em uma ênfase excessiva na pecaminosidade humana; e em uma negação potencial da liberdade humana de cooperar com a graça divina ou resistir a ela.

Jansen morrera antes de pôr seu ideário em prática. Saint-Cyran o sucedeu, acrescentando um rígido moralismo, todo particular, à teologia de Jansen, já sombria o bastante. O resultado foi uma mistura peculiar de perfeccionismo moral, fatalismo teológico e resistência à autoridade da Igreja que ficaria conhecido como a heresia jansenista, movimento dissidente que arrastou dezenas de pessoas em sua correnteza de desolação e cuja origem esteve em Angélique.

Angélique sempre pendeu para os extremos. Sua família sempre detestara os jesuítas. Portanto, quando Saint-Cyran, por volta de 1635, começou a disseminar o jansenismo e a repelir seus contestadores jesuítas, acusando-os de lenientes para com os pecadores, a abadessa de 44 anos, entusiasmada com aquele discurso, deu-lhe ouvidos.

Que a teologia jansenista, pretensamente apoiada na graça divina, semeasse uma alta dose de rigorismo moral era o de menos. O pior ainda estava por vir. Angélique nunca mais teria um diretor espiritual que se recusasse a aplicar penitências radicais sob a justificativa de grandeza espiritual; agora, ela teria exatamente aquilo que sempre quis: alguém que a levasse para onde ela queria ir. Saint-Cyran deu a Angélique a permissão quase divina de nutrir repugnância pelos cristãos medíocres que a escandalizaram em criança e que impediam então, quando adulta, suas reformas.

Rapidamente, Angélique fez de Saint-Cyran capelão de Port-Royal, cargo estratégico para que doutrinasse suas freiras, bem como suas irmãs e seus discípulos leigos. Um de seus ensinamentos centrais era a insistência na contrição perfeita como único meio de validar a Confissão; dessa maneira, o pecador só recebia perdão se o seu arrependimento decorresse do amor a Deus, e não do medo do julgamento d'Ele. Outro ensinamento consistia em dissuadir o pecador de buscar a Comunhão frequente, pois fazê-lo, na visão de Saint-Cyran, seria pretensioso demais, uma vez que os altos níveis da contrição perfeita ainda não tinham sido atingidos, nem se concretizara o total desprendimento do pecado.

Nenhum desses ensinamentos estava de acordo com a ortodoxia católica. É certo que a contrição perfeita supera a contrição imperfeita, mas, para oferecer a graça do sacramento, a Igreja requer do pecador somente a confissão genuína dos seus pecados, com o mínimo de arrependimento e intenção de mudar. Quanto à Eucaristia, a Igreja nunca considerou a perfeição um pré-requisito para receber a Comunhão, mas apenas a ausência de pecados graves, mortais. Recomenda-se que o católico confesse seus pecados leves, veniais; porém, conforme explica o Catecismo, a Eucaristia «apaga os pecados veniais» e ainda «fortifica a caridade» e «preserva-nos dos pecados mortais futuros».

Dado o elo entre Eucaristia e caridade, não é de causar espanto que Angélique e as freiras que, sob sua vigilância, adotaram a avara concepção sacramental de Saint-Cyran, adorando a Jesus na Eucaristia sem recebê-lO, fossem se tornando mais truculentas com as pessoas de fora. As irmãs ainda liam os escritos de São Francisco de Sales e de Santa Teresa de Ávila, ambos tão admirados por Angélique na juventude, mas, como percebe o filósofo John Conley em *Adoration and Annihilation*, livro que trata da história de Port-Royal, a leitura era feita sob a ótica jansenista, que tirou dos textos a «exuberância estética dos santos e sua prudente preocupação com a fraqueza humana». Em Port-Royal não havia espaço para esse tipo de preocupação, tampouco para a evangelização. Lá as freiras se ocupavam da própria salvação, sem poder correr o risco de se contaminar num mundo tão vasto, no qual, em cada canto, viam o pecado à espreita, inclusive nos deleites e virtudes que aparentavam ser bons.

Port-Royal logo se tornou o centro de comando do jansenismo, atraindo intelectuais que queriam respirar o mesmo ar purificado que respiravam Angélique e suas freiras. Entre eles estava o irmão mais novo de Angélique, Antoine Arnauld, que, em 1643, escreveu um livro no qual expunha o seguinte argumento: se a Eucaristia de que nos alimentamos na terra é o mesmo alimento de que nos alimentamos no céu, só devemos recebê-lo se formos tão perfeitos quanto os santos.

O livro se tornou um *best-seller*; e, quando sua tese chegou ao ouvido do povo, da gente que se sentava nos bancos das igrejas, os efeitos foram devastadores. Primeiro na França;

logo depois, nas igrejas da Europa e do mundo. Era possível encontrar pessoas que confessavam os mesmos pecados repetidas vezes sem nunca receberem absolvição, pois os jansenistas julgavam sua contrição imperfeita. Como descreve o teólogo jesuíta John Hardon: «Os padres jansenistas eram conhecidos por nunca celebrarem a Missa; outros consideravam uma questão de princípio reduzir ao mínimo a recepção dos sacramentos. Assim, poder-se-ia encontrar católicos que, com trinta anos de idade, ainda não tinham feito a Primeira Comunhão». Alguns católicos, influenciados pelo jansenismo, desafiaram a regra da Igreja de receber a Eucaristia pelo menos uma vez por ano; outros chegaram a recusá-la em seus leitos de morte, tão aterrorizados estavam de recebê-la indignamente.

Todo esse terror fez com que alguns católicos abandonassem a Igreja. Se as exigências de Deus eram impossíveis de ser atendidas e não se podia ter sequer a liberdade de buscar atendê-las; se uma divindade arbitrária poderia arremessar ou não a tábua da salvação, que é a graça, para que o homem fizesse sua escolha, por que não ignorar a tempestade e curtir a vida, deixando-se levar ao sabor do vento?

Muitos católicos franceses das classes mais altas fizeram exatamente isso. Os historiadores afirmam que a reação contra o jansenismo contribuiu para o secularismo e o anticlericalismo patentes na Revolução Francesa.

O jansenismo decerto teve seus críticos. Quatro papas condenaram os ensinamentos de Jansen durante um período de quase um século, três deles durante a vida de Angélique. Apesar desses pronunciamentos papais e do núcleo relativamente pequeno de intelectuais que, a par dos escritos de Jansen, defendiam sua doutrina, o movimento exerceu vasta influência na Igreja por quase dois séculos.

Uma razão que explica a adesão ao jansenismo é seu apelo pedante: os católicos das classes mais altas achavam elegante pertencer a um setor intelectualizado demais para as massas e tão exclusivo que tinha seu próprio crucifixo. (Para enfatizar que Ele teria morrido apenas pelos eleitos, o crucifixo dos jansenistas mostra Jesus Cristo com os braços esticados na vertical, em um esguio V, ao invés do tradicional T.) Os católicos devotos das classes mais baixas não tinham acesso aos detalhes da doutrina jansenista, mas admiravam a estrita moral dos seus próceres e a maneira como colocavam os céticos do Iluminismo no seu devido lugar, mediante a ênfase na transcendência de Deus.

Em seus escritos, Angélique abordou esses pontos. Na maioria das vezes tratava-se de contestações a pronunciamentos oficiais da Igreja contra a obra de Jansen. Assim como muitos outros jansenistas, Angélique professou obediência às autoridades eclesiásticas, mesmo quando enviava grande volume de cartas nas quais argumentava que, ao não reconhecerem o gênio de Jansen, tais autoridades eram incapazes e pecaminosas, ou se deixavam enganar. Sob sua liderança, Port-Royal tornou-se uma fortaleza da resistência jansenista — ou, como disse o rei francês Luís XIV, «um ninho de hereges».

Esse ninho, em 1661, começou a se desfazer. Angélique contava 69 anos e se aproximava da morte. O rei, encorajado pela recusa de Angélique em aceitar o último julgamento da Igreja contra Jansen, expulsou os padres de Port-Royal e encerrou as atividades da escola de formação de novas freiras. Angélique passou seus últimos meses de vida lutando contra a dor física, temendo o futuro de sua comunidade religiosa e acirrando-se em sua ferrenha defesa da causa jansenista, que a consumira por quase trinta anos. No leito de morte, Angélique escreveu uma carta rogando compaixão por parte da rainha da França, descendente do rei Filipe II de Espanha, e comparando a perseguição que sofria à da espanhola Teresa de Ávila — sem mencionar, é claro, a graciosa obediência de Teresa às autoridades eclesiásticas. Ao dar seu derradeiro suspiro, enquanto se preparava para o julgamento de Deus, Angélique advertiu suas freiras: «É preciso se preparar para esta terrível hora».

Quão terrível fora aquela hora para Angélique não nos é dado saber nesta vida terrena. Sabe-se que, não obstante suas notáveis realizações — a reforma de vários conventos; um número impressionante de bons escritos, apesar de conterem erros; e a fundação de duas ramificações da comunidade de Port-Royal, que, no momento de sua morte, compreendia ao todo cerca de duzentas freiras —, Angélique morreu em guerra com a Igreja que ela amava. A comunidade religiosa que durante toda a vida ela trabalhara para construir desfez-se décadas mais tarde, quando as freiras rebeldes de Port-Royal foram retiradas do convento e, em 1709, o local foi totalmente destruído. O movimento jansenista, por sua vez, sobreviveu publicamente durante algumas décadas, com a ascensão e queda dos convulsionários, um grupo que levou o étho estraga-prazeres, próprio do jansenismo, ao extremo do sadomasoquismo, promovendo orgias em cemitérios, onde torturavam-se uns aos outros com espancamentos, cortes e crucificações.

Tratando-se de um movimento cujo objetivo original consistia em empreender uma espécie de purificação da Igreja, seu fim foi horrendo. Pior que seu fim foi o modo como esse éthos pessimista decorrente do jansenismo infiltrou-se nos seminários, nos conventos, nas paróquias e nas escolas católicas muito depois do último suspiro do movimento. Após a morte de Angélique, gerações de católicos, mesmo sem nunca conhecer a história da abadessa, perderiam a fé, ou no mínimo teriam de aquietar aquele sombrio ídolo perfeccionista que ela ajudara a criar.

Acho a história de Angélique assustadora. Não só por ela ter caído em heresia, mas pelo que precedeu sua debandada. Angélique não era nenhum tipo de «madrinha do jansenismo», aquela vilã que os livros antigos pintavam; tampouco era uma alma programada para cultivar o desprezo e o pessimismo crônicos. Angélique era uma perfeccionista com traços de arrogância que, apesar disso, sentira o arrebatador amor de Deus e fizera o que pôde para retornar a esse amor, pelo menos durante algum tempo.

Em muitos aspectos, ela era uma mulher como eu. E isso significa que não posso desprezá-la; pelo contrário, devo aprender com a história dela para não acabar me tornando igual.

Nunca me esqueci da descrição que Angélique fez do encontro com aquele frei franciscano itinerante, de como foi tocada pelo seu sermão. Ela tinha dezesseis anos quando o encontrou: «Daquele momento em diante senti uma alegria grande de ser religiosa, alegria maior do que qualquer infelicidade que já sentira».

Eu poderia ter escrito estas linhas, contando o despertar da minha fé primeiro na faculdade e, depois, durante aquela Missa; qualquer pessoa que conhece Jesus de modo pessoal poderia ter descrito sua experiência desta maneira.

É essa familiaridade que me assusta: Angélique *conhecia* Jesus. Ela havia experimentado a alegria que é conhecer o Senhor, embora a tenha perdido ao longo do caminho.

Portanto, devo vigiar. Caso contrário, posso perdê-la também.

Há dias em que me sinto como se já a tivesse perdido, e neles permito que meus julgamentos e críticas tomem o lugar do elogio e da gratidão; é quando coleciono reclamações e meus olhos só conseguem enxergar erros — meus, do mundo e da Igreja. Ergo, pedra por pedra, um castelo de juízos; ergo-o com tamanha argúcia que logo ninguém será digno de atravessar suas portas, nem eu mesma; e, quando me dou por mim, percebo que me desfiz de toda a minha alegria, sem nem me ter esforçado para mantê-la.

O erro e a divisão que Angélique espalhou são frutos do orgulho que ela tinha da própria retidão, orgulho esse que tomou o lugar de sua alegria no Senhor. A história da abadessa me leva a crer que minha concepção de alegria era um tanto equivocada.

Durante grande parte da minha vida, pensei que a alegria fosse um benefício periférico da vida espiritual, um bônus interessante que poderia aparecer no meio do caminho. Quanto mais reflito sobre a história de Angélique e os paralelos que ela tem com a minha, mais vejo razão nas palavras do profeta Neemias, quando diz que «a alegria do Senhor será a vossa força» (Ne 8, 10). Os que seguimos a Cristo não podemos ver a alegria como mera recompensa, como um produto a ser consumido. A alegria é a nossa própria força. Isso significa que, quando abrimos mão dela, tornamo-nos fracos espiritualmente — vulneráveis ao pecado, ao erro, às crises.

Ao perder sua alegria, Angélique só teve olhos para ver os problemas da Igreja, dos seus membros, dos seus líderes e dos seus ensinamentos — aqueles que não se enquadravam na estreita visão da abadessa de Port-Royal. Sua fé foi assim se enrijecendo, a ponto de se tornar uma ideologia na qual o Espírito Santo não tinha função e Deus Pai não tinha um trono de onde pudesse lhe ensinar algo novo através de alguém inesperado.

Esse padrão se repete nos dias atuais tanto quanto no tempo de Angélique. O recém-convertido (ou revertido), inflamado em sua nova paixão, aos poucos vai se metamorfoseando no cristão mal-humorado, permanentemente escandalizado com a lacuna que há entre o Corpo Místico de Cristo descrito nas Escrituras e a paróquia da esquina, irrelevante e imersa em pecado. «É um fato praticamente incontestável: há que se sofrer com e pela Igreja», disse Flannery O'Connor. «Quem crê na divindade de Cristo deve apreciar o mundo ao mesmo tempo que se esforça para suportá-lo».

Necessitamos da Igreja, mas devemos nos compadecer dos pecados de seus membros; precisamos compartilhar o Evangelho, mesmo que nossos esforços sejam recompensados com escárnio e perseguição. Difícil é conviver com esses paradoxos.

Ceder ao espírito de divisão e cair em desespero é bem mais fácil do que manter o coração aberto à alegria do Espírito Santo para que, com Seu amor, alcancemos as pessoas que Ele nos mandou alcançar.

O que torna a divisão tão tentadora é o fato de que muitas vezes ela é necessária. Adverte-nos Jesus acerca dos «falsos profetas» (Mt 24, 11). O livro dos Salmos, já em seu início, aconselha a não nos sentarmos «entre os escarnecedores» (Sl 1, 1). Cultivar a alegria do Senhor não é sinônimo de exibir sorrisos forçados, nem saudar o pecado com piscadelas, tampouco seguir o fluxo de uma sociedade que inverte os valores de bem e do mal e rotula de discurso de ódio qualquer tentativa de se opor a essa inversão. Encontramos nossa alegria ao fazermos a vontade de Deus, defendendo a verdade, custe o que custar.

Mas o que fazer quando parte da vontade de Deus — uma parte bem maior do que nós, perfeccionistas, podemos imaginar — consiste em cultivarmos a alegria? O que fazer quando recusar a vontade de Deus implica em uma forma de desobediência, em uma rejeição ao Espírito Santo?

Eis aí uma ideia instigante, a qual encontra amplo apoio nas Escrituras. Mesmo quando os tempos são maus, o profeta diz: «Regozijar-me-ei no Senhor» (Hab 3, 18). E o salmista afirma: «Regozijam-se (...) os que em vós confiam» (Sl 5, 12); «oferecerei no tabernáculo sacrifícios de regozijo» (Sl 26, 6); «ó justos, alegrai-vos e regozijai-vos no Senhor» (Sl 31, 11); «aclamai a Deus com vozes alegres» (Sl 46, 2); «regozijai-vos, alegrai-vos e cantai» (Sl 97, 4); «este é o dia que o Senhor fez: seja para nós dia de alegria e de felicidade» (Sl 117, 24);

e ainda: «vós sois meu abrigo e meu escudo; vossa palavra é minha esperança» (Sl 118, 111). Assim como os santos, os heróis bíblicos são frequentemente conhecidos por sua alegria: o Segundo Livro de Samuel mostra que o rei Davi «dançava com todas as suas forças diante do Senhor» e soltava «gritos de alegria» enquanto Mical, sua esposa, observava-o com desprezo, pois considerava seu comportamento uma estultice. Davi lhe responde: «Foi diante do Senhor que dancei. E me abaixarei ainda mais» (2 Sm 6, 14-23). Ao final da narrativa, é Mical que sofre o desfavor de Deus, e não Davi.

No Novo Testamento, Jesus descreve a alegria como um dom espiritual que devemos buscar constantemente: «Pedi e recebereis, para que a vossa alegria seja perfeita» (Jo 16, 24). São Paulo diz que a alegria — e não o perfeccionismo — está no coração de nossa vida em Cristo: «O Reino de Deus não é comida nem bebida, mas justiça, paz e gozo no Espírito Santo» (Rm 14, 17). «Alegrai-vos sempre no Senhor», diz São Paulo aos filipenses. «Repito: alegrai-vos!» (Fl 4, 4). Para que não tomemos seu mandato por mera sugestão, Paulo repete aos tessalonicenses: «Vivei sempre contentes. Orai sem cessar. Em todas as circunstâncias, dai graças, porque esta é a vosso respeito a vontade de Deus em Jesus Cristo» (1 Ts 5, 16-18).

A alegria, como disse C. S. Lewis, «é negócio sério no céu». Isso quer dizer, portanto, que é nosso negócio também, e não apenas algo por que devemos esperar, ansiar e pedir. A alegria é algo que precisamos perseguir e preservar, reconhecendo-a como fonte de força sobrenatural, sem a qual não podemos amar a Deus, tampouco nos amar uns aos outros. «Imagine-me com os dentes cerrados perseguindo a alegria», disse Flannery certa vez a um amigo; «e, além disso, devidamente armada, por ser uma missão perigosa».

A alegria não provém de nós. Não a podemos criar com as próprias mãos: a alegria é um dom, um presente de Deus. São Paulo, ao listá-la junto com os frutos do Espírito Santo, deixa-a atrás apenas do amor. Enquanto «as obras da carne» incluem «fornicação, impureza, libertinagem, idolatria, superstição, inimizades, brigas, ciúmes, ódio, ambição, discórdias, partidos, invejas, bebedeiras, orgias», São Paulo diz que os frutos do Espírito, como o amor, nos ajudam para que «não sejamos ávidos da vanglória». E conclui: «Nada de provocações, nada de invejas entre nós» (Gl 5, 19-26). Jesus ressalta esse elo entre alegria e caridade no Evangelho de João, dizendo que, para nos aproximarmos de Deus e preservarmos nossa alegria, devemos amar o próximo: «Se guardardes os meus mandamentos, sereis constantes no meu amor, como também eu guardei os mandamentos de meu Pai e persisto no seu amor. Disse-vos essas coisas para que a minha alegria esteja em vós, e a vossa alegria seja completa. Este é o meu mandamento: amai-vos uns aos outros, como eu vos amo» (Jo 15, 10-12).

Isto posto, como cultivar a alegria na vida diária por meio do amor a Deus e ao próximo? O que significa, exatamente, «perseguir a alegria»?

Para Flannery, que se via acometida pelo mal da presunção, significava rogar a Deus, todas as manhãs, por alegria, mantendo-se constante na oração, buscando sempre os sacramentos e se esforçando «para aceitar... com alegria» as frustrações da vida; ela, uma escritora católica imersa num mundo secularizado, onde nem cristãos, nem secularistas compreendiam sua obra; ela, que tinha de enfrentar o isolamento e lutar contra uma doença debilitante... Perseguir a alegria também significava, para ela, não se ofender tão facilmente com outros cristãos: «É sinal de maturidade não se escandalizar», disse, «e, em vez disso, tentar encontrar explicações na caridade».

Para mim, perseguir a alegria também significa me expor menos a pessoas e conversas nocivas, pedindo a Deus a graça de refrear a língua antes que eu comece a reclamar como uma forma de fuga; significa, ainda, diminuir o tempo que gasto diante da tela, seja ao acessar as mídias sociais, seja ao acompanhar as notícias e descobrir que comentarista foi o cancelado da vez, por mais que eu concorde com ele. Em minha busca deliberada por alegria espiritual, empreendo pequenas mudanças, como ouvir música de louvor em vez de rock secular em minhas corridas matinais, e outras maiores, como mudar o foco do meu trabalho, passando a explorar e proclamar as riquezas da Cidade de Deus em vez de lamentar as desgraças da Cidade dos Homens. Sigo o conselho de São Paulo, que, na Epístola aos Filipenses, após nos dizer que devemos nos regozijar, revela com o que devemos nos regozijar: «Além disso, irmãos, tudo o que é verdadeiro, tudo o que é nobre, tudo o que é justo, tudo o que é puro, tudo o que é amável, tudo o que é de boa fama, tudo o que é virtuoso e louvável, eis o que deve ocupar vossos pensamentos» (Fl 4, 8).

Num mundo em que o feio, o mal e o banal são constantemente celebrados, esse é um conselho desafiador. Quando me encontro alimentando pensamentos negativos, sem poder me livrar do afã de denunciar e condenar as transgressões que vejo ao meu redor, nada me liberta mais, nem com tanta rapidez, do que compartilhar o amor de Deus. E o faço mediante pequenos atos de sacrifício, que ofereço em forma de serviço. Exemplo: mesmo sem tempo, e mesmo que minha personalidade introvertida clame por ficar só, decido preparar um jantar especial e convidar uma família amiga. Outro exemplo: proponho uma pequena mudança de planos ao notar que o dia começou mal, pesado, e então deixo de lado a pressa e recomeço tudo refletindo sobre o Evangelho com meus filhos durante as lições, ou interrompo um almoço caótico para rezar o *Angelus*. Às vezes surgem oportunidades mais dramáticas: estou falando para umas mil pessoas sobre o amor de Jesus quando, de súbito, percebo que era eu quem precisava ouvir aquelas palavras.

O amor de Deus só pode ser desfrutado quando o compartilhamos com nosso próximo. E, quanto mais o compartilharmos, mais a alegria dEle inundará os nossos corações.

Eis uma característica curiosa do amor de Deus: Ele quer que abramos nossos corações para Ele. Há certos dias, porém, em que o máximo que conseguimos abrir é uma pequena fenda. E, mesmo sem merecermos, Ele continua disposto a, através dessa fenda, nos surpreender com Sua alegria quando menos esperamos.

Recordei essa verdade há alguns anos, quando minha família e eu visitávamos a cidade natal de Teresa de Ávila, santa pela qual eu, a exemplo de Angélique e Francisco, nutro grande apreço. Por ocasião do quinto centenário de seu nascimento, a Universidade de Ávila havia me convidado para palestrar em uma conferência internacional sobre Teresa. Minha primeira resposta fora um relutante não — como poderia deixar quatro crianças em idade pré-escolar em casa para viajar à Espanha? —, mas quando, por intermédio de um patrocinador, a universidade se dispôs a pagar também a passagem do John e das crianças, reconsiderei de bom grado a proposta. John e eu tínhamos passado por Ávila anos antes, por apenas algumas horas, durante uma brevíssima viagem. Vimos, então, que seria uma boa oportunidade para voltarmos lá com nossos filhos. Estava animada para ver mais de perto as paisagens que da primeira vez mal pudera contemplar, especialmente a deslumbrante Capela da Transverberação, onde Teresa experimentara um êxtase a um só tempo belo e doloroso, no qual sentira seu coração ser perfurado com a espada flamejante do amor de Deus. Aquela «carícia tão doce de amor», como Teresa a descreveu, foi um momento tão crucial para ela e para a Ordem Carmelita que esta reivindicou um dia de festa em memória do acontecimento, o qual, aliás, inspirou Gian Lorenzo Bernini a produzir a deslumbrante escultura *O êxtase de Santa Teresa*.

Desde que vi essa escultura pela primeira vez, em Roma, quando tinha lá meus vinte anos, quis passar um bom tempo naquela capela onde Teresa desfrutara de tanta alegria. Dezessete anos e quatro filhos mais tarde, tive a oportunidade de fazê-lo.

Chegamos a Ávila no final de julho de 2015 e, durante pouco mais de uma semana, exploramos cada recanto daquela bela cidade medieval: comemos em seus cafés, atravessamos suas praças e jardins, caminhamos sobre suas históricas muralhas e, sobretudo, vimos muita coisa a respeito de Teresa: sua igreja paroquial, seus mosteiros, até mesmo seu dedo anelar, cortado após sua morte e exposto ao público, causando fascínio em meus gêmeos de cinco anos; já perto do fim da nossa estada, depois de ter feito meu grande discurso, descemos ao Mosteiro da Encarnação para ver a Capela da Transverberação.

Era pra ser uma viagem tranquila. Um passeio. É assim que me tinha lembrado dela, afinal.

Mas nada é tranquilo quando se está viajando com quatro crianças de cinco anos ou menos. Especialmente quando você está confuso por causa do fuso horário. E passou uma semana dormindo em uma cama pequena. Num quarto sem ar-condicionado. No meio de uma onda de calor. Numa cidade onde todos acordam da *siesta* enquanto sua família está se aprontando para o jantar e para uma boa noite de sono.

Estávamos cansados e irritados quando atravessamos o limiar do mosteiro de Teresa naquela tarde. Nossas roupas estavam encharcadas de suor e nossas bochechas, coradas pelo sol escaldante de Castela. Pelas ruas de pedra de Ávila, há meu marido e eu carregávamos nosso filho de dezoito meses havia quase uma semana, sempre nos revezando. Nossas costas doíam. Como sentia uma dor de cabeça chata — que sempre me vem depois de uma longa palestra, não importa o quão boa tenha sido —, tudo o que eu queria era me jogar em um dos bancos de trás da capela e absorver em silêncio sua beleza.

De repente, ouço uma música. Meu coração quase parou. Uma música alta, bem animada. Violões. Cantoria. Viramos a esquina e fomos em direção à capela. Lá dentro encontramos um tropel de jovens espanhóis cantando e se embalando durante uma agitada Missa carismática. Meus filhos ficaram fascinados. Eu também teria ficado, se tivesse dormido melhor. Em vez de perplexa, eu estava aborrecida. E no meu íntimo comecei a protestar.

Por que justo no dia em que venho visitar a capela esse povo com sua liturgia estranha se apodera dela? Será que sabem ao menos o que esse lugar representa? Acho que vamos ter de esperá-los terminar. É uma pena que haja tão pouca reverência nas igrejas europeias hoje em dia.

Passamos a hora seguinte andando pelo mosteiro e o museu anexo a ele; quando estava prestes a fechar, voltamos para a capela.

A Missa dos jovens ainda não tinha acabado; e, agora, eles não estavam *apenas* cantando e se embalando — agora eles também dançavam: os braços dados, as cabeças parecendo chocalhos, as pernas chutando o vento... Eles circulavam por toda a área da capela, ao passo que eu só queria rezar em paz.

Pelo amor de Deus! Quanto tempo isso vai durar?

Enquanto eu decidia se tirava algumas fotos do altar ou se simplesmente fugia, algumas mulheres começaram a nos chamar: queriam que nos juntássemos ao grupo. Tentei me esquivar, inventando alguma desculpa com meu espanhol esfarrapado, dando passos para trás com um sorriso amarelo. Para elas era o mesmo que nada, pois continuavam dançando e esticando as mãos em nossa direção, abrindo um espaço para nós naquele círculo que elas *queriam* que preenchêssemos.

Olhei pro John, que sorriu; e, depois, para minha tripulação de crianças encharcadas de suor. Elas me olharam de volta com uma cara meio de espanto, meio de inquietação. Encolhi os ombros.
Em seguida, sorri.
De uma hora pra outra lá estávamos nós, todos os seis, incluindo o bebê Joseph que John segurava nos braços, dançando. Sim: dançando — com nossos corações a mil, com sorrisos estampados em nossos rostos vermelhos de vergonha.

Eu não sabia que canção espanhola era aquela que, na pitoresca Missa deles, fazia as vezes de canto final. Mas ao gingarmos, de braços dados, por aquela capela onde Teresa bebera da profunda alegria do Senhor, passei a saber Quem havia inspirado aquela música.

«Eles estão dançando para Jesus», gritou a minha Maryrose, de cinco anos, ofegante, enquanto apertava minha mão e fazia de tudo para acompanhar o tempo daquele ritmo vibrante. «Estamos todos dançando para Jesus!»

Sim: estávamos. E foi muito bonito, devo reconhecer. Foi minha lembrança predileta da viagem. Se eu tivesse dado ouvidos à minha voz interior, tão crítica, àquela elitista espiritual azeda que pode sempre acabar encontrando algo que não lhe agrada, seja na Igreja, seja em seus companheiros cristãos, não teria vivido nada daquilo, e não tê-lo vivido me faria falta.

Além disso, meus filhos teriam perdido a oportunidade de aprender que mesmo aqueles que amam o Senhor de maneiras excêntricas ou obscuras segundo nosso entendimento são nossos irmãos e irmãs em Cristo, portadores da alegria neste mundo tão carente de comunhão, onde devemos cultivar todos os amigos que pudermos.

Poucas horas depois de deixarmos o mosteiro, andávamos outra vez pelas ruas de pedra de Ávila. Quando viramos a esquina, ouvimos um grito: era o mesmo grupo de jovens, que agora aplaudia a nossa presença entre eles. Uma hora depois, acontecia a mesma coisa. Durante o resto do dia, parecia que, sempre ao contornarmos uma esquina na Cidade das Pedras e dos Santos, nossos novos amigos estavam lá, aplaudindo e fazendo serenata para a pequena família de estrangeiros que, junto com eles, havia dançado diante do Senhor.

CAPÍTULO 4

ENFRENTAR AS ONDAS

> *No amor não há temor. Antes, o perfeito amor lança fora o temor, porque o temor envolve castigo, e quem teme não é perfeito no amor.*
> (1 Jo 4, 18)

Sempre amei o mar. Caminhar ao longo da orla e me arremessar nas espumas brancas das ondas enche meu ser de aspirações e coragem. Algo naquele azul, infinito como o horizonte, me faz acreditar que posso chegar aonde quiser, que posso fazer o que quiser, que posso ser quem quiser. O mar liberta a minha alma.

O meu amor pelo mar começou quando eu era menina. Tinha cinco anos. Meu pai arranjara um novo emprego na Flórida, onde as praias não têm fim, e fomos com ele eu e meu irmão de nove anos. Minha mãe ficara em Indiana, segundo meus pais, esperando nossa casa ser vendida. Assim que fosse concretizada a venda, ela deixaria seu emprego e iria para a Flórida.

O que era para ser um breve afastamento acabou durando nove meses. E passei todo o primeiro ano do ensino fundamental a quase dois mil quilômetros de distância da minha mãe.

As memórias que tenho desse período são todas fragmentárias. Lembro do barulho que fazia quando pisava nas nozes caídas na relva, fugindo do menino que morava ao lado da minha casa e gostava de me procurar entre as árvores cobertas de musgo de meu quintal. Ainda vejo o chão empoeirado onde me sentava com as outras crianças. Era uma casa escura, no fim de uma estrada de terra, onde meu pai me deixava enquanto não conseguia encontrar opções mais indicadas de escolas. Ainda sinto os raios de sol que inundavam meu quarto no começo da tarde enquanto, deitada de bruços, tentava aquecer as costas, chorando pela minha mãe.

Havia momentos felizes — poucos, mas havia. E todos eles tinham a ver com o mar.

Embora não morássemos no litoral, Tallahassee fica perto de várias praias belíssimas. Creio que, naquele ano, conhecemos cada uma delas. Depois de lidar com diversas babás ruins, meu pai passou a nos levar, eu e meu irmão, com ele em seu trabalho, que consistia em percorrer todo o estado para defender o direito das pessoas com deficiência intelectual e de desenvolvimento.

Durante as suas reuniões matinais, desenhávamos, líamos, divagávamos... E, de tarde, íamos todos à praia. Por horas a fio, papai brincava conosco nas ondas do mar, respingando água sobre nós até cansarmos. Era como se estivesse tão despreocupado quanto nós. Enquanto mergulhávamos juntos, todo o seu aborrecimento sumia, e com ele o seu temperamento intimidador. Seu calção vermelho desbotado, seu rosto alegre queimado pelo sol... Em toda a minha infância, não lembro de nada que fosse mais divertido.

Gostávamos de todas as praias. Porém, as da costa leste, que davam para o Atlântico — St. Augustine e Daytona — e tinham ondas maiores, eram as minhas preferidas. Quanto maior a onda, melhor. Acho que meu pai nunca viu nenhum perigo em brincar no mar, caso contrário não nos deixaria tão livres na água. Minha mãe tinha noção dos riscos. Desde que viera morar conosco na Flórida, minhas brincadeiras no mar passaram a ser supervisionadas. Ela costumava dizer ao seu «peixinho» que não fosse muito longe, pois poderia se afogar.

Mas quase fui. Lembro das sucessivas vezes que, tentando medir forças com o mar, acabava enredando numa onda que logo se emendava noutra; e, de ponta-cabeça, era arremessada na areia, sendo recolhida de volta naquelas águas turbulentas, tão violentas que já nem sabia mais em que direção estava indo: só sentia que não tinha mais fôlego.

Felizmente, sempre encontrava o caminho de volta à superfície. Respirava avidamente todo o ar que podia — graças a Deus sobrevivi — e lançava um olhar furtivo à praia. Se os meus pais fossem um pouco menos prudentes, eu teria sorrido e voltaria a enfrentar aquelas grandes ondas.

Esse sentimento de contentamento e liberdade sempre me acomete quando estou diante do mar. Sou conhecida por recalcular a rota e dirigir uns quilômetros a mais só para absorver a periclitante beleza marítima, respirar sua salgada maresia e entrar em suas águas agitadas.

O mar me empurra para fora de mim. Ante a sua opulência, mesmo ante os perigos que ele sugere, eu me sinto mais perto de Deus, sendo quem nasci para ser.

Era assim que eu me sentia. É assim que ainda me sinto, às vezes.

Desde que tive filhos, nossas viagens à praia têm sido diferentes, porém. Hoje sou a mãe preocupada que fica à beira-mar, implorando para os filhos não se aventurarem muito longe da areia. Às vezes sou a mãe que gosta de curtir a praia com os pequenos... mas só se água estiver morna. E as ondas, calmas. Com o John ali para vigiá-los, mantendo-os por perto. Sem estar tão cansada depois de desfazer as malas e dobrar as roupas. Ou por ter levantado de manhã cedinho para correr pela orla, em minha única oportunidade de aproveitar a praia em paz ao longo do dia.

Recentemente, John e eu fomos com as crianças a Panhandle, Flórida. Foi uma bela viagem de férias: alugamos uma casa em frente à praia — para entrarmos no mar, bastava atravessar a rua. Todos os dias brincávamos naquela banheira de águas quentes, cor turquesa, que vinham diretamente do Golfo do México. Fomos e voltamos de carro, doze horas para ir, doze horas para voltar. Nenhum incidente.

Voltamos exaustos, não resta dúvida. Planejar uma longa viagem de carro, fazer todas as malas, manter as crianças entretidas durante o caminho (sem vídeos, algo que não usamos) não é pouca coisa. E, quando chega o dia de ir à praia, surgem os afazeres: vestir as crianças com roupas de banho, passar nelas quantidades copiosas de protetor solar, revezar para ir ao banheiro, procurar os chinelos... e, depois, observá-las disputando para ver quem consegue carregar as pranchas. Penso: quando a caravana de crianças, todas elas bem equipadas, chegar à praia, já estarei cansada.

Chegamos. E enquanto afundava os pés na areia depois de tanto tempo, respirando profundamente o vento do mar, avistei meus gêmeos de sete anos sobre a boia, já quase na metade do caminho para Cancún. E então percebi Clara, de cinco anos, junto com seu golfinho inflável azul, sendo levada pela maré mais rápido do que eu esperava. E depois vi Joseph, de três anos, seguindo uma gaivota no sentido oposto ao da praia. Tive de correr para apanhá-lo antes que ele chegasse ao Alabama.

E assim tive de interromper meu plano *zen* de curtir a praia. Precisava agir. E John veio comigo. Passamos o resto daquele dia correndo atrás das crianças, resgatando-as, impondo-lhes limites e, depois, acalentando-as e consolando-as. Ao meio-dia, pausa para banho, almoço e soneca do nosso filho menor. Em seguida, nos vestimos e fizemos tudo outra vez. Mais banhos e refeições. De novo e de novo.

Criamos lembranças, compartilhamos risadas. E, na hora de dormir, caímos duros na cama.

Somos abençoados por poder tirar férias e ir à praia. Algumas famílias não podem. Somos abençoados por termos filhos para correr atrás deles. Lembro-me de como eu era triste quando não os tinha.

Ainda assim, é um pouco decepcionante voltar das férias mais cansada do que antes de ir; é um pouco frustrante refletir e constatar que, depois de uma semana na praia, só se pôde desfrutar alguns minutos daquele verão com que se sonhara o ano todo.

Além do mais, é desconcertante notar que aquela garota que um dia só pensara em enfrentar as grandes ondas fica logo aflita com a correnteza, com as águas-vivas, com o sono atrasado, com os danos que os raios solares causam à pele, com toda aquela porção de responsabilidades que a vida doméstica impõe — cada uma dessas preocupações hoje em dia me persegue aonde quer que eu vá, mesmo nas férias, mesmo durante um banho de mar.

Às vezes, elas vêm em forma de breves interrogações, de pequenos medos, os quais latejam na mente como peixinhos mordiscando meus pés quando ponho os pés na água: *Devemos voltar logo para não atrasar o almoço e não estragarmos a hora da soneca, ou estou sendo rígida demais? Será que, na última birra das crianças, agi da maneira correta, ou fui muito dura? Posso dar uma escapada e ficar sozinha por algum tempo depois do jantar, ou John ficará ressentido com isso? É a vez dele ou a minha? Sou egoísta por desejar que essas férias não dessem tanto trabalho? Deus está com raiva da minha ingratidão?*

Às vezes as interrogações e os medos são mais profundos; e, à semelhança daqueles outros, também estes me perseguem aonde quer que eu vá: *Estamos morando no lugar certo? É aqui que Deus quer que nos estabeleçamos para sermos úteis? As crianças recebem de mim o que precisam? Tenho me sacrificado o suficiente? Muito? Pouco? Estou escrevendo o que Deus quer que eu escreva? Aliás, Ele ainda quer que eu escreva, já que é tão difícil encontrar tempo para escrever? Por que em certos dias me sinto tão cansada e insatisfeita? Tantas outras mães parecem mais serenas e perseverantes do que eu... Será que elas estão lutando secretamente, como eu? Ou é só comigo que é assim?*

Nos últimos meses, John e eu temos tomado algumas decisões importantes. Sempre que damos um passo a mais em nossa busca por realizar antigos sonhos de nossa vida conjugal, sinto o medo pesar como um pedregulho nas minhas costas. *Espere um pouco, minha cara. Isso é arriscado. Pode ser um tremendo erro. O que as pessoas vão lhe dizer se você falhar? Não conte com a ajuda de Deus, porque você pode estar confundindo a sua vontade com a d'Ele. É melhor ficar quieta e esperar um sinal. Melhor ainda: só permaneça segura onde está e diga não.*

Se alguém ouvisse esse meu monólogo interior sem me conhecer pensaria que sou uma menininha medrosa — sequer imaginaria que sou aquela mesma mulher que já compartilhou suas lutas pessoais em palestras para milhares de pessoas; que já debateu assuntos de extrema importância na televisão para milhões de telespectadores; e que já se sentou frente a frente com o líder do mundo capitalista a fim de redigir os seus discursos. Sou introvertida e, na maior parte do tempo, preocupo-me com meu modo de ser. Em festas, contudo, revelo minha extroversão; revelo-a, também, quase sempre em uma caminhada mais árdua ou uma subida mais longa. Além disso, sinto-me confortável numa sala cheia de homens poderosos, podendo muito bem ser a mais franca entre eles.

Medo, vergonha, insegurança, escrupulosidade, cautela excessiva... são problemas que eu nunca tive.

Ou melhor: nunca tinha passado pela minha cabeça que os tivesse.

E então comecei a me aprofundar no tema do perfeccionismo. E descobri que, em muitos dos meus sintomas, o medo desempenha um papel mais significativo do que eu imaginava: a paralisia que sinto quando devo fazer escolhas importantes; a culpa que toma conta de mim quando anseio por algo de que, segundo me dizem, não preciso ou pelo menos não devia querer; a suspeita sorrateira de que Deus mal pode esperar para me cobrar quando cometo um erro...

De onde tirei essa imagem de um Deus vingativo? O que ela tem a ver com minha sede da aprovação dos outros, com o pavor da sua desaprovação? Como cortar as raízes desses medos que se arraigaram tão profundamente na minha psique e na minha alma, a ponto de eu nem mais notá-los, tampouco combatê-los? E se confronto esses medos e pergunto onde está Deus, já que não está lá em cima me manipulando e ameaçando? Como garantir que não é Ele quem fala por meio daqueles que pedem para eu me acalmar e me contentar com pouco? O que Deus faz, especialmente nos tempos de confusão, em que procuro fazer a Sua vontade e Ele responde apenas com silêncio? Quanta liberdade tenho para tomar minhas próprias decisões e seguir meus próprios desejos quando a vontade de Deus não é clara?

Em outras palavras: é sempre Deus que, em prol da minha segurança, conserva-me próxima da orla, distante do mar?

Ou é Ele o único que me desafia a enfrentar as ondas?

Quando tento encontrar respostas a estas questões nas Escrituras, pelo menos uma delas é clara: o medo não provém de Deus.

Ao longo de toda a Bíblia, do Gênesis ao Apocalipse, Deus diz para não termos medo. Nos Evangelhos, Jesus o afirma cerca de vinte vezes. Em suas cartas, São Paulo destaca constantemente que Deus defende a liberdade, não o medo. Mesmo num livro como o Apocalipse, que descreve a lancinante batalha entre o Bem e o Mal, o Senhor, em duas ocasiões, adverte-nos: «Não temas» (Ap 1, 17); «Nada temas» (Ap 2, 10).

O Deus da Bíblia é terrível em Seu poder e zeloso da Sua honra, mas também implacável em seus esforços para dissipar o medo que separa os nossos corações dos d'Ele.

Esses esforços podem ser vistos já no Gênesis, quando Deus trouxe luz ao mundo e o amou, dando o sopro da vida ao primeiro homem. Adão e Eva «estavam nus, e não se envergonhavam» (Gn 2, 25). A vergonha — e sua causa principal: o medo de ser julgado indigno do amor de Deus — recai apenas mais tarde sobre eles, quando Satanás e o pecado entram em cena. Adão e Eva fogem para a mata a fim de se esconderem de Deus. «Ouvi o barulho dos vossos passos no jardim», admite Adão. «Tive medo, porque estou nu; e ocultei-me» (Gn 3, 10).

O medo de Adão advém de uma culpa legítima, a que ele sente por ter desobedecido a Deus. Sentimos essa mesma culpa muitas vezes. O medo e a vergonha são também vestígios do pecado original, por nós herdados dos nossos parentes primevos. Esses vestígios se manifestam quando somos tentados a sempre esperar o pior das pessoas, de nós mesmos e de Deus. Enquanto o temor a Deus — um prodígio — fomenta a humildade e o arrependimento, o medo de Deus confunde nossos pensamentos, sobrecarrega nossos corações e sufoca nossa liberdade, convencendo-nos a fugir do Único que pode vir em nosso auxílio.

Esse medo não provém de Deus. Quando nos vemos presos em suas garras, devemos clamar o nome de Jesus — e em voz alta, se possível —, devemos nos prostrar a Seus pés, pedindo-lhe que lance fora o espírito maligno que produz esse medo, para que nunca mais paire sobre nós e sobre o nosso próximo novamente.

Ufa! Problema resolvido.

Ou será que não?

Pedir a Deus que nos liberte do medo é um passo crucial para perfeccionistas espirituais. Mas, antes que possamos buscar essa liberação, temos de reconhecer nossos limites. Esse costuma ser o passo mais difícil. O medo é um demônio insidioso que se mascara de várias formas: isso explica o fato de, muitas vezes, ao buscarmos suporte e discernimento em fontes aparentemente devotas e piedosas, acabarmos ainda mais temerosos, envergonhados e solitários.

Lembrei-me desse tipo de desilusão quando, há alguns meses, tinha tido uma semana bastante difícil. Ninguém estava morrendo, nem fora diagnosticado com nenhuma doença grave. Eu simplesmente estava muito atarefada, assoberbada, exausta, dormindo mal, rezando pouco e cuidando sozinha das crianças por uma semana, pois o John estava de plantão no hospital. Além disso, andava meio receosa em relação à nossa mudança recente para St. Louis: temia que tivéssemos cometido um erro e que houvesse colocado em segundo plano minha promissora carreira para poder educar as crianças em casa.

Na minha aflição, resolvi me abrir para umas poucas pessoas, todas elas irmãos na fé, mas que se provaram ser as pessoas erradas.

A primeira respondeu às minhas perguntas com outra: «Ser uma boa mãe não é o bastante pra você, Colleen?» Se alguma vez, leitor, você já passou por uma situação dessas, sabe bem qual é a resposta que gostaríamos de dar... Naquele dia eu descobri uma grande novidade: o meu sentimento — de que a maternidade nem sempre é o bastante — estava equivocado... e *eu* estava equivocada por ter ousado sentir aquilo.

A segunda pessoa me fez recordar que Jesus havia sido pregado numa cruz. Assim eu não teria direito de reclamar de nada, contanto que também fosse pregada numa cruz. Em seguida, contou a história de uma mulher que, com o dobro de filhos, vivia muito bem, pois mantinha o bom hábito da oração e ia à Missa diariamente. Daquele momento em diante, eu já não era apenas uma mãe esgotada que tivera uma semana ruim — passava a ser uma preguiçosa reclamona que tinha tido uma semana ruim; além disso, para serem dignas de atenção, minhas dificuldades tinham de chegar ao nível da crucificação.

E as respostas seguiram nessa mesma clave: «Você tem rezado por essa intenção?» (Tenho. O tempo todo. Obrigada.) «Talvez Deus esteja tentando lhe ensinar uma lição. Você devia confiar mais n'Ele.» (Pode ser. Mas é difícil confiar em Deus quando a imagem que se pinta d'Ele é a de um professor cruel e autoritário que, para nos enquadrar em Seus parâmetros, lança mão da força bruta.) «Ah, é do seu trabalho que você sente falta? É uma tentação para que você se apegue às coisas frívolas deste mundo.» (Entendi. É que, antes de eu ter filhos, você dizia que esse mesmo trabalho era fundamental, que fazia parte da construção do Reino de Deus, que era o papel que eu desempenhava nessa construção, usando meus talentos nela, talentos dados por Deus! Escolha uma das duas opções.) Depois, resta ainda o conselho com o qual me irrito desde a primeira vez que o ouvi, durante os anos em que lutava contra a infertilidade: «Não tente mudar a sua situação; em vez disso aceite que, onde quer que você esteja, tudo o que acontece é da vontade de Deus.» (É sério isso? Se for, por que rezamos: «Seja feita a vossa vontade», se a vontade de Deus já está sendo feita, automaticamente, sem nenhum esforço da nossa parte?)

A única pessoa que me disse algo de útil naquela semana foi uma mulher, já de idade, que acreditava em Deus etc., apesar de não ser lá muito devota. O que ela fez? Simplesmente refreou seu julgamento e se dispôs a me ouvir. Eis a resposta dela às minhas questões: «Você não está louca, não. O que você sentiu faz sentido. E se a sua intuição diz que você precisa fazer algumas mudanças, fique atenta à sua intuição».

Eu nem sabia ao certo se precisava empreender aquelas mudanças. Só queria ser ouvida, me sentir menos sozinha. E, embora houvesse faíscas de verdade naqueles outros conselhos — o sofrimento leva à redenção; se comparados com a maioria dos problemas, os meus são pequenos; nada acontece sem a permissão de Deus —, dados por pessoas religiosas, na maioria das vezes eles só fazem intensificar a vergonha, a tristeza e a sensação de abandono.

Quisera eu poder dizer que nunca fiz alguém se sentir assim ao me procurar em busca de apoio. Ai de mim! Provavelmente fiz. Nós, cristãos, somos bem intencionados, mas há em nós também algo mais grave do que uma simples mania de julgamento ou um vestígio de estoicismo e fatalismo, os quais se revelam nos lugares-comuns que proclamamos por aí uns aos outros, especialmente nos momentos difíceis. O que há em nós é o medo: o medo de, ao sermos sinceros e realistas com Deus e com o próximo, ficarmos expostos e, caída a nossa armadura, todos saberem que não somos aquele soldado cristão inveterado e convicto que pensávamos ser. Ao tomar conta de nós, ao nos dominar, o medo pode até nos levar a crer que Deus não nos ama incondicionalmente.

Santo Afonso de Ligório conheceu esse medo bem de perto. Desde muito jovem, viu-se impregnado de uma cosmovisão religiosa que colocava o juízo de Deus na frente de Sua misericórdia — e um juízo que envolvia humilhação, culpa e terror. Apesar disso, esse perfeccionista atormentado pela culpa converteu-se num santo de eminente coragem, num bispo célebre, escritor, fundador de ordem religiosa e Doutor da Igreja, a quem se credita, com unanimidade, a restauração das noções de misericórdia e equilíbrio na teologia moral católica.

A história de como Afonso se tornou o homem que São João Paulo II descreveu como «gigante», em pé de igualdade com Santo Agostinho, é tanto inesperada quanto inspiradora. Ainda mais cativantes são as lições que Afonso colecionou ao longo de sua caminhada. Por meio destas lições compreendeu a insensatez dos que edificavam a fé sobre o medo e a supremacia do amor na libertação do homem.

Ter pais perfeccionistas não é garantia de que você se tornará um perfeccionista, mas aumenta as probabilidades de sê-lo, do mesmo modo como ter pais escrupulosos impulsiona essa escrupulosidade no filho, manifesta numa fobia do pecado que leva à excessiva preocupação com as mais ínfimas faltas. Os pais do pobre Afonso padeciam dos dois males: eram perfeccionistas e escrupulosos. Dado que Afonso era o mais velho de oito irmãos e o *locus* em que a família depositava todas as suas esperanças futuras, não é de causar surpresa que aquela criança dotada de sensibilidade artística viesse a ser uma pessoa ansiosa e perfeccionista, com pavor do fracasso.

As raízes de todo esse terror se encontram, em parte, no pai de Afonso, José Ligório, um severo e dominador capitão da marinha, caçador de piratas, negociante de escravos, que obrigava seus filhos a dormir no chão duro de madeira uma vez por semana para enrijecê-los. Desde o dia em que nasceu, na Nápoles de 1696, foi tratado por esse pai com desmedido rigor e, portanto, com desmedido rigor aprendeu a tratar a si mesmo.

Foi assim que o pequeno, já com doze anos, tornou-se um virtuose do cravo — José tinha por hábito trancar o filho no quarto junto com seu professor de música durante três horas seguidas. Tendo se graduado em duas áreas, direito civil e direito canônico, aos dezesseis anos, quase sendo engolido pelo traje de formatura, as pessoas riam daquele fruto prodigioso da educação domiciliar, enquanto Afonso pensava em tudo que tinha feito até ali. Como advogado ilustre, tinha uma série de mandamentos profissionais, entre os quais: restituir o cliente quando, por negligência de Ligório, a causa fosse perdida e nunca patrocinar uma causa moralmente controversa.

Seu padrão elevado, sua exigente ética de trabalho, bem como sua reputação como bacharel culto e elegante, fizeram de Afonso um atrativo tanto para os clientes como para as mulheres. No dizer de Théodule Rey-Mermet, era «um perfeito jovem advogado».

Mas a perfeição tem seu preço. Pagou-o Afonso com seus escrúpulos extremados, que, na religião, é o equivalente a um transtorno obsessivo-compulsivo que transforma suas vítimas em verdadeiros hipocondríacos morais. Embora nem todos os casos de escrúpulos sejam tão intensos — algumas pessoas escrupulosas têm experiências amenas ou temporárias com essa excessiva sensibilidade ao pecado —, Afonso estava no outro extremo do espectro: angustiava-se com qualquer falha que encontrasse em si mesmo e confessava os mesmos casos de pecado inúmeras vezes, temendo que a absolvição não tivesse sido válida durante a primeira confissão. Seu medo de cair em pecados sexuais era especialmente acentuado: Afonso evitava contato visual com mulheres, tirava os óculos durante a ópera para evitar ver as belezas no palco e, antes de dormir, colocava as mãos dentro de um saco, amarrando-o, para que não se tocasse de forma impura acidentalmente.

A maioria dos biógrafos crê que Afonso tenha herdado as neuroses de sua mãe, Ana Cavalieri de Ligório, que também sofrera intensamente com os escrúpulos. A fé de Ana era profunda e sincera; Afonso atribuiu a ela «todo o bem que obtive em minha infância e todo o mal que não obtive», e até a morte utilizou o livro de orações escritas à mão que ela lhe dera em menino. Sua espiritualidade, no entanto, inclinava-se à severidade. Criada em um convento, Ana fora destinada a viver como freira mesmo entre seus filhos, tratando-os como monges mirins e aplicando-lhes um regime devocional mais adequado ao claustro do que à agitação de uma casa de família.

Como se uma mãe escrupulosa e um pai controlador não bastassem para enervar Afonso, havia ainda o cenário religioso bastante disfuncional de sua cidade natal. Alguns padres ostentavam riquezas e amantes; outros pregavam apenas acerca do fogo, do enxofre do inferno. Os exemplos de uma espiritualidade saudável e equilibrada eram raros, e parecia que as únicas vozes religiosas em que Afonso podia confiar eram as dos extremistas, que só faziam agravar mais e mais o seu pavor do pecado. O excesso de corrupção e desordem no clero fez de Nápoles um lugar complicado para se discernir a vocação sacerdotal, e era precisamente isso o que Afonso intentava fazer — intenção essa que seu pai não conhecia: José procurava incansavelmente a mulher mais rica e bem-nascida com quem pudesse casar o filho.

Inevitável seria a crise que veio em 1723, quando Afonso, aos 26 anos, perdeu uma causa de alta visibilidade no tribunal. Era sua primeira derrota em oito anos de exercício da advocacia. Uma história popular sustenta que Afonso ignorara um documento decisivo, a partir do qual todo o caso se transformaria. Biógrafos afirmam que Afonso tinha conhecimento do documento e não o havia mencionado porque não possuía nenhuma relação jurídica com a disputa — confirmou-se, mais tarde, que o documento em questão se tratava da sentença de um caso conexo.

Afonso talvez tivesse a coerência e a lei do seu lado, mas não tinha um juiz em seu bolso. Quando a sentença falsificada veio à tona, ele ficou atônito, humilhado e enojado com o sistema. Trancou-se em seu quarto e se recusou a comer por três dias: sua mãe implorava para que ele cedesse, enquanto o pai dizia que «o deixassem morrer». Foi uma situação deplorável, e quando Afonso saiu de seu quarto as coisas em sua casa ficaram ainda mais feias. Ele dispensou cada um dos seus clientes, rompeu os laços com os amigos que jogavam cartas e começou a dividir seu tempo entre a igreja e o voluntariado num hospital local, para profundo desgosto de seu pai, um típico arrivista.

Pouco tempo depois, enquanto servia no hospital, Afonso ouviu o chamado de Deus que tanto esperava. Era uma voz em seu coração pedindo-lhe que «deixasse o mundo e se entregasse a Mim». Afonso então dirigiu-se imediatamente à Igreja da Redenção dos Cativos, ajoelhou-se diante da estátua de Nossa Senhora da Misericórdia e, aos pés dela, colocou sua espada, símbolo do resoluto «sim» que Afonso disse ao Senhor.

A escolha enfureceu seu pai. Enquanto o resto de Nápoles troçava do advogado-seminarista, incutindo-lhe a pecha de perdedor e fazendo dele motivo de pilhéria, José gritou com Afonso, recrutou padres e monges para desencorajar a vocação do filho e recusou-se a prover-lhe a batina e a assistir à sua ordenação sacerdotal. «Peço a Deus que me tire deste mundo ou que te tire a ti, pois não posso mais suportar olhar-te», escarneceu José ao ver Afonso na batina usada e encardida que ele tinha arranjado.

Tratava-se, toda ela, da condenação que Afonso sempre temera, da rejeição nua e crua que, durante toda a sua vida, se esforçara para evitar. Afonso se manteve firme, contudo; dali em diante, tendo superado seu fracasso profissional, sentiu um primeiro gosto da liberdade de perseguir os sonhos de um outro Pai, cujos planos para a sua vida eram bem mais grandiosos do que qualquer coisa que José tivera em mente.

A decisão de abandonar os projetos de seu pai e esculpir seu próprio futuro com Deus marcou o início de uma nova vida para Afonso. Mas sua batalha contra o medo havia apenas começado.

O próximo desafio se daria já no seminário. Afonso e seus colegas seminaristas estudaram teologia a partir de um livro que estimulava o rigorismo, doutrina segundo a qual, em havendo dúvida sobre uma decisão de cunho moral, deve-se sempre optar pela que apresentar o caminho de ação mais severo.

Na teoria, o rigorismo parece fazer sentido; afinal, consiste em seguir pelo lado mais ético e mais seguro; favorecer a lei em detrimento da liberdade; evitar até mesmo a mais leve aparência ou possibilidade de pecado. Todavia, na prática, é uma receita para o desastre, especialmente tratando-se de um perfeccionista escrupuloso como Afonso.

Afonso já considerava que se sentir tentado a pecar era tão ruim quanto cometer um pecado e que se sentir inspirado a praticar algum bem lhe obrigava, sob pena de pecado, a levar a cabo sua inspiração o quanto antes. Agora ele tinha uma teoria moral que sustentava sua imaginação neurótica. Sua ansiedade logo ficou fora de controle e estimulou o colapso de sua saúde, e de modo tão grave que teve de receber, por precaução, os últimos sacramentos.

Afonso se recuperou e foi ordenado sacerdote em 1726, a poucos dias do seu aniversário de trinta anos. No entanto, seus nervos permaneceram frágeis e seus escrúpulos só se intensificaram. Uma vez livre para cumprir penitências sem a supervisão dos pais, ele embarcou em jejuns radicais, passou a usar cilício e a colocar pedras dentro dos sapatos; também comia de joelhos e, com uma corrente, se flagelava até sangrar.

Seu pânico moral, porém, não se atenuou com toda essa autopunição. Afonso havia elaborado uma lista de nove pontos de referência para sua vida sacerdotal, começando com a declaração de que, como padre, sua dignidade deveria «superar a dos anjos»; portanto, ele teria de «viver uma vida angélica». Qualquer coisinha que estivesse abaixo desse alto padrão desencadeava nele uma culpa esmagadora.

Enquanto se preparava para celebrar a Missa, para receber a Sagrada Comunhão ou mesmo para conceder a absolvição dos pecados a um penitente, Afonso era tomado por dúvidas e angústias, cujas causas advinham da vergonha por causa de pecados passados já confessados, do medo de pecados futuros e do horror incontrolável aos maus pensamentos.

Felizmente, Afonso tinha um sábio diretor espiritual, o padre Tomás Pagano, que estabeleceu regras rigorosas para ele durante este período, como não repetir orações diárias que já tivessem sido feitas, mesmo que as tenha dito com certa distração; não deixar de comungar após ter um sonho sexualmente explícito; não atravessar a cidade sob mau tempo ou com má saúde para rezar diante do sacrário, mas apenas rezar diante do altar na igreja mais próxima; não confessar uma segunda vez pecados passados; e não permitir que os escrúpulos perturbem as obrigações. «Se estiveres indeciso e necessitares escolher uma opção», disse Pagano, «age sem te preocupares com a dúvida e não entres em discussão contigo mesmo».

Afonso lhe obedeceu, tendo escrito o conselho de Pagano num pequeno caderno que levava consigo e ao qual sempre recorria quando lhe surgiam dúvidas, o que era coisa frequente.

Pouco a pouco, seus escrúpulos começaram a diminuir. Afonso passou a reconhecer padrões obsessivos de pensamento assim que eles surgiam e a recorrer a pessoas dignas de confiança para que colocassem à prova suas dúvidas e sentimentos de culpa, antes que estes o levassem a entrar em pânico. Desse modo, aprendeu a agir sempre que o dever lhe exigia ação, optando pela melhor escolha possível. Fazia-o confiando que Deus extrairia um bem até mesmo dos seus erros.

Mais importante: Afonso compreendeu que alimentar escrúpulos não é um célere caminho para a santidade, mas uma variação do faça-você-mesmo, impulsionada tanto pelo orgulho como pelo medo; percebeu, ainda, que há arrogância em assumir que se sabe, melhor do que Cristo e Sua Igreja, o que constitui pecado ou se o perdão foi ou não foi válido. Imerso na vaidade que é concentrar-se demais em suas próprias preocupações de ordem espiritual, o homem pode acabar se distanciando de Deus. Esse medo e esse orgulho não são fáceis de controlar, diria Afonso mais tarde; mas, se confiarmos em Deus e cooperarmos com Sua graça, os escrúpulos podem se tornar «o cinzel com o qual Deus esculpe Suas estátuas para o paraíso».

No entanto, confiar em Deus é tarefa árdua para a alma escrupulosa. Mesmo quando a fobia do pecado afrouxou as rédeas, Afonso permaneceu oprimido por um temor servil, por um medo de Deus.

O bispo Tommaso Falcoia, com quem mais tarde Afonso viria a fundar a Ordem Redentorista, notou esse medo logo após encontrar Afonso, em 1732. Falcoia suspeitava de que o cerne desse problema era a imagem distorcida que Afonso tinha de Deus. Alguém se surpreenderia se Afonso, paralisado pelo medo, adorasse seu Pai Celestial atribuindo-Lhe as mesmas características de seu pai terreno, um homem exigente, volátil e vingativo? Falcoia desafiou Afonso a repensar sua visão de Deus, a modelá-la não a partir de seu pai, mas de Jesus e do Pai amoroso que Ele revela nos Evangelhos.

Afonso aceitou o desafio; e, enchendo seu caderno de anotações e versículos que ressaltavam o amor incondicional do Senhor, aprofundou-se em Sua Palavra. Leu e releu o Cântico dos Cânticos, livro saturado de amor, até se tornar o livro bíblico de sua predileção. Além disso, concentrou suas orações e escritos na humanidade e na terna proximidade de Jesus, o Verbo que se fez carne.

Ao longo dos onze anos que Afonso ficou sob a direção de Falcoia, gradualmente o medo foi perdendo lugar e o amor foi se tornando o principal motor da sua fé. Afonso pôde ver o retorno do amor pelo amor, que é a chave da perfeição cristã, no lugar daquela ânsia por incorrigibilidade própria do escrupuloso. «Toda a nossa perfeição», escreveu ele, «consiste em amar a Deus, merecedor de todo o nosso amor».

Afonso ainda praticava a abnegação e cuidava de escapar dos pecados mais leves, acreditando que deveríamos sentir remorso sempre que ofendêssemos a Deus e enfatizando o nosso dever de cooperar com a graça por meio da oração, da penitência e das boas obras. No entanto, já não via valor em torturar-se por conta de fraquezas menores que lhe desencadeavam intensa ansiedade, como «distrações na oração, conversas frívolas, curiosidades vãs, desejos de ser visto, exigências do comer ou beber, os primeiros impulsos de busca do prazer sexual [ilícito]».

«Embora certamente sejam falhas», diz Afonso, «não nos impedem de atingir a perfeição, ou melhor, de trilhar o caminho que leva à perfeição, pois ninguém é perfeito até que chegue ao Reino dos Céus».

A verdade que libertou Afonso — de que Jesus veio para nos salvar, e não para nos assustar — logo reverberou em seu ministério sacerdotal. Numa época em que a maior parte dos sermões inspirava terror e os confessores mais rigorosos muitas vezes se recusavam a absolver o pecador, Afonso prevaleceu, pois enfatizava o amor de Deus, um amor (dizia ele ao rebanho) tão puro quanto um recém-nascido numa manjedoura, tão palpável quanto mãos por traspassadas por pregos, tão humilde quanto uma pequena hóstia branca encerrada num ostensório, à espera, dia e noite, da nossa visita.

Essa mensagem ressoou entre católicos sedentos de esperança num tempo de tristeza e crescente indiferentismo religioso. Multidões afluíam às evangelizações que, com sua paróquia, Afonso empreendia; muita gente passava horas e mais horas no confessionário com ele; além disso, maravilhavam-se com seus livros e sermões, capazes de levar a teologia ao povo e tirá-la de um alto pedestal de sublimidade. Ao cabo de sessenta anos como padre, Afonso havia mesclado a pregação missionária, notavelmente frutífera entre os pobres, com uma produção literária que o colocou entre os autores mais lidos da história. Há 21.500 edições de seus livros, hoje disponíveis em 72 idiomas.

Nem todos apreciavam Afonso, porém. Os jansenistas abominavam sua ênfase na «copiosa redenção» encontrada em Cristo, lema de seus sacerdotes redentoristas. Rigoristas, por sua vez, acusavam Afonso de lassidão por ter desenvolvido um novo sistema moral em substituição ao deles. Esse sistema de Afonso enfatizava a importância da liberdade humana ao lidar com dilemas morais: em não havendo nenhuma obrigação clara de se optar pelo caminho mais rigoroso, era razoável a opção pelo caminho mais brando.

Afonso voltou com força total, lembrando a seus críticos que ele também já tinha sido como eles, até que a realidade lhe batera à porta. Uma das poucas coisas que poderiam despertar sua ira era descobrir que os penitentes estavam sendo tratados com severidade durante uma confissão. Mesmo no final de sua vida, quando padecia de surdez, cegueira e atrite, e após ter sido traído por seus confidentes mais próximos na ordem redentorista, a ira de Afonso ficou reservada aos sacerdotes que não conseguiam transmitir a misericórdia de Deus. Ao ouvir falar de alguém com tendências jansenistas, Afonso, bem debilitado, próximo da morte, esbravejou: «Diga-lhe de minha parte que não maltrate as almas redimidas pelo sangue de Jesus Cristo».

Embora Afonso tenha sofrido toda sorte de ataques, seus pontos de vista acabaram prevalecendo. Sua *Teologia moral*, uma obra basilar, foi pessoalmente aprovada pelo papa e se tornou o texto-base para seminaristas, substituindo o material rigorista que o próprio Afonso havia estudado no seminário. Seu sucesso em encontrar um meio-termo entre legalismo e lassidão rendeu a Afonso a honra de ser o único teólogo moral cujas opiniões a Igreja Católica considerou exemplares, recomendando aos confessores que as seguissem sem hesitação ou considerações adicionais.

Afonso nunca perdeu a sensibilidade de sua consciência. Perto do fim da vida, os escrúpulos ressurgiram, forçando-o a se apoiar novamente no amor misericordioso de Deus.

Além disso, nunca deixou de chamar os pecadores ao arrependimento antes de receber a Eucaristia. Sua reverência pela Eucaristia foi justamente o que o levou a lutar contra os jansenistas, já que via o modo como estes afastavam os pecadores da confissão e comunhão, sacramentos tão necessários. E foi sua luta pessoal contra os escrúpulos, bem como décadas de um ministério voltado àqueles que estavam à margem da Igreja, o que o levou a rejeitar o rigorismo. «Se devo errar», disse ele, «que seja pela misericórdia e caridade, pela mansidão e pela compaixão. Se devo ser punido na próxima vida, que seja por excesso de indulgência, não por excesso de rigor».

A transformação que Deus operou em Afonso é a prova de que tudo é possível se cooperarmos com a graça. É também um lembrete de que a escolha de viver o medo ou a liberdade nunca se restringe a nós.

O medo, assim como a liberdade, é contagioso. Enquanto Afonso viu-se submerso em palavras de julgamento, vergonha e culpa, quase se afogou no medo e num remorso que ele não tinha. Quando, no entanto, despertou para as profundezas do amor divino e foi encorajado a valorizar e proteger um poder de decisão que lhe fora dado por Deus, encontrou libertação. E nessa liberdade Afonso ajudou a libertar inúmeras pessoas.

Esse ciclo serve também para mim. Se não lidar com o meu medo — especialmente aqueles medos crônicos e ocultos que limitam minha liberdade e corroem minha esperança em Deus –, serei apenas mais um peso morto no mundo, arrastando os outros ainda mais para o fundo de seus abismos pessoais de medo, vergonha e culpa; todavia, se eu olhar diretamente para o meu medo e permitir que Deus o expurgue com o Seu amor, em vez de âncora, passo a ser um farol: minha libertação do medo pode inspirar outras pessoas a buscarem-na também.

Não me agrada controlar as pessoas; afinal, o controle é uma ilusão da qual, como perfeccionista em recuperação, tento me libertar. Mesmo assim, a maneira como vivo não afeta só a mim; afeta, em primeiro lugar, meus filhos, os quais esperam que eu compreenda quem Deus é para que saibam se devemos servi-lO com amor e confiança ou com medo e vergonha; afeta, ainda, meu marido, meus amigos e meus parentes, bem como qualquer outra pessoa cuja vida se encontre com a minha — especialmente nos dias em que estou muito sobrecarregada ou distraída para «dar bom testemunho», nos dias em que minhas atitudes e suposições se revelam, sem nenhum verniz, para todos verem.

A maioria desses pressupostos foi forjada na infância. Como Afonso, tenho de reexaminá-los através de olhos adultos e à luz das Escrituras, para determinar o quão corretos eles são.

Para mim, isso começa com a redefinição do que significa *ser amada*. Como a muitas crianças católicas da minha geração, a geração pós-Vaticano II, disseram-me desde cedo e com frequência que Deus e meus pais me amavam, e eu acreditava nisso. Mas acreditava também que, para manter vivo esse amor, tinha de ser uma boa menina; e, embora ninguém nunca mo tivesse dito, é como se eu sempre soubesse o que era ser boa menina: *Abra um belo sorriso, guarde segredos e pensamentos que causem medo e nos encha de orgulho.*

Meus pais provavelmente ficariam horrorizados se eu tivesse articulado uma frase dessas e, em forma de credo, a dissesse em voz alta. Minha mãe muitas vezes me alertava contra o excesso de trabalho e contra a mentalidade preto-no-branco a que os perfeccionistas são propensos. Meu pai, que sofria de ataques secretos de escrupulosidade, os quais eu só viria a descobrir décadas mais tarde, sempre me advertiu contra a falsa sensação de culpa, dizendo que me amava por quem eu era, não pelo que eu fazia. Quando listava para ele as várias coisas que deveria fazer, papai acenava com a mão, desdenhando: «Tudo o que você precisa fazer é morrer», dizia. «Esqueça esses outros deveres.»

Todavia, a dinâmica familiar passa mensagens sutis e não verbais, sem que os próprios pais o percebam. Na minha família, essa dinâmica me dizia que eu era uma espécie de mascote, aquela criança que nunca dava dor de cabeça aos pais e sempre os deixava orgulhosos. Era esse o meu papel, e eu o aceitei. Afinal, ele me fazia sentir especial, segura e digna de ser amada.

Também era meu papel consolar e aconselhar em tempos de crise, ouvindo os problemas dos adultos muito antes de estar pronta para distribuir conselhos, e então acabava mantendo meus próprios problemas em segredo, caso fossem sérios demais. Aprendi a sorrir quando queria chorar ou mesmo gritar. Quando os ânimos se acirravam e os sentimentos de todos ficavam fora de controle, meu trabalho era ficar firme, calma e quieta.

Eu não me sentia assim por dentro. Sentia-me apavorada. Foi então que aprendi a fingir. E meu medo foi se enterrando mais e mais fundo, até chegar no subsolo de mim mesma. Acabou que, depois, esse medo começou a emergir de maneiras mais sutis e perniciosas: cultivava pequenos escrúpulos; queria agradar as pessoas; tinha uma cautela excessiva nas decisões, ao ponto de entrar em pânico; sentia vergonha e nojo de mim mesma ao lidar com o fracasso ou a humilhação... Já adulta, eu me sentia tão pequena e assustada quanto aquela garotinha chorando na cama em Tallahassee.

Nesses momentos em que o medo nos pega pelo pescoço, parece que Deus está muito distante de nós. Seu amor soa como uma piada e a oração parece um absurdo: por que se voltar para Aquele que vê sua pecaminosidade, tolice e indignidade de maneira mais evidente que qualquer outro?

Precisei de muitos anos e muitas lágrimas, mas comecei a perceber que a condenação que sinto nesses momentos não provém de Deus. Esse ódio gritante que sinto dos meus erros, da minha fraqueza, de mim mesma, nada disso provém do meu Salvador, que morreu para me dar vida; antes, provém do Acusador, daquele mesmo pai da mentira que enganou Adão e Eva no jardim. E, enquanto tudo dentro de mim se rebela com o pensamento, o que mais preciso nesses momentos é dobrar os joelhos e implorar pela minha libertação desse medo, implorar para que eu possa ver claramente o rosto do Pai misericordioso que está sempre ao meu lado, sussurrando em meio à tempestade: «Nada temas, porque estou contigo» (Is 41, 10).

Uma coisa que me ajuda a ver a face de Deus é procurá-lO em Sua Palavra. Nos últimos anos, passei mais tempo estudando as Escrituras a fim de buscar respostas para o meu perfeccionismo; e, quanto mais desbravo a Bíblia pelo *laptop* e rezo com seus versículos na capela, adorando o Santíssimo, quanto mais os ouço musicados durante minhas corridas matinais, mais entendo por que Afonso disse: «Nada estimula mais um cristão a amar do que a Palavra de Deus».

A Palavra de Deus me estimula a amar porque me diz a verdade sobre quem Deus é. Essa verdade não tem nada a ver com as caricaturas infantis de um ditador adormecido que, a qualquer momento, pode despertar irado. O Pai que me teceu no ventre de minha mãe, que enviou Seu Filho para morrer por mim na Cruz e que sustenta o meu respirar com Seu Espírito Santo é «por nós», e não «contra nós» (Rm 8, 31).

Pense nisso por um segundo. E, depois, medite nisso profundamente.

Deus é *por* você.

Ele não está torcendo contra você.

Ele não está à espera de que você estrague tudo.

Ele não está desejoso de lhe ensinar uma lição.

Ele é apaixonadamente, inegavelmente, irrevogavelmente *por* você.

Deus pode nem sempre aprovar ou abençoar o que você faz. Ele odeia o pecado porque nos separa d'Ele. Mas, na acepção mais fundamental e última, a única que vale, Deus é sempre por nós. Ele quer o melhor para nós. Ele nos ama com um amor «forte como a morte, [uma] paixão violenta como o Sheol [...], um amor que as torrentes não poderiam extinguir, e nem os rios o poderiam submergir» (Ct 8, 6-7).

Na Primeira Epístola de São Paulo aos Coríntios há uma das melhores descrições bíblicas do amor de Deus. Muito citada em casamentos, pode parecer banal por seu uso excessivo. Contudo, dê uma olhada mais de perto e você verá por que Afonso baseou um livro inteiro nesses três versículos — *A prática do amor a Jesus Cristo*, que ele considerava sua obra de maior utilidade. Nestes versículos, São Paulo descreve um amor além de qualquer coisa que possamos dar ou receber, ou mesmo imaginar de outro ser humano. É um amor literalmente perfeito:

> A caridade é paciente, a caridade é bondosa. Não tem inveja. A caridade não é orgulhosa. Não é arrogante. Nem escandalosa. Não busca os seus próprios interesses, não se irrita, não guarda rancor. Não se alegra com a injustiça, mas se rejubila com a verdade. Tudo desculpa, tudo crê, tudo espera, tudo suporta. A caridade jamais acabará (1 Cor 13, 4-8a).

Fui abençoada por ter recebido muito amor em minha vida, e me considero uma pessoa amável. Mas o que tenho é um amor sempre paciente e gentil, que nunca sente ciúmes nem busca a si mesmo, que nunca guarda rancor nem se alegra com transgressões? Um amor que suporta tudo? Que *nunca* falha? Nunca?

Só há Um que pode me amar assim. Há apenas Um que pode amar meu marido, meus filhos, minha família, meus amigos, meus vizinhos, meus rivais e meus críticos assim. O amor perfeito que lança fora o medo vem de apenas uma fonte: Deus.

Felizmente, Ele não é acumulador. O Senhor quer compartilhar Seu amor perfeito comigo. E quer usar o vaso imperfeito, que é meu coração, para compartilhar esse amor com os outros também.

Minha tarefa, então, não é simular uma falsa perfeição ou andar pisando em ovos pela vida afora, tentando não cometer erros nem fazer confusão; meu trabalho é abrir um caminho em meu coração para receber o dom libertador do amor de Deus, permitindo que esse amor flua através de mim para o mundo.

Não posso fazê-lo sem estar disposta a confiar em Deus, mesmo quando essa confiança parece boba ou ineficaz. Ademais, não poderei confiar em Deus sem buscar conhecê-lO e sem deixar que Ele me conheça; não poderei confiar em Deus se tento esconder d'Ele minhas verdadeiras intenções, como realmente me sinto e quem realmente sou.

Deus não me ama apenas quando estou usando meu vestido de boa menina. Ele não me valoriza apenas quando faço minha cara de mulher competente e responsável. Deus me ama sempre e em todos os lugares — sem condições, sem exceções, sem interrupções.

Se creio nisso — se creio nisso de verdade —, não preciso ser escrava do medo. Nunca mais. Nem mesmo quando peco.

Quando peco, preciso buscar o perdão, mas não manter a distância. Em vez disso, devo correr para os braços do Senhor, implorando para mergulhar em Seu oceano de misericórdia; devo recuperar a confiança daquela garotinha que se sentira tão destemida ao ser jogada nas ondas pelo papai.

São Paulo escreve: «Porquanto não recebestes um espírito de escravidão para viverdes ainda no temor, mas recebestes o espírito de adoção pelo qual clamamos: Abbá [Papai]! Pai!» (Rm 8, 15).

Deus é um Pai amoroso, meu Papai. Isso faz de mim a filha amada do Rei, uma mulher nascida para viver livre.

Como é viver livre do medo na vida cotidiana? Na minha vida, consiste em dobrar os joelhos no chão logo de manhã e sussurrar uma oração, na qual peço pela libertação do medo, da ansiedade, da vergonha, da culpa e da falsa sensação de culpa. À medida que o dia avança, fico atenta àquele aperto revelador no meu peito, àquele calafrio nas palmas das mãos, àquele coro de acusações na minha cabeça, pois todos eles sinalizam que o medo começou a assumir o controle. Também devo ganhar tempo e pensar um pouco quando alguém faz um pedido com o qual sou tentada a concordar só porque quero agradar, impressionar ou evitar conflitos; e ainda fazer perguntas e buscar alternativas quando me sinto presa em uma situação sem opções e sem saída, também preciso me proteger das minhas próprias tendências a julgar, envergonhar ou culpar os outros quando me sinto encurralada ou em pânico, bem como admitir e confessar minhas falhas, sem me punir pelos erros do passado.

Viver livre do medo, a meu ver, significa buscar o conselho de pessoas cheias do Espírito e que têm vida de oração, pessoas que dispõem-se a confiar radicalmente em Deus; significa ignorar aqueles que sempre me fazem sentir tola, estúpida, má ou errada; significa não mais tentar me condicionar à escolha segura e inteligente, ou à opção mais difícil ou estrita.

Devo, ainda, vigiar e rezar por sinais da vontade de Deus. Escolhas que contradizem os ensinamentos da minha fé ou as exigências da minha vocação, por exemplo, são inadequadas. Mas, naquelas áreas cinzentas onde não há uma resposta certa ou errada, e para as quais Deus não envia sinais em formas de raios, passo a ver que Ele não está me abandonando, mas respeitando minha liberdade. Deus me convida a usar meu juízo e a confiar em que, aonde quer que eu vá, qualquer que seja a minha escolha, Ele estará ao meu lado.

É claro que nem sempre consigo viver desse modo. Falo daqueles momentos em que estou bem e de como pretendo viver durante todos os meus dias. Gosto de pensar que, na luta contra o medo, estou vencendo; porém, cada dia traz sua nova batalha, e esses dias passam cada vez mais rápido.

Lembrei disso recentemente, quando minha família e eu fomos brindados com um assento na primeira fila para assistir ao Grande Eclipse, em 2017. Foi o primeiro eclipse solar a cruzar completamente, de costa a costa, os Estados Unidos em quase um século, e conseguimos vê-lo da nossa casa, no subúrbio de St. Louis. Colocamos nossos óculos de sol, pusemos as cadeiras na garagem e nos sentamos: dali pudemos ver a lua cobrindo o sol por inteiro. Ficamos saboreando aquela sinistra beleza da meia-noite em plena tarde, ao som do canto dos grilos sob os postes que piscavam, confusos com aquele impressionante truque celestial da natureza.

A atmosfera era elétrica, e observamos a lua se aproximar centímetro a centímetro do sol naquela tarde de agosto. Com milhões de outras pessoas, aguardamos até o momento em que pudéssemos tirar os óculos e olhar, paralisados, para aquele círculo lunar negro e deslumbrante que se desenhava no céu, coroado pelo sol esbranquiçado que irradiava ao seu redor.

O momento chegou e não nos decepcionou. Enquanto contemplávamos a maravilha da criação de Deus no céu escurecido, dei uma olhada em nossa pequena tripulação. Lá estavam eles: os melhores amigos John Patrick e Maryrose, as testinhas ainda suadas de correrem um do outro no quintal durante toda a manhã; sua irmã Clara de marias-chiquinhas, vestindo aqueles tons incompatíveis de azul que ela havia escolhido cuidadosamente para a ocasião; e o irmão caçula, Joseph, com suas bochechas absurdamente rechonchudas e as sandálias, como sempre, de pés trocados. Atrás de todos eles vi John sorrindo, robusto e forte.

Ao olhar para meu marido e meus filhos, veio-me o pensamento:

Está passando rápido.

Não só o eclipse, mas a nossa vida como uma família jovem, em fase de criar os bebês.

Antes que eu perceba, dentro de alguns anos tão fugazes quanto o tempo que a lua levou para encobrir o sol, isso terá acabado. Meus filhos estarão fora de casa, imersos em suas próprias aventuras. Levarão consigo apenas lembranças — do que eu lhes disse, mas não só: também de como vivi. E ficarei pensando no modo como vivi os anos que Deus me deu, pois posso vê-los melhor pelo espelho retrovisor do que sobre a linha do horizonte.

Quando eu olhar para trás, buscando ver minha vida pregressa, serei atormentada pelo arrependimento de ter desperdiçado tempo sentindo medo, preocupação e indecisão, jogando joguinhos com Deus e culpando a mim mesma? Ou ficarei cheia de gratidão pela forma como Deus cuidou de mim enquanto, com ousadia, assumi riscos só para alcançar meus sonhos e responder ao Seu chamado?

Será que eu gostaria de ter passado mais tempo no campo de defesa? Ou mais tempo bailando entre as ondas?

Eu sei como quero viver, como quero que meus filhos me vejam vivendo. E isso significa que não tenho mais tempo para o medo. Já gastei tempo demais com isso.

«É para que sejamos homens livres que Cristo nos libertou», diz São Paulo. «Ficai, portanto, firmes e não vos submetais outra vez ao jugo da escravidão» (Gl 5, 1).

Mesmo que eu passe muitos dias lutando, estou determinada a me libertar do medo.

Por mim, pelos meus filhos, por Deus.

E para todo o sempre.

CAPÍTULO 5
A GUERRA INTERIOR

> *Não vos conformeis com este mundo, mas transformai-vos pela renovação do vosso espírito, para que possais discernir qual é a vontade de Deus, o que é bom, o que lhe agrada e o que é perfeito.*
>
> (Rm 12, 2)

O nascimento do meu quarto filho foi um divisor de águas para mim.

Depois de uma gravidez conturbada, durante a qual lidei com enjoos constantes, uma mudança interestadual, o cuidado de três crianças em idade pré-escolar e um novo emprego como âncora e produtora de um programa de televisão, acabei recorrendo à licença-maternidade, implorando por descanso: o emprego, a princípio, seria só de meio período, mas acabou se tornando de tempo integral. Obtida a licença, porém, com o nascimento do meu filho Joseph no começo de 2014, a transição foi complicada.

Enquanto amamentava meu recém-nascido, acompanhando a serena passagem das horas, no isolamento de uma casa vazia cujas mobílias ainda estavam empacotadas, o acúmulo de cansaço e frustração desabou com toda a força sobre mim. Atravessei o país, levando comigo toda a minha família, por causa de um emprego dos sonhos que John e eu acreditávamos ser a vontade de Deus para a minha vida, mas que no fundo não era sonho coisa nenhuma. Eu tinha passado por uma época tempestuosa, de muito desgaste, e então me vi naquela estranha e sufocante calmaria pós-parto — sentia-me como uma drogada depois de uma *bad trip*, ainda agitada com toda aquela mudança que, agora, parecia ter sido um grande erro.

Lentamente, porém, comecei a recuperar o fôlego. Passaram-se semanas, e comecei a rezar mais, a ler novamente, lembrando o quanto eu amava simplesmente estar com meus filhos, fazendo da hora da soneca deles a tarefa mais importante da nossa agenda diária. Percebi que sentia falta de escrever — os roteiros de dois minutos para o noticiário não contavam, e meus artigos de opinião de quinhentas palavras já não me satisfaziam. Comecei a sonhar em escrever novos livros, a reunir ideias para viver e celebrar em casa os tempos litúrgicos e as festas dos santos, a ansiar por desbravar aquela nova cidade na companhia dos meus quatro pimpolhos e de um telefone celular que já não tocava tanto em busca de horas de atenção. E então me perguntei: será que essa mudança não fora um erro? Será que Jesus usara todo esse desgaste e desapontamento no trabalho para abrir meu coração para um novo chamado, um chamado que, durante todo esse tempo, Ele tinha em mente?

Durante anos, senti uma insatisfação crescente com o jornalismo, uma sensação de que, mesmo com minha passagem da mídia secular para a mídia religiosa, meu trabalho muitas vezes se resumia a agravar o ruído do mundo, só que com uma nota cristã. Durante meu repouso, por ocasião da licença-maternidade, Deus amadureceu em mim o que era apenas um palpite, fazendo dele uma convicção: senti o chamado para trocar um emprego de alta relevância na mídia, que impressionava as pessoas e do qual tive de correr atrás, por um trabalho mais profundo, que exigia de mim uma disposição criativa muito maior e acabava por me atrair: o de educar meus filhos e escrever livros que poderiam mudar vidas, e não apenas mentes.

Essa nova perspectiva me encheu de alegria, mas também de medo. Eu alimentava a velha fobia de sacrificar minha carreira em prol das crianças, enquanto o termo «mãe *homeschooler*» ainda evocava para mim imagens daquelas donas de casa recatadas que fazem o próprio sabonete e usam sempre o mesmo suéter enquanto suas filhas de catorze anos costuram peças em crochê e ordenham vacas. No entanto, depois de sondar dezenas de mães que praticavam a educação domiciliar na região de Washington, D.C., descobri que elas formavam um grupo multifacetado, esclarecido e inteligente, e logo passei a sentir mais alegria do que medo. Tive também a certeza de que Deus não me pedia para desistir da minha carreira de escritora e palestrante, mas apenas que eu a simplificasse, deixando de lado o ritmo caótico do meu trabalho na mídia, que acabava por dispersar minha atenção e atrapalhar minha vida doméstica. Fui, assim, sendo levada a redescobrir uma paixão antiga que, em menina, me conquistara: a paixão pela escrita criativa, engavetada havia muitos anos, durante a minha busca por segurança e sucesso.

Assim, quando Joseph completou dois meses, larguei o programa na televisão e passei todo o ano me preparando — aceitei apenas um convite para palestrar e uns outros para escrever artigos de opinião. Queria ter uma temporada de descanso para me reconectar com Deus, com minha família e com meus próprios anseios; e, no outono daquele ano, comecei a educar meus gêmeos em casa.

O primeiro ano em que me dediquei totalmente à maternidade foi difícil, mas também lindo. E sei que pouquíssimas mulheres podem se dar a esse luxo. À medida que o ano chegava ao fim, sentia-me firme para prosseguir nesse novo caminho: meus filhos progrediam, minha energia criativa havia voltado, e eu sentia saudade de interagir com leitores e experimentar novas ideias de livros ao vivo com a plateia. Sabia que Deus não me chamava para voltar àquela briga insana por espaço que existe na mídia, mas senti Seu empurrão para voltar ao circuito de palestras, optando por eventos de que eu pudesse participar com o Joseph, de doze meses, preso a mim por um canguru de pano. Uma conferência para mulheres católicas, em Columbus, Ohio, foi um desses primeiros eventos.

Chegar ao local não foi fácil. Joseph e eu tivemos uma dor de cabeça atrás da outra: voos atrasados, passageiros esnobes que ficavam irritados ao sentar perto de bebês (mesmo que fosse um bebê quietinho, mais quieto que a maioria dos adultos no avião) e, logo na hora de pousar, uma enorme tempestade de neve. Perseveramos, porém, e surpreendentemente acabamos por chegar — e dentro do horário programado — a uma casa de campo lotada com 1.500 admiradores do Centro-Oeste que não permitiram que uma nevasca recorde estragasse seus planos.

Deixei Joseph com as mamães veteranas, que haviam prometido aninhá-lo durante minha palestra, e fui até o auditório. Já no palco, conforme tecia minhas considerações, ia me sentindo, pela primeira vez em dois dias, relaxada. Apreciei o brilho quente dos holofotes, o riso fácil do público em resposta às minhas frases e o seu silêncio em respeito às minhas histórias mais íntimas. Sentia falta disso, pensei. *Deu muito trabalho chegar aqui, mas eles precisavam de mim e eu precisava deles. Obrigada, Jesus, por me trazer a este lugar para poder palestrar em Vossa honra novamente.*

Até que, no meio da palestra, com o público e eu em perfeita sincronia, ouço um grito lancinante vindo do corredor: era Joseph chorando por mim.

Meu rosto corou, minha mente disparou. *De que ele precisa? Esqueci de trocá-lo? Será que ele queria que eu o amamentasse mais? Ele parecia feliz quando o deixei. Houve algum acidente? Ele se machucou?*

Lembrei que os organizadores da conferência me avisariam caso houvesse qualquer emergência. E Joseph não era nenhum recém-nascido. Quando os gêmeos tinham a idade dele, eu os deixava com John por fins de semanas inteiros, de vez em quando, para poder palestrar ou escrever. Certamente Joseph sobreviveria sem a mamãe por breves 45 minutos.

Retomei a história que vinha contando e acabei por notar que muitas mulheres começavam a se inclinar para a frente, demonstrando imenso interesse pelo que eu falava. Elas pareciam alheias aos lamentos de Joseph, mas eu os ouvia em som estéreo: a cada choro, sentia meu entusiasmo se esvaindo e, junto com ele, a minha gratidão. Todo o desânimo e frustração que, durante aquelas últimas 48 horas, mantivera sob controle voltaram com força naquele momento, ao que se acrescentava uma angústia de anos a respeito da conciliação entre trabalho e família. Aquela voz interior que, havia pouco, louvava a Deus começava a se voltar violentamente contra mim.

Por que ainda tento fazer isso, arrastando filhos pequenos país afora para palestrar, coisa que outra pessoa poderia fazer tão bem ou melhor que eu? É tão difícil... De quantas maneiras mais Deus usará para me mostrar que não posso mais fazê-lo, que o que me cabe agora é a maternidade e nada mais? Desistir do programa de televisão e dos artigos de opinião não é o bastante — tenho de desistir disso também. E, provavelmente, também dos livros. Desse jeito, nada disso vai dar certo.

Lutei para manter o foco, lembrando que John e eu sempre ouvimos, em oração, que Deus ainda queria que eu usasse os meus dons por todo o mundo, embora de maneira limitada. Continuei falando palavras de esperança para as mulheres que estavam diante de mim e, no fim da palestra, pude sorrir, um tanto assustada: elas me aplaudiam, me ovacionavam de pé. No entanto, quando saí do palco e atravessei a multidão em polvorosa, sentia apenas derrota. Tudo o que eu queria era pegar meu bebê, ir embora dali e desistir do que, por um instante, parecia uma tentativa tola de retomar uma carreira que nunca se encaixaria com o tipo de mãe que eu queria ser.

Quando cheguei ao corredor, algo estranho aconteceu: todo aquele desânimo sumiu.

Joseph já não estava tão mal quanto parecia durante a palestra. Em poucos minutos, enquanto o embalava, ele ficou calmo, sem nenhuma ferida emocional que fosse marcá-lo permanentemente. Não havia nele nada mais do que as consequências previsíveis de alguns cochilos perdidos. Percebi então que poderia ficar para uma sessão de autógrafos e, ao vislumbrar as mais de cem mulheres já enfileiradas para me encontrar, percebi que precisava daquilo.

Sentei à mesa que havia sido reservada para mim, com Joseph sorrindo em meu colo, e comecei a cumprimentar as mulheres que, uma a uma, compartilhavam comigo o quanto as minhas palavras as ajudavam — algumas o diziam com lágrimas nos olhos e braços abertos, prontas para me abraçar. Então percebi que aqueles meus minutos de pânico, bem como os choros de Joseph, eram apenas um pequeno preço para alcançar cada uma daquelas almas para Jesus. Talvez eu tivesse feito a escolha certa ao vir.

Nesse caso, porém, o que fora aquela angústia que sentira no palco? Aquela escuridão parecera imensamente densa e impenetrável, muito pior do que um mero bebê chorando ou uma pequena confusão causada pela diferença do fuso horário... Um ano inteiro de confirmações, em que fora descobrindo que estava no caminho certo, que ainda poderia continuar escrevendo e palestrando como mãe *homeschooler*, parecera desaparecer diante dos meus olhos. Restara-me apenas a turva garantia de que o que fazia não valia o meu esforço, uma vez que não importava para ninguém, nem mesmo para Deus.

E, minutos depois, estava me sentindo bem.

Quando eu era uma garotinha, meus critérios para discernir a vontade de Deus eram simples: maus sentimentos, de repulsa, significavam que Deus não estava satisfeito com o lugar em que eu estava ou com a ação que praticava; bons sentimentos, por outro lado, significavam que as coisas iam bem e estavam em ordem. Seguir a vontade de Deus nem sempre era fácil, mas bastava consultar o Senhor ao tomar decisões que tudo acabaria bem, sem que eu jamais precisasse questioná-las.

A idade adulta tratou de acabar rapidamente com meus pressupostos de menina. Sofrimentos, pecados, confusões persistentes a respeito de questões para as quais, havia anos, eu buscava orientação em Deus — meus critérios de discernimento, baseados numa concepção preto-no-branco, provaram-se uma péssima combinação diante da massa cinzenta que é a vida adulta.

Contudo, nada disso me impediu de voltar às minhas concepções de infância, principalmente em tempos de desgaste. Eu sabia muitas coisas acerca do discernimento da vontade divina, mas só na teoria: compreendia que emoções diferentes têm significados espirituais diferentes, a depender do contexto; que discernir a vontade de Deus não é tão simples quanto simplesmente seguir os Dez Mandamentos ou fazer aquilo que parece ser certo. Poderia citar capítulos e versículos sobre as consolações (experiências interiores de proximidade com Deus) e as desolações (experiências de aridez espiritual ou de distância de Deus), bem como sobre a guerra espiritual e tudo o mais. Porém, sob pressão, frequentemente voltava ao meu preceito de menininha, que se encaixava perfeitamente na minha visão de mundinho colorido: se me sinto mal, Deus está zangado; se me sinto bem, devo continuar, e a todo vapor.

A palestra de Columbus, Ohio, fez com que eu me lembrasse de que o tempo dessa abordagem simplista havia acabado. Os sentimentos ruins que poderiam me fazer sair do palco no meio de uma palestra não podiam se equiparar aos da licença-maternidade, que soavam como um *blues* agridoce mas frutífero; afinal, foi durante aquele período que havia despertado para meus anseios adormecidos por escrever livros e educar meus filhos em casa — alegria que não eu não conseguiria mais obter com os prestigiosos convites para aparecer na mídia e a emoção passageira que proporcionam. A alegria que sentia então era profunda, pois consistia em passar os dias me dedicando a pessoas e projetos aos quais dava a maior importância. As dores do desânimo e da distração, que nos últimos anos eu sofrera com frequência cada vez maior, não eram meros aborrecimentos ou provações; eram, na verdade, tentações. E eu não poderia combatê-las armada somente com minhas noções infantis de discernimento nem com um conhecimento intelectual que não conseguira incorporar; em vez disso, precisava cultivar o hábito do maduro discernimento cristão, a fim de entender melhor quais dos meus sentimentos provêm de Deus e quais não, bem como de responder a cada um deles.

Já aconteceu de eu achar que dar tanta atenção aos meus sentimentos era uma maneira de ser indulgente comigo mesma. Os santos não nos advertem sempre a não olhar para o próprio umbigo? Todavia, após a minha experiência em Columbus, comecei a perceber o quanto minha capacidade de ler e ouvir as mensagens de Deus afetava aqueles que estavam ao meu redor — especialmente John e as crianças: se fico estafada e irritada porque deixo a excitação momentânea tomar conta de mim e assumo um compromisso para o qual não tenho tempo, os dois logo ficarão estafados e irritados também; se interpreto cada onda de desânimo como um veredito divino sobre minha decisão de educar meus filhos em casa ou escrever livros, ou mesmo tentar combinar ambas as atividades, os dois também sentirão a dor do fracasso (sem mencionar o sofrimento que é ter de conviver com alguém desolado); e mais: se ignoro aquelas intuições que, como um alerta vermelho, dizem-me para ficar longe de determinada pessoa, lugar ou produto, os quais todos dizem ser bom para meus filhos, não sou eu quem vai pagar o preço mais alto, mas os pequenos.

O mesmo vale para todos os que são afetados pelo meu humor, pelas minhas palavras e pelo meu trabalho. A busca de consciência emocional por meio da oração me protege das arapucas que o diabo arma com o intuito de me desviar do bem que, no mundo, Deus quer que eu pratique, tanto pelos outros quanto por mim. Ao longo dos anos, o hábito de levar cada um dos nossos sentimentos a Jesus, todos os dias, a fim de obter clareza e direção, é o que difere uma vida fecunda, cheia de propósito, de uma vida caótica, confusa, que acaba desencaminhando outras vidas.

Aqui, a psicologia pode ser de grande utilidade: «Santidade é integridade», dizia sempre minha mãe ao explicar de que modo seu trabalho como conselheira e assistente social se relacionava com sua fé. E ela tinha razão: quando foi a última vez que você conheceu uma cristã amorosa, sábia e santa que não estivesse a par de suas próprias emoções? Conselheiros e terapeutas cristãos podem ser grandes parceiros, auxiliando-nos a cultivar a consciência emocional necessária para colhermos um discernimento eficaz.

As Escrituras, contudo, afirmam que não podemos alcançar o autoconhecimento apenas por meio de nossos esforços humanos. Nessa toada, lamenta o profeta Jeremias: «Nada mais ardiloso e irremediavelmente mau que o coração. Quem o poderá compreender?» (Jr 17, 9). Somente Deus, responde o salmista:

> Senhor, vós me perscrutais e me conheceis, sabeis tudo de mim, quando me sento ou me levanto. De longe penetrais meus pensamentos... Conhecimento assim maravilhoso me ultrapassa, ele é tão sublime que não posso atingi-lo (Sl 138, 1-2, 6).

Felizmente, Deus quer compartilhar Seu conhecimento conosco. Quer que compreendamos tanto os nossos sentimentos como a Sua vontade; quer que ouçamos Sua voz em meio aos ruídos do mundo. Deus não nos dá respostas claras a todas as nossas perguntas, mas dá mais respostas do que a maioria de nós imagina. Ocorre que ouvi-las e interpretá-las não é tão fácil assim.

E não é fácil por uma razão: temos um inimigo que trabalha incessantemente para embaralhar as mensagens de Deus para nós. As escrituras dizem que Satanás é não só o pai da mentira (cf. Jo 8, 44), mas também o autor da confusão (1 Cor 14, 33) que «obcecou... inteligências... a tal ponto que não percebem a luz do Evangelho» (2 Cor 4, 44). Quando somos assaltados por um espírito de confusão, Paulo diz que devemos combater «o bom combate» (1 Tm 1, 18) usando armas que «não são da carne, mas são muito poderosas» (2 Cor 10, 4).

Uma das armas mais poderosas que temos é o discernimento. «Não deis fé a qualquer espírito», João adverte, «mas examinai se os espíritos são de Deus» (1 Jo 4, 1). O discernimento é o meio pelo qual podemos empreender tal exame. Aprendendo a ouvir e interpretar os movimentos de nossos corações, tornamo-nos aptos a distinguir as inspirações do Espírito Santo de ideias provenientes de outras pessoas, do nosso próprio orgulho, de nossas próprias dores, ou mesmo de espíritos malignos que tentam nos desvirtuar.

Essa habilidade é importante para qualquer pessoa, mas para os perfeccionistas espirituais ela é essencial. O perfeccionismo funciona como uma placa de Petri, na qual reações instintivas, suposições não examinadas e alguma desconexão emocional crescem à maneira de micro-organismos. Nossos sentimentos e crenças desconhecidos são a razão para as atitudes insanas que tomamos — como dirigir a 130 quilômetros por hora para ir a um chá de bebê — e que não fazem sentido nem mesmo para nós. A maioria não consegue se desprender dessas atitudes até que saiba escapar do revolto redemoinho que é o conjunto de nossas emoções, mapeando, em oração, a origem de tais sentimentos, bem como o destino para o qual nos levam.

É o discernimento que nos permite fazê-lo, imitando o exemplo lúcido e sereno que Jesus nos dá nos Evangelhos. Enquanto todos ao Seu redor estão ou atolados em confusão, ou sendo levados pelos ventos do medo e da lisonja, Jesus julga não «segundo a aparência», mas em união com «o Pai que me enviou» (Jo 8, 15-16), pois Ele conhecia «seus íntimos pensamentos» (Mc 2, 8); frequentemente, aponta espíritos malignos até mesmo em seus amigos: «Afasta-te, Satanás!... Teus pensamentos não são de Deus, mas dos homens!» (Mt 16, 23). No deserto, Jesus entrevê a intenção do diabo com os enganos que traz consigo (Mt 4, 1-11) e, depois, adverte Seus discípulos: «Vigiai e orai» (Mt 26, 41), para que assim possam perceber, também eles, as intenções do diabo. E diz a São Pedro: «Simão, Simão, eis que Satanás vos reclamou para vos peneirar como o trigo, mas eu roguei por ti, para que a tua confiança não desfaleça» (Lc 22, 31-32). Antes de Sua morte, Jesus nos deixou um conselho bem útil para nos defendermos espiritualmente: «Não peço que os tires do mundo, mas sim que os preserves do mal» (Jo 17, 15).

Uma maneira de nos afastarmos do maligno está em buscar e nutrir um dom que o próprio Deus nos oferece: um coração capaz de discernir. Para concretizarmos essa busca, precisamos, em primeiro lugar, manter uma vida de constância na oração, nos sacramentos e no estudo das Escrituras; em seguida, devemos aprender diretamente com os companheiros espirituais que o Senhor coloca em nosso caminho: párocos, diretores espirituais, confessores, pais, cônjuges e amigos cuja serenidade admiramos e cujos *insights* são muitas vezes certeiros.

Muitas vezes, na companhia de mentores espirituais, ou então ao lutarmos com problemas que as Escrituras não explicam, deparamo-nos com questões que nem as pessoas mais sábias e santas que conhecemos são capazes de compreender. Em outras ocasiões não nos faltam bons conselhos, mas, para compreendê-los, saber de onde vêm e por que funcionam, ansiamos por uma estrutura mais sólida, que nos demonstre as razões por que caímos repetidamente nas mesmas ciladas e nos dê os meios para evitá-las no futuro.

Seria muito mais fácil se houvesse regras a seguir, diretrizes claras, explícitas e baseadas na Bíblia, a partir das quais pudéssemos entender o modo como o Espírito Santo costuma falar a nossos corações e como Satanás costuma macaquear e obscurecer a voz de Deus. Melhor ainda seria aprender essas regras juntamente com um amigo perfeccionista, alguém que tenha superado os mesmos padrões tóxicos que nos enredam, encontrando uma arte imprevisível e sem forma determinada: a arte do discernimento, tão desafiadora e cheia de detalhes quando nós.

É aí que entra Inácio de Loyola. Típico valentão espanhol do século XVI, Inácio se tornou santo e ficou conhecido em todo o mundo por ter fundado a Companhia de Jesus. Autor dos seminais e ainda populares *Exercícios espirituais*, encabeçou a renovação católica, mais do que necessária, em reação à Reforma Protestante. Além disso, o que mais nos toca é que Inácio foi um perfeccionista espiritual que consertou a si mesmo por meio de uma fé alicerçada nas Escrituras, de sua perspicácia psicológica e de uma experiência de quem já sentira o mal do perfeccionismo na própria pele. Assim, Inácio logrou desenvolver cerca de vinte regras práticas para discernir os espíritos.

Essas regras, que iluminaram inúmeras almas nos últimos cinco séculos, são ainda o padrão de excelência para que cristãos de hoje possam assimilar o hábito do discernimento. Para os perfeccionistas, são algo mais: um lembrete concreto de que as mesmas tentações que parecem destinadas a nos derrotar podem, nas mãos de Deus, tornar-se uma fonte de bênçãos.

Se tomamos por base o método inaciano de discernimento, vemos o quanto enfatiza a consciência emocional. Assim, acabamos por achar que seu criador foi um modelo inato de compreensão do funcionamento da psicologia do ser, um menino naturalmente calmo que, desde o nascimento, vira-se incentivado a explorar e expressar seus sentimentos.

Quem, porém, conhece o modo como Deus opera — escolhendo as almas menos prováveis para as missões mais decisivas — há de adivinhar que esse santo padroeiro da consciência emocional foi, no início da vida, tudo menos um sujeito consciente das próprias emoções. O jovem Iñigo de Loyola era uma mistura confusa de estoicismo, ira e bravatas irresponsáveis, tendo contrariado a lei mais de uma vez e sendo fiel somente à lei da espada.

Mais novo de treze filhos, nascidos numa família nobre do País Basco, na Espanha, a mãe de Iñigo morrera no parto, em 1491. Foi enviado então para viver com um ferreiro local, cuja esposa o acolheu e o criou entre seus filhos naturais, até que, quando tinha cerca de sete anos, Iñigo voltou para o castelo de sua família.

Se foi difícil para Iñigo ter de deixar a mãe, a única família que teve, o jovem aprendeu a não o demonstrar; em vez disso, absorveu a arrogância e o machismo de seu pai e de seis irmãos mais velhos. Galante e passional, nascido com uma dose a mais da sede de glória que impulsionava outros homens da família Loyola, o adolescente Iñigo devorava histórias de cavalaria e amor cortês, preocupando-se com sua aparência e tendo um fraco por qualquer atividade enérgica e ousada: esgrima, equitação, duelos, jogos, danças e romances com belas mulheres — uma delas, aliás, tinha um namorado ciumento que tentou matá-lo.

Iñigo não se intimidava com facilidade: certa vez, quando um bando de homens o encurralou, ele desembainhou sua espada e os perseguiu pela rua, pronto para matar cada um deles: só não o fez porque chegou quem apaziguasse a situação; noutra ocasião, enfrentou uma grave acusação judicial por um crime violento, cujos detalhes são obscuros. Contudo, uma das fontes afirma que, durante o Carnaval, Iñigo e seu irmão foram pra cima de alguns padres de uma família rival com a intenção de atacá-los, e Iñigo escapou da acusação fingindo ser seminarista.

O apetite do jovem para o perigo foi plenamente saciado em 1521, quando, aos vinte anos, lutava para defender a fortaleza de Pamplona dos invasores franceses: uma bala de canhão o atingira entre os joelhos, esmagando os ossos de sua perna direita e rasgando a panturrilha esquerda. Iñigo perdera a batalha, e sua carreira militar estava acabada.

Seus captores franceses ficaram tão impressionados com sua coragem que, em vez de levarem Iñigo para a prisão, levaram-no para o castelo de sua família. Lá, teve de passar por cirurgias excruciantes. À época não havia anestesia que aliviasse sua dor; e, enquanto os médicos partiam, recolocavam, serravam e estendiam seus ossos mutilados, Iñigo silenciosamente cerrou punhos e dentes, sofrendo de bom grado o que fosse necessário para fazer suas pernas funcionarem — e parecerem — bem novamente.

Durante quase um ano, Iñigo esperou a cura total de suas pernas. Entediado e entristecido, pediu para ler alguns romances de amor cortês para passar o tempo. Sua devota cunhada, que agora administrava a casa dos Loyola, não apreciava esse tipo de ficção vulgar, e por isso deu-lhe os únicos livros de que dispunha: uma *Vida de Cristo* em quatro volumes e uma coleção de histórias sobre os santos.

A contragosto Iñigo os aceitou; e, a princípio, não os leu de modo contínuo, já que ainda dava vazão a devaneios de retornar ao campo de batalha e conquistar o amor de belas mulheres. À medida que lia, no entanto, algo começou a mudar dentro dele: ele começou a se imaginar servindo um rei acima de todos os reis, perseguindo uma glória que nem bala de canhão nem a morte poderia destruir; e, conforme ia acalentando esses novos desejos que lhe eram tão estranhos, sentiu-se tomado por uma alegria — uma alegria que, mesmo quando pôs de lado os livros religiosos e seu novo alumbramento, perdurou dentro dele.

Tratava-se, afinal, de um alumbramento em tudo diferente dos seus devaneios mundanos. Estes, Iñigo costumava apreciar por um tempo; mas, assim que passavam, ele se sentia seco, descontente e mais insatisfeito do que antes. Essa diferença chamou-lhe a atenção, como pode-se ver em sua autobiografia, baseada nas memórias que ele ditou a outro escritor:

> Ele começou a se admirar dessa diferença e a refletir sobre ela. Por experiência própria, sabia que alguns pensamentos o deixavam triste, ao passo que outros o deixavam feliz, e aos poucos foi percebendo os diferentes espíritos que o moviam: um vindo do diabo, o outro vindo de Deus.

Iñigo concluiu, então, que Deus tentava falar com ele por meio de seus sentimentos e que deveria prestar atenção a eles se quisesse compreender Sua voz. Foi quando, aos trinta anos de idade, levantou-se do seu leito como um novo guerreiro: um soldado de Cristo.

Iñigo nunca foi homem que ficasse no meio-termo das coisas. Ao decidir seguir a Cristo, fez uma escolha definitiva, o único tipo de escolha que sabia fazer.

E começou a trilhar o próprio caminho. Montado numa mula, percorrendo uma distância de quinhentos quilômetros, peregrinou até um santuário perto de Barcelona, onde tardiamente foi se confessar. Diante de um altar dedicado a Nossa Senhora, deixou sua espada e seu punhal. Antes de passar uma noite inteira em oração, fez um voto de castidade. E, então, doou suas roupas e sua mula, vestiu um manto de pano de saco e caminhou mais de vinte quilômetros até a pequena cidade de Manresa, levando consigo apenas um cajado para se firmar, pois sua perna direita ainda estava inchada.

Em Manresa, Iñigo pretendia passar apenas alguns dias, o suficiente para mendigar um pouco de comida antes de seguir até Barcelona, de onde desejava partir, a navio, rumo à Terra Santa. Em vez disso, passou quase um ano em Manresa, o ano que se tornaria o mais importante de sua vida. Foi lá que lutou pela primeira vez contra o desânimo e contra as distrações que tanto atormentam os perfeccionistas espirituais, e essas tentações o impeliram a elaborar suas famosas regras de discernimento.

O desânimo deu as caras primeiro. Como acontece com muitos recém-convertidos, Iñigo chegou a Manresa com uma fé ardente e com muita vergonha de seus pecados. Ele dividia seu tempo entre permanecer no interior de uma caverna que usava como capela, albergar-se nas casas dos moradores dispostos a acolhê-lo e prostrado dentro de um pequeno quarto no convento dominicano, onde rezava por sete horas seguidas. Descalço, sem um tostão e tomado pelo desejo de fazer penitência, Iñigo deixou seus cabelos e unhas crescerem de tal maneira que os habitantes da cidade o confundiam com uma fera. Ele conduzia vigílias de oração durante toda a noite, açoitava-se com um chicote e consumia, por dia, apenas um pedaço de pão velho, já duro, e um copo de água — aos domingos, acrescentava um copo de vinho e algumas ervas, que misturava com terra para que não ficassem muito saborosas.

Em Manresa, Iñigo sofreu tanto fisicamente, sendo acometido por graves doenças, como espiritual e psicologicamente, tomado de dúvidas, ansiedade, secura, culpa, escrúpulos e tristezas que, intercalados com momentos de grande alegria espiritual, o atormentavam. Essa agressiva alternância entre agonia e êxtase o desorientou, fazendo com que o afã de alcançar a santidade o consumisse. Ele perguntava a si mesmo de que modo poderia sustentar tamanha intensidade pelo resto da vida. Continuaria a viver assim, apenas se arrastando mais e mais? O seu quarto no mosteiro dava para um poço fundo, e várias vezes, enquanto rezava, Iñigo sentiu vontade de se jogar nele e acabar com tudo.

Iñigo resistiu a esses impulsos, mas a violência com que o assaltavam chamou sua atenção; e, determinado a escapar de uma vez por todas de seus tormentos interiores, resolveu ficar sem comer e beber até que Deus lhe desse alívio ou ele mesmo visse que a morte estava próxima. Iñigo estava prestes a dar cabo desse seu intento quando o mencionou a seu confessor, que ordenou que ele comesse. Iñigo obedeceu e seus tormentos cessaram.

Dias depois, Iñigo começou a pensar novamente em seus erros do passado e decidiu refazer a confissão geral de todos os pecados que por mais de uma vez já cometera. Assim, o desgosto em relação à sua vida e o medo do seu futuro retornaram.

Desta vez, porém, algo havia mudado. Como fizera em seu leito, ainda em Loyola, Iñigo recebeu a graça de se desgarrar de suas emoções, tornando-se capaz de analisá-las objetivamente. Como ele tinha perdido a paz e acabado, outra vez, à beira de um precipício?

Iñigo examinou a evolução de seus pensamentos um a um; e, assim, percebeu que sua decisão de refazer a confissão havia motivado sua recaída. Dali em diante, decidiu nunca mais confessar pecados passados. E sua paz voltou. Em sua autobiografia, lê-se que, desta vez, ele sabia «que nosso Senhor, em Sua misericórdia, o havia libertado».

Depois de desvendar a tentação do desânimo, Iñigo mudou os rumos de sua vida espiritual: começou a cuidar de si mesmo novamente, buscando penitências mais moderadas, protegendo-se dos excessos da autopunição e da autodepreciação, aos quais agora sabia ser propenso.

As mudanças iam bem, até que uma nova armadilha o ludibriou. Ainda em Manresa, e momentaneamente livre da desolação, ele começou a cumprir uma rotina mais equilibrada, embora ainda rigorosa: rezava sete horas por dia e dividia o resto de seu tempo entre ajudar no hospital local, ler e escrever sobre assuntos religiosos, visitar santuários e oferecer direção espiritual. Quando finalmente chegava a hora de dormir, Iñigo se deitava em tábuas descobertas, ou mesmo no chão frio de sua caverna, por poucas horas apenas.

O sono, porém, não vinha; e, noite após noite, Iñigo passava a vivenciar «grandes iluminações e consolações espirituais», tão profundas e agradáveis que ele não conseguia parar de desfrutá-las em sua mente. Eram pensamentos piedosos que, segundo sua autobiografia, «o fizeram perder muito do tempo que ele reservava para dormir, que já não era muito». De manhã, Iñigo levantava-se exausto e indisposto, sem poder cumprir os deveres para os quais Deus o havia chamado.

Esse problema intrigou o místico em floração: por um lado, entendia que a privação do sono comprometia sua vida de oração e seu serviço aos outros; por outro, passava a noite acordado para contemplar a Deus — como isso poderia estar errado?

Aproveitando o que aprendera sobre discernimento durante sua convalescença — que os pensamentos de Deus nos deixam alegres, não cansados, secos ou inquietos —, Iñigo passou a examinar suas visões noturnas. Todas as suas horas de vigília eram consagradas a Deus; será que Deus queria que ele também renunciasse ao sono? Ou será que esses pensamentos, aparentemente santos, eram, na verdade, uma distração destinada a levá-lo de volta ao limiar da exaustão e do desespero?

Iñigo percebeu que estava lidando com o que São Paulo chamava de «anjo de luz» (2 Cor 11, 14): uma falsa consolação, ou um bem aparente, que não passa de uma tentação disfarçada. Assim, ele decidiu rejeitar suas inspirações noturnas e dormir um pouco.

Foi um pequeno triunfo, mas crucial. Iñigo aprendia que, como diz o jesuíta William Barry, «Deus não é a única fonte de pensamentos piedosos». Ou, como o próprio Iñigo explicou mais tarde, «o inimigo não liga se está falando a verdade ou a falsidade, desde que, com isso, tome o melhor de nós».

Durante os 35 anos seguintes, o impetuoso Iñigo progrediu e se tornou o disciplinado pai espiritual Inácio de Loyola. As lições que aprendeu em Manresa o guiaram em meio a sucessivas provações, lançaram as bases de seu extraordinário sucesso como líder dos jesuítas, equiparam-no para conduzir inúmeras almas a uma compreensão mais clara da vontade de Deus lhe forneceram a matéria-prima de seus *Exercícios espirituais*, que continuam a transformar corações e mentes até hoje.

Quando, em 1556, a poucos meses de seu aniversário de 65 anos, Inácio morreu, o hábito do discernimento diário e orante, que em Manresa começou a cultivar, já lhe havia permitido alcançar os píncaros da oração mística e superar defeitos de caráter que um dia tinham parecido permanentes. Tentações que o faziam desanimar e se distrair, penitências extremadas e juízos precipitados, e até mesmo seu perfeccionismo... Tudo isso foi domado e vencido por meio do discernimento. Como escreve o biógrafo e psiquiatra jesuíta W. W. Meissner:

> Sua carreira ascética inicial caracterizava-se por uma intensidade fanática, excessiva e anormal, quiçá patológica. Contudo, diante das circunstâncias e da urgência, passou a moderar paulatinamente tais práticas... O tema do discernimento, que permeia toda a sua experiência mística, abrange o exercício constante do exame de si mesmo, da discriminação e da discrição, mesmo durante suas elevações místicas.

Ao ler estas linhas, encontro razões para ter esperança. Se a capacidade de discernimento pode transformar um caráter impetuoso e emocionalmente errático como o de Inácio num homem que ficou conhecido como o «místico dos humores e pensamentos», como o descreve o jesuíta Harvey Egan, então certamente o discernimento pode me ajudar.

É certo que meus problemas são diferentes dos de Inácio. Não fico acordada a noite toda contemplando a Santíssima Trindade. É mais provável que você me veja preocupada com o treino de futebol dos meninos, que amanhã começa cinco minutos depois da aula de ginástica artística (como irei atravessar a cidade para levá-los, cada um à sua atividade?). No que diz respeito à desolação, há dias em que a tomo em doses consideráveis — aliás, o choque de desânimo que senti em Columbus é, agora, algo recorrente —, mas não posso pôr a culpa em penitências severas ou arrependimentos paralisantes. Muitas vezes, a desolação chega de modo fortuito, embora eu tente, por meio do sono e da oração, fazer de tudo para mudar esse cenário.

Felizmente, não preciso passar por tudo o que Inácio passou para me beneficiar de sua sabedoria. As 22 regras de discernimento que ele extraiu de suas experiências em Manresa são um tesouro de conhecimentos práticos, úteis para diversos fins, e que podem ajudar qualquer pessoa. Não pretendo, aqui, analisá-las detalhadamente — guias modernos já cumprem muito bem essa função —, mas antes destacar algumas dicas que, a meu ver, são de bom proveito, especialmente nas batalhas que travo contra o mesmo desânimo e a mesma distração que quase tiraram Inácio do caminho.

Eis a primeira regra crucial estabelecida por Inácio: se caminhamos perto com o Senhor e nos esforçamos para seguir Sua vontade, nossas crises de desânimo e desolação não provêm d'Ele. Enquanto estivermos sob a influência desses sentimentos, não devemos fazer nenhuma correção de percurso, a não ser intensificar a oração e a abnegação.

Parece simples, não é? Se o diabo tenta «assediar com ansiedade, afligir com tristeza, levantar obstáculos respaldados por raciocínios falaciosos que perturbam a alma» — eis como Inácio descreve a desolação —, não ceda. Intensifique a oração e mantenha-se no caminho.

Pense na última vez que você se sentiu desanimado. Você queria abrir sua Bíblia, ir correndo pro confessionário, arregaçar as mangas para organizar os alimentos na despensa? Ou queria devorar trufas de chocolate, buscar filmes despropositados e se queixar a um amigo do último ultraje infligido por seu parente mais detestável?

Eu sei. Você nunca faz esse tipo de coisa. Nem eu.

Mas, admitamos ou não, a desolação nos leva a fazer coisas que não devemos fazer e a nos afastar das coisas de Deus. Veja-se o modo como Inácio descreve o estado de desolação espiritual (que é distinto da condição psicológica ou médica de depressão):

> ...escuridão de alma, tumulto de espírito, inclinação para o que é baixo e inquietações terrenas que se manifestam em vários distúrbios e tentações que levam à falta de fé, à falta de esperança e à falta de amor. A alma se torna totalmente indolente, tíbia, triste e isolada, por assim dizer, do seu Senhor e Criador.

Sentir-se assim não é só desagradável, mas pode ser também perigoso do ponto de vista espiritual, sobretudo quando se é perfeccionista. Se você já se julga a si mesmo e aos outros com dureza, se a sua vida não está à altura dos seus exigentes parâmetros nem quando você acorda bem, então os momentos de desolação — momento em que sua inclinação natural para o desânimo, ansiedade ou crítica é intensificada — podem ser uma calamidade. A mentalidade do tudo-ou-nada de um perfeccionista pode fazer com que situações turvas pareçam mais desanimadoras do que realmente são, levando-o a crer que soluções extremas são as únicas de que pode dispor. Você pode ficar tão desesperado para escapar desse vale de desolação que toma atitudes drásticas para lançar-se para fora — e essas medidas normalmente pioram tudo.

Inácio nos aconselha a não fazer isso. Não desmarque aquela viagem. Não apague aquele e-mail que lhe escreveram com raiva. Não repreenda aquele colega de trabalho ou parente, embora ele mereça. Não se renda à autocomiseração nem ao ressentimento, tampouco reduza seu tempo de oração, mesmo que esta lhe pareça infrutífera. Se o fizer, estará encorajando o diabo a puxar você para baixo com ainda mais força. É do feitio dele, diz Inácio, agir assim — e pior: quando percebe que tem obtido êxito, «nenhum animal selvagem na terra pode ser mais feroz».

Em vez disso, diz o santo, peça força a Deus, confie em um amigo espiritual e lembre que o consolo do Senhor — esse sentimento de «coragem e força, consolações, lágrimas, inspirações e paz» — voltará em breve. Então, comece a trabalhar contra o diabo, fazendo tudo aquilo que ele mais odeia: seja gentil com os que não são gentis com você, fique calmo quando tudo está desmoronando, confie a Jesus a administração de problemas que você não consegue administrar... Satanás envia a desolação «para impedir que a alma avance», destaca Inácio; mas, se o diabo nota que a desolação leva você para mais perto de Deus, ele desiste. Assim, você emergirá com uma dependência mais profunda do Senhor, uma fé mais pura do que a que tinha antes — pode ser essa, aliás, a razão pela qual Deus permitiu que você passasse por tal desolação.

Isso nos leva à segunda regra crucial de Inácio: os períodos de desolação podem ser úteis. Quando se está atento à sua chegada, às formas que podem tomar, bem como à resposta que você dará a eles, essas estações de aridez podem ajudá-lo a detectar pontos fracos em si mesmo, pontos que você ainda não tinha percebido, mas que Deus e o diabo viam o tempo todo.

É tentador achar que nós, perfeccionistas, não precisamos desse tipo de revelação. Estamos sempre apontando e lamentando nossas falhas. Afinal, dar ênfase excessiva às faltas é uma característica que nos define, juntamente com a vergonha e um exagerado sentimento de culpa. Como poderíamos não conhecer nossos pontos fracos?

A questão, porém, é a seguinte: os pontos fracos preferidos do diabo não são os que conhecemos e nos causam preocupação. O diabo se regozija, sim, com aqueles pontos fracos que nos colocam em apuros, mas os seus prediletos são aqueles que ignoramos, por estarmos preocupados com nossos caprichos espirituais de estimação. Geralmente, nossos pontos fracos são o inverso de nossas virtudes mais fortes — e isso é óbvio para todos, menos para nós.

Pensemos, por exemplo, naquele cara nota dez, sujeito de confiança, com uma afiada ética profissional. Para ele, a mera ideia de decepcionar um colega de escritório lhe causará repulsa; a simples hipótese de perder um prazo importante fará com que repreenda a si mesmo impiedosamente. Acontece, porém, que seu verdadeiro ponto fraco é o hábito de negligenciar a oração, bem como sua família, por viver sempre sob estresse.

Ou ainda aquela mãe que se sacrifica em prol dos seus, aquela mãe cujo pendor para cuidar e ouvir, com toda a atenção do mundo, acaba resultando em codependência emocional e numa sufocante ansiedade. Na sua concepção, ela é uma mártir; na de sua família, porém, todo esse «altruísmo» se afigura como um modo patológico de se asfixiar.

Às vezes, nossos pontos fracos são circunstanciais. Podemos nos sentir inteligentes e confiantes ao darmos uma bronca em nossos filhos, mas atrapalhados e tímidos ao lidarmos com um pai ou irmão que ultrapassa os limites. Podemos ouvir o Espírito Santo em alto e bom som ao sonhar com novos projetos, mas, quando chega a hora trabalhar neles, é comum sucumbirmos ao pânico e ao medo.

Entre os perfeccionistas, o ponto fraco mais comum e perigoso é o que o autor jesuíta David Fleming chama de «uma força complacente que é, na verdade, um orgulho autossuficiente», isto é, aquela secreta convicção de que somos (ou devemos ser) suficientemente fortes para resistir à desolação sem a ajuda de Deus, tentando enxergar nossa situação com clareza sem a Sua luz. Esse orgulho nos deixa — a nós, perfeccionistas — duplamente frustrados em nossa desolação: primeiro, por nossos sentimentos negativos; segundo, por nossa incapacidade de extirpá-los de nós mesmos. Assim, é frequente, pois, que nossa resposta a tudo isso seja nos acirrarmos em nossa autoconfiança e nos desolarmos ainda mais.

A boa notícia é que, ainda que você seja lento como eu e aprenda as coisas devagar, os princípios inacianos podem ajudá-lo a usar a desolação a seu favor, compreendendo, por meio dela, verdades importantes sobre si mesmo. No meu caso, isso consiste em encarar o fato de que sou bem mais dependente de emoções aprazíveis, bem como de sinais evidentes de graças e mercês, do que imaginava.

É fácil acreditar que estou totalmente comprometida com Cristo quando Ele me acalenta com boas sensações. Mesmo os dias mais terríveis, como o da morte do meu pai, tornam-se administráveis graças à consolação divina, luminosa como um raio solar.

É diferente quando é a desolação que recai sobre nós e nos golpeia. Lutamos sozinhos — ou pelo menos nos sentimos assim. É como se me puxassem o tapete para que eu caísse e o menor aborrecimento me fizesse entrar em parafuso. É aí que noto a imensa subordinação da minha fé aos bons sentimentos. E as palavras de Jesus soam dolorosamente verdadeiras: «Eu sou a videira; vós, os ramos. Quem permanecer em mim e eu nele, esse dá muito fruto; porque sem mim nada podeis fazer» (Jo 15, 5).

Quando me reduzo a nada — ou ao menos me sinto como se nada fosse —, a minha desolação desmascara o secreto orgulho que há por trás do meu desânimo crônico. Então recordo que o mesmo impulso perfeccionista que me faz ser uma louca por aplausos, uma colecionadora de conquistas, e que sempre atrapalha minha vida, também corrompe minha vida espiritual. Toda vez que, por enfrentar uma desolação momentânea, hesito em levar a cabo algum trabalho, ou mesmo penso em abandoná-lo pela metade, o que faço em essência é uma chantagem com Deus, a fim de obter Sua consolação; trata-se de exigir a mesma segurança que Joseph exigia quando, com três aninhos, tinha de ir ao banheiro e aprender a usar o penico: *Viu como me saí bem, mamãe? Viu como me limpei? Viu como lavei as mãos? Bate palmas para mim, mamãe, bate palmas! Você esqueceu de bater palmas, mamãe! Eu mereço ganhar uma estrelinha!*

Isso é muito fofo quando acontece com uma criança pequena, e mesmo assim apenas durante um mês. Depois acabam-se as estrelinhas, pois o que era para ser aprendido já foi aprendido e há ainda novas alturas para galgar. E também porque não queremos que um principezinho adorável se torne um insuportável tirano mirim.

Com Deus é a mesma coisa. Ele me ama e elogia de bom grado mesmo os meus esforços mais diminutos, pois sabe quão importante é para mim ser encorajada. Como todo bom pai, contudo, Ele me ama demais para permitir que eu seja um bebê para sempre. Deus quer que eu me torne uma discípula que não precisa de um prêmio de consolação para continuar pondo a mão no arado. «Quando eu era criança, falava como criança, pensava como criança, raciocinava como criança», diz São Paulo. «Desde que me tornei homem, eliminei as coisas de criança» (1 Cor 13, 11). A desolação me convida a fazer o mesmo, a servir ao Senhor não importa como eu me sinta, a confiar que o que Ele me prometeu nos tempos bons continua sendo verdade nos momentos ruins.

Sem preciosismo nem demagogia, falemos claramente: a maioria de nós trocaria com prazer a fria chuva da desolação pela aconchegante manta do consolo. Sucede que nem todas as consolações foram criadas para o mesmo propósito. E isso nos leva à terceira regra crucial do discernimento inaciano: antes de deixarmos que sentimentos aprazíveis e inspirações piedosas nos façam buscar correndo um novo caminho que conduza a Deus, devemos parar e pensar um pouco, verificando de onde vieram tais sentimentos e intenções, bem como para onde estão nos levando.

Sei que essa é a última coisa que queremos fazer quando enfrentamos uma desolação. Os patamares altos e inebriantes do espírito são uma antecipação do céu, inflamam nossos corações de amor, alegria e força para fazer o bem. Não queremos analisá-los. Queremos apenas desfrutá-los.

E Deus quer que deles desfrutemos. Segundo Inácio, as consolações que Ele nos envia são «para dar verdadeira felicidade e alegria espiritual e para banir todas as tristezas e perturbações causadas pelo inimigo». Inácio acreditava que os bons sentimentos, bem como as consolações de que tais sentimentos nascem, podem servir como legítima ferramenta para discernimos a voz de Deus. Em suma, foi esta a sua percepção original sobre o discernimento: Deus fala por meio das intenções, pensamentos e projetos que nos trazem alegria.

Entretanto, como Inácio aprendeu por experiência própria, o diabo também pode usar pensamentos e sentimentos aprazíveis contra nós. O diabo sabe, afirma Inácio, «sugerir pensamentos santos e piedosos que estão em total conformidade com a santidade da alma». Só que, sorrateiramente, ele os vai usando para fins profanos, «atraindo a alma para suas armadilhas insidiosas e desígnios malignos».

Entre essas armadilhas estão a distração e o comprometimento excessivo, tentações constantes para um perfeccionista. Queremos dar o melhor de nós a Deus. Às vezes, porém, atropelamos a nós mesmos para descobrir o que esse «melhor» significa; vamos atrás de ideias aparentemente razoáveis sem considerar a fonte de que elas se originam e, por fim, ficamos esgotados, ressentidos e privados de nossa paz. Essa é uma vitória e tanto para Satanás, que, em sua missão de nos atrair para fora do caminho da vida eterna, fica feliz em nos desvirtuar aos poucos.

Para que isso não aconteça, Inácio nos aconselha a pôr nossas consolações à prova, do mesmo modo como Jesus nos ensina a convalidar um profeta: «Pelos seus frutos os conhecereis... Uma árvore boa não pode dar maus frutos; nem uma árvore má, bons frutos» (Mt 7, 16a-18). Não importa quão maravilhosa seja uma consolação em seu começo; se, quando acaba nos deixa inquietos, rabugentos, cansados, insatisfeitos ou relapsos, distraídos do bem que Deus já nos chamou a fazer, podemos apostar que a consolação não provém d'Ele.

Recentemente, provei do fruto podre de uma dessas falsas consolações. John havia saído para passar a noite com os amigos; como eu tinha cuidado das crianças durante todo o dia, tudo o que eu queria era um descanso na manhã seguinte, fazendo uso das quatro horas que reservara para escrever este livro. O meu último capítulo progredia bem; e, para não perder o ritmo nem deixar escapar a inspiração, queria começar a escrever cedo. Meu plano era rezar o terço rapidinho e depois ter uma noite tranquila de sono.

Enquanto ia para a cama e me preparava para rezar, fui acometida pela ideia de um novo livro, ideia que brotara do nada. Quanto mais eu a matutava, mais brilhante ela parecia. Então tomei notas sobre ela em meu *smartphone*; em seguida, finalmente fui rezar.

Até que, para meu espanto, uma nova ideia me surgiu. Uma ideia que parecia ainda melhor que a primeira — e mais urgente. Deixei minha mente impregnar-se dessa segunda ideia, analisei-a, sonhando com todo o bem que eu poderia fazer a Deus se a conseguisse levar a cabo. Tomei mais algumas notas; e, depois disso, peguei o terço novamente.

Antes mesmo da primeira oração, outra ideia chegou. E, depois, mais outra. Eu não conseguia decidir qual delas me agradava mais, já que todas me pareciam primorosas. Normalmente, eu só tinha ideias assim depois de meses de reflexão, pertinácia e oração. Naquela noite, porém, senti como se alguém tivesse descarregado um caminhão de inspiração na minha cabeça e que tudo o que jorrava dele era ouro puro.

Durante uma hora e meia, fiquei ali sentada, completamente absorta pelo que parecia ser uma ideia enviada pelos céus, acrescentando uma ou outra nota no meu telefone celular e acompanhando um fluxo de pensamentos que, à medida que instigava em mim a fantasia de uma futura glória literária, tornava-se mais e mais abundante. Eu sabia que estava ficando tarde e deveria ir para a cama. Uma voz dentro de mim advertia que todo esse foco precipitado num próximo livro ia acabar prejudicando a escrita do livro ainda por escrever. Todavia, aquela cascata de inspiração estava boa demais para ser interrompida. Dormir? Rezar? Tudo isso poderia esperar.

Você já deve estar adivinhando como foi o fim dessa história: eu não rezei o terço, dormi duas horas depois do habitual, acordei exausta demais no dia seguinte e não fiz mais do que revisitar as páginas do meu capítulo. Passei o resto do dia em claro, fiquei emburrada com as crianças e comigo mesma. E aquelas ideias primorosas? Mal consegui me lembrar delas pela manhã, e as de que me lembrei pareciam mais imaturas do que propriamente primorosas.

Eu tinha dado ouvidos ao canto da sereia — uma sereia que me anunciava uma falsa consolação. Aquela sessão noturna de *brainstorming* tinha todas as características dos alumbramentos que Inácio experimentava durante a noite: começava com a intenção de glorificar a Deus e terminava ansiando pela minha própria glória; distraía-me da oração e me empurrava para algo «inferior ao que a alma havia proposto anteriormente»; e, além do mais, sugava todas as minhas forças, impedindo-me de dar a Deus o meu melhor no dia seguinte como mãe e escritora.

Há outro ponto, ainda, que se relaciona com uma das mais intrigantes regras inacianas de discernimento: minha falsa consolação veio em forma de uma explosão de excitação, quase um frenesi, que me sacudiu de tal maneira que saí do estado de paz e contentamento no qual eu me encontrava, tornando-me irrequieta e fascinada a ponto de ignorar tudo o que estava à minha volta e ficar acordada durante a noite.

— Qual é a importância disso? Segundo Inácio, na alma de alguém que vive em união com Deus — não na de alguém perfeito, mas na de alguém que está «progredindo para uma perfeição ainda maior» —, as consolações que provém d'Ele não são sentidas dessa maneira. A ação de Deus em uma alma que já se esforça para agradá-Lo «é delicada, gentil, deliciosa», diz Inácio, como «uma gota de água penetrando uma esponja» ou alguém «entrando em sua própria casa enquanto as portas estão abertas».

A ação de um espírito maligno sobre uma alma temente a Deus é diferente. Inácio a descreve «violenta, barulhenta e perturbadora» como «uma gota de água caindo sobre uma pedra». Satanás tem de se esforçar muito mais para adentrar um território que é de Deus. Inácio diz que o «barulho e a comoção» que sentimos durante uma falsa consolação — por mais excitantes que possam ser — são tremores de um combate espiritual invisível.

Trata-se de algo sutil. Quanto mais ia prestando atenção nessas falsas consolações, mais observava a diferença que Inácio aponta entre elas e as verdadeiras consolações provenientes de Deus. As consolações que provêm de Deus me deixam mais tranquila, alegre e livre. As que não provêm de Deus começam emocionantes, animadoras, mas tendem a aflorar em mim um certo ímpeto — uma compulsão para fazer algo *agora mesmo*, sem desperdiçar *nem mais um minuto* pensando, antes que a oportunidade seja perdida. Ainda sou vítima dessas falsas consolações, mas, sempre que elas me vêm, tento seguir os conselhos de Inácio e «rever imediatamente todo o curso dessa tentação» para assim aprender com meus erros.

A última regra do método inaciano de discernimento não é de modo algum uma regra, mas uma oração.

O exame de consciência como é conhecido, é uma oração que, desde sua conversão, Inácio rezou em todos os dias de sua vida; e, segundo alguns relatos, a cada hora. Ele exigia que os jesuítas a fizessem duas vezes por dia: ao meio-dia e à hora de dormir. Foi a única oração de que ele nunca permitiu que prescindissem.

Inácio via a fidelidade a esta breve reflexão guiada como a chave para integrar o discernimento na vida diária. O exame, quando rezado diariamente, nos ajuda a distinguir a voz de nosso Amante Divino da voz do sedutor, a fim de peneirarmos nossas experiências espirituais enquanto elas ocorrem. Trata-se de uma ferramenta poderosa para ouvir o sussurro do Espírito Santo em meio aos gritos do mundo e de nossas emoções; e, na minha opinião, é o mais valioso presente que Inácio deixou a seus companheiros perfeccionistas.

Em seus *Exercícios espirituais*, Inácio fez um esboço do exame; desde então, os jesuítas e seus companheiros de viagem o têm refinado e reescrito. Uma das minhas versões preferidas é a de Gallagher, em seu livro *A oração do exame*, que resume os seus cinco elementos essenciais: gratidão (dar graças a Deus), petição (pedir a graça de vermos a nós mesmos do mesmo modo como Deus nos vê), revisão (considerar o que aconteceu desde o início do dia e como respondemos a isso, com ênfase no discernimento dos diferentes espíritos que encontramos), perdão (pedir perdão pelos pecados cometidos) e renovação (pedir a Deus ajuda com o que há de vir).

Essa é uma sequência simples, mas transformadora, uma vez que o hábito de rezá-la se incorpora; porém, é preciso rezá-la da maneira certa. A maneira errada, pelo menos para os perfeccionistas espirituais, seria concentrar-se tão intensamente na revisão de cada detalhe do dia, em cada falha real ou percebida, que o exame se tornaria tortuosamente longo, isto é, um meticuloso exercício de autoflagelação mental.

Se você desenvolve a oração dessa maneira, logo irá desistir dela — falo por experiência própria. Mas se, por outro lado, concentrando-se na parte da gratidão, você procurar as bênçãos que Deus lhe concedeu em vez de tentar enfatizar as suas falhas, pode ter certeza de que esse breve compromisso diário com o exame renderá alegres surpresas. Pecados ocultos virão à tona, certamente; mas, além disso, você descobrirá a graça de Deus agindo através de pessoas e situações que, até então, você não havia notado. E assim você começará a detectar as manobras do diabo antes que elas dominem você.

Vi isso acontecer na minha própria vida. Foi meu exame diário que, num momento de indignação, me impediu de publicar um texto em repúdio ao que mais tarde se revelou um grande mal-entendido; acalmou meus nervos quando me senti sobrecarregada demais para fazer uma ligação importante que se mostrou crucial em meu sucesso profissional; removeu as escamas dos meus olhos depois de eu ter passado horas remoendo uma injustiça cometida contra mim que percebi não se tratar de nenhuma injustiça, mas de uma situação na qual eu é que devia ter pedido desculpas.

Há dias em que caio tão desgastada no sofá que só consigo me sair bem na parte da ação de graças. E mesmo essa etapa do exame rende frutos. Noto que o ato de enumerar as bênçãos recebidas ao longo de um dia ruim, unido à saudade que sinto de Deus, é capaz de afastar as nuvens negras da minha alma, ainda que essas bênçãos se resumam a ter admirado um raio de sol sobre as árvores, a não ter me aborrecido com meu filho pequeno quando precisei corrigi-lo por causa de seus inúmeros escândalos, ou a simplesmente ter um filho para corrigir. Ademais, um Exame que se inicia como um fardo pode muitas vezes se transformar em deliciosa e arrebatadora intimidade com Jesus, que me leva às lágrimas por me permitir contemplar dons que eu não tinha notado e que passariam despercebidos se não tivesse me disposto a rezar o exame.

Certa vez, Inácio descreveu a ingratidão como o pior dos pecados, como o mal que dá origem a todos os outros: trata-se de «uma incapacidade de reconhecer as coisas boas, as graças e os dons recebidos». Ele não via o discernimento apenas como uma forma de identificar o mal de Satanás, mas também como forma de redescobrir a bondade de Deus. O discernimento abre nossos olhos para a luz que «resplandece nas trevas», uma luz que as trevas não possuem nem nunca hão de sobrepujar (cf. Jo 1, 5).

O antídoto para meu desânimo e distração não é, portanto, apenas o discernimento, mas também a gratidão — gratidão pelas noites brumosas, bem como pelos dias ensolarados; gratidão pela orientação do Senhor a cada passo que dou nos caminhos sombrios que esta mulher sistemática que há dentro de mim preferiria trilhar com GPS e iluminar com refletores.

Por essas estradas, nessas noites escuras, Jesus muitas vezes me dá somente a direção necessária para que eu faça a próxima curva, não mais do que isso. Mas Ele sempre está lá. Na minha desolação, na minha confusão, na minha negligência e até mesmo na minha ingratidão... Ele está lá.

Isso já é, por si só, motivo para dar graças.

CAPÍTULO 6

UM EQUILÍBRIO APAIXONADO

> *Um povo (...) que tem caráter firme*
> *e conserva a paz,*
> *porque tem confiança em vós.*
>
> (Is 26, 3)

Quando eu era apenas uma menina sardenta da quinta série, calçando meias que não passavam da canela, estudava na escola católica de São Patrício, na cidade de Corpus Christi, Texas. Ali, acompanhei a minha primeira e única procissão do Dia de Todos os Santos.

Era o ano de 1985, duas décadas depois do fim do Concílio Vaticano II, e na maioria das escolas americanas as procissões tiveram o mesmo destino de muitas outras práticas piedosas. A escola de São Patrício, no entanto, era uma exceção à regra. Minha professora predileta, a sra. Garcia, contrariou a moda modernista naquele mês de novembro e disse aos seus alunos que, em vez de celebrarem a festa de Todos os Santos com o tradicional uniforme verde xadrez, fossem fantasiados dos santos com que mais se identificassem.

Os meninos foram vestidos como bispos ou como mártires salpicados de sangue. A maior parte das meninas optou pelas santas mais formosas, como Santa Isabel da Hungria e Santa Margarida da Escócia, as quais eram também princesas, e por

Santa Teresinha do Menino Jesus, com seu rosto angelical, carregando rosas.

Escolhi Joana D'Arc.

E cheguei à Missa da escola toda coberta por uma armadura de cartolina revestida de papel alumínio, o cabelo preso para simular o corte da heroína francesa, empunhando uma frágil espada, também de papel alumínio, mas que causava medo. Esforcei-me ao máximo para parecer valente como Joana. E me senti muito bem por poder trocar aquela *persona* reservada e estudiosa pela indumentária de uma guerreira.

Não me lembro do quanto eu conhecia a história de Joana, mas sei que o que mais admirava nela era o fato de ter realizado algo tangível. Quando eu tinha dez anos de idade, libertar a França de seus inimigos militares me impressionava mais do que ter uma dócil aptidão para a oração e o serviço, característica comum à maioria dos outros santos. Que essa visionária francesa do século XV tivesse sido queimada na fogueira só aumentava o deslumbramento que ela me causava. Sem graça e entediante ela não era.

Na minha infância não faltaram histórias de santos sem graça e entediantes, e quase toda a minha juventude esteve permeada de uma teologia católica bolorenta. A maioria das paróquias e escolas paroquiais que frequentei nos anos 1980 e 1990 eram repletas de caras sorridentes, cartazes de feltro e clichês relativos à bondade cristã. Bem intencionados, os professores da disciplina de ensino religioso esforçavam-se para tornar a fé cativante aos alunos, mas o máximo que conseguiam era pintá-la como um compromisso análogo ao de obedecer aos sinais de trânsito. Os santos pareciam todos uns bons samaritanos muito bem comportadinhos, servindo a Deus fielmente sem nenhuma razão em particular, sem nenhuma paixão em particular. As figuras religiosas erradias e excêntricas, bem como as histórias bíblicas que ocasionalmente rompiam com toda aquela bondade, eram como pimenta em um burrito requentado: ardem um bocado, mas pelo menos fazem você se sentir vivo.

Foi só no final da faculdade que encontrei outra santa cujos feitos e cuja coragem eram páreo para os de Joana.

Ler a biografia de Teresa de Ávila que meu pai tinha me dado quando completei 21 anos fez crescer em mim o desejo de realizar grandes coisas para Deus e de viver a minha fé com a mesma intensidade que ela vivera: aquecendo-a.

O que eu *não* almejava — nem com dez nem com 21 anos — era o equilíbrio. Buscar o equilíbrio era uma tarefa destinada às boas meninas que não conseguiam brilhar mais que suas colegas de classe ou que não ganhavam nada além de um prêmio por não terem nenhuma falta sequer durante o ano letivo. Equilíbrio e moderação eram a chave para a mediocridade. E eu não queria ser medíocre. Eu queria brilhar.

Já nos tempos da escola de São Patrício eu gostava de ser a primeira da classe (sem trapacear) e de exercer um papel de liderança na escola, independentemente da escola ou estado em que me encontrasse. Devido ao trabalho itinerante e sem fins lucrativos do meu pai, bem como ao seu espírito viajante, nossa família se mudou para outros estados umas seis vezes até eu completar quinze anos; e, quanto a mudanças de bairro e de escola, foram pelo menos o dobro. Meu irmão se saiu bem no esporte, encantando a multidão; já eu deixei minha marca ao ganhar concursos de soletrar e de escrita, e também ao gabaritar provas e passar em vários testes de elenco.

No entanto, meu desejo de alcançar o sucesso teve seu preço. No colegial, pude aproveitar o baile — o único a que tinha ido — por apenas duas horas, pois na mesma noite estava me apresentando numa peça de teatro universitária que rodava toda a cidade. Sendo eu uma mera aluna do colegial, ter conseguido aquele papel fora um trabalho árduo, e então, a fim de garantir mais um crédito na minha candidatura à faculdade, deixei de lado toda a fanfarra do tradicional baile de formatura, com direito a uma chegada triunfal na Rolls-Royce que meu namorado havia alugado só para me levar.

Na faculdade, eu me diverti como todo mundo, mas sempre mantendo, com unhas e dentes, as médias altas e um currículo quase perfeito. Depois de uma noite de algazarra pela cidade, enquanto minhas colegas de quarto ainda dormiam lá estava eu, atravessando o *campus* deserto para chegar ao departamento de jornalismo e, encerrada no meu escritório vedado à luz do dia, editar o jornal acadêmico. Eu não tinha intervalos nem para o almoço. O pão e o gole de água ingeridos no café da manhã haveriam de me manter de pé durante todo o dia, até que uma combinação de hipoglicemia e telefonemas de amigas me chamando para sair depois do pôr do sol acabasse me levando a mais uma noite de farra.

O despertar da minha fé, perto do fim da faculdade, atenuou os excessos da minha curtição; mas, quando o assunto era trabalho, eu continuava me esforçando além da conta; e logo que esse trabalho foi progressivamente se focando na defesa da fé e dos valores do Evangelho, os meus esforços se intensificaram ainda mais.

A pesquisa e redação do meu primeiro livro, *The New Faithful*, se deu entre arroubos criativos ao longo de um ano, nascido naquelas noites inteiras que, dentro de um apartamento minúsculo, tinha passado em claro para terminar um e depois outro capítulo. Ao acordar, precisava pôr o pé na estrada para fazer entrevistas, e acumulei dezenas delas em poucos dias de viagem. Só senti exaustão semelhante no tempo em que redigia discursos na Casa Branca e meu jantar-padrão eram os biscoitos recheados Pop-Tarts, que à noite comprava na máquina de venda automática — quem fosse ao alto escalão da Ala Oeste, em pleno domingo, não raro me acharia por lá, à mesa até as onze da noite, editando no telefone celular algum discurso, e, se lá voltasse antes do amanhecer da segunda-feira, isto é, no dia seguinte, outra vez me acharia, agora respondendo às perguntas do próprio presidente, ou então atendendo a uma convocação ao Salão Oval.

Para deixar a Casa Branca, aos 29 anos de idade, e me casar com o John, que estava no meio da faculdade de medicina em St. Louis, precisei de muita coragem. Eu nunca havia sacrificado um trabalho em prol de um relacionamento. E, dois anos depois, sacrifiquei-o novamente: foi quando optei por ficar em St. Louis após a formatura de John, apesar das melhores oportunidades que surgiam em outras cidades para elevar minha carreira. Meu pai pelejava numa longa batalha contra o mal de Alzheimer, e eu não queria deixá-lo.

Mesmo assim, a compulsão por conquistar e conquistar continuou sendo uma tentação para mim. Durante os primeiros cinco anos de casamento, John e eu fomos inférteis; e, nesse período, tive de lidar com a minha forte inclinação para o trabalho. Quando ainda não havia *smartphones*, eu carregava meu *laptop* para lá e para cá: durante as férias, instalava-me nos espaços de trabalho dos hotéis e, de lá, acessava meu e-mail e escrevia meus artigos, cumprindo todos os prazos. Era esse o meu prazer secreto; e, francamente, era um verdadeiro vício: o hábito de trocar as mais belas tardes — numa ilha, nas Montanhas Rochosas, nos Alpes... — por algumas horas passadas diante de uma tela, emendando palavras.

E era também uma fuga. Lembro-me de quebrar a cabeça com um dos números da minha coluna de opinião semanal na casa de repouso, dentro do quarto do meu pai, dois dias antes de ele morrer e depois de ter recusado a semana de folga que meu editor queria me dar. Eu não sabia que meu pai partiria tão cedo — pensei que lhe restariam mais algumas semanas —, e ainda me causa tremor lembrar de mim mesma presa a um *laptop*, ao lado de meu pai em coma, tentando cumprir mais um prazo antes de dar atenção exclusiva e total à sua morte iminente.

Minha atenção, no entanto, nem sempre foi dividida. Em seus últimos anos de vida, papai e eu passamos muitos momentos memoráveis juntos. Durante seu quadro de demência senil, ele aprendeu a aproveitar o presente, e até certo ponto eu aprendi, ao lado dele, a mesma lição. Mas foi somente quando me tornei mãe que percebi quanta coisa ainda tinha a aprender e o quão desequilibrada era minha concepção perfeccionista do trabalho.

No início, tentei manter aquele mesmo *status quo*. Como já trabalhava em casa, a transição de escritora autônoma para dona de casa foi mais simples. Voltei a escrever minha coluna de jornal três semanas após o nascimento de meus gêmeos, abordando constantemente os afazeres domésticos das mães enquanto me apoiava num travesseiro especial que me permitia amamentar dois bebês ao mesmo tempo, deixando as mãos livres. Quando os gêmeos completaram cinco meses, voltei ao debate público; e, após o aniversário de um aninho deles, gravei, em dois ou três dias seguidos de trabalho árduo, novos episódios do meu programa de entrevistas na televisão. Trabalhando à noite e nos fins de semana, cheguei até mesmo a escrever um segundo livro, *Minhas irmãs, as santas*, cujos ajustes finais concluí dez dias antes do nascimento de Clara, minha terceira filha.

Epítome do carinho de Deus, com bochechas de porcelana e covinhas, grossos cabelos negros e o mais doce entusiasmo que eu já tinha visto, Clara provou ser a parceira perfeita para me acompanhar em eventuais viagens para palestrar e gravar programas de televisão. Na estreia do meu livro de memórias, no fim de 2012, eu ainda a amamentava de hora em hora, razão por que ela e o resto da família estiveram presentes no lançamento do meu livro pela Costa Leste; e, no mês de março do ano seguinte, também foram comigo em viagem a Roma, onde fui âncora da transmissão ao ao vivo do conclave que elegeu o Papa Francisco em 2013. Era esse o cenário definitivo: cuidar de Clara ao amanhecer e, antes de tomar o café da manhã com minha família, correr pelas ruas da Cidade Eterna; depois, aprontar-me para as entrevistas com grandes figuras do Vaticano na Praça de São Pedro, diante de telespectadores de todo o mundo.

Infelizmente, toda aquela exaustão e noites sem dormir que funcionaram por algumas semanas em Roma não puderam ser replicadas nos Estados Unidos por um período mais extenso. Descobri isso quando, alguns meses depois, nos mudamos para D.C., onde fui âncora de um noticiário televisivo que acabou por motivar a minha terceira grande decisão de sacrificar o trabalho em prol de um relacionamento — desta vez, em prol do relacionamento com meus filhos.

Em 2014, ano seguinte ao do nascimento de Joseph, deixei meu emprego na televisão e me concentrei exclusivamente na maternidade e na educação domiciliar; em 2015, voltei a escrever e, ocasionalmente, a falar para o público — foi após esse período de dois anos que comecei a pensar bastante em buscar o equilíbrio.

Deus havia deixado claro que Ele ainda tinha trabalho para mim neste mundo; no entanto, durante o tempo que passava sem trabalhar, ficava deprimida e me tornava uma pilha de nervos. Lutei, pois, para combinar meu antigo estilo de trabalho com minhas novas obrigações para com a família. Os pequenos intervalos para escrever me frustravam — afinal, quem poderia produzir algo de bom em tão pouco tempo? Contudo, os intervalos mais longos eram, amiúde, ainda piores. Eu reservava um fim de semana para escrever, mas trabalhava tão intensamente, com pausas exíguas para um ou outro exercício físico, uma oração e um tempinho de sono, que começava a semana mais esgotada ainda, sem vontade de repetir a dose. Se continuasse nesse ritmo, logo entraria de novo no modo mãe-turbo, deliberando dedicar todos os meus momentos livres às preocupações familiares; e, assim, voltaria ao patamar inicial, aborrecida e sobrecarregada por desempenhar um papel de mamãezinha-em-tempo-integral, tão desgastante quanto qualquer outro que eu tivesse assumido na Casa Branca ou como apresentadora de televisão.

A essa altura, tinha em minhas mãos a chave para destravar o equilíbrio entre trabalho e vida pessoal — especialmente depois de voltarmos para St. Louis em 2016 e de John ter arrumado um emprego que lhe dava duas manhãs livres por semana, nas quais ele poderia educar as crianças em casa, liberando tempo para que eu pudesse escrever. Apesar disso, os obstáculos da agenda não eram meu maior problema. Não eram esses obstáculos que explicavam por que o equilíbrio era coisa tão rara em minha vida, mesmo antes de ter filhos; nem era neles que eu entendia o porquê de continuar me matando de trabalhar mesmo depois de ter cumprido meus prazos; tampouco me permitiam compreender a razão de Deus ter me dado duas paixões — o trabalho e a maternidade — que às vezes entravam em conflito, chegando a parecer incompatíveis. Além disso, nem mesmo um cronograma mais sadio era capaz de domar um medo secreto que eu tinha: o de existir certa incompatibilidade entre a busca do equilíbrio e a busca da excelência.

Eu precisava de uma nova abordagem para compreender e cultivar o equilíbrio, uma maneira genuinamente bíblica de conservar meus anseios e obrigações concorrentes em harmonia, sem sacrificar o que em cada um deles havia de crucial, incluindo minha paz de espírito. Eu precisava de uma sabedoria comprovada pelo tempo, uma sabedoria que fosse fruto de alguém que também já tivesse pelejado com uma personalidade intensa e perfeccionista — alguém que tivesse

feito com que nossos limites humanos funcionassem *para* nós e não *contra* nós; alguém que pudesse me ensinar como arder apaixonadamente pela obra de Deus sem me consumir.
Eu precisava de São Bento e sua Regra milenar.

Desde sua morte no século XVI, a Bento de Núrsia sobram aclamações: de fundador do monasticismo ocidental e pai da Europa moderna a bastião de uma comunidade cristã cujo modelo salvou a civilização durante a Idade Média. E todo esse reconhecimento não dá sinais de arrefecimento, mesmo nos dias correntes. Autores contemporâneos, como Kathleen Norris, Joan Chittister, Alasdair MacIntyre e Rod Dreher citam Bento como propulsor de uma renovação de corações e culturas, um santo padroeiro do equilíbrio num mundo ensandecido pelo extremismo.

Considerando a reputação que adquiriu por conservar o equilíbrio, é interessante notar que, no início de sua vida espiritual, Bento fosse um tanto extremista — dir-se-ia, quiçá, que fosse um fanático.

Sobre sua vida não há tantos detalhes quanto gostaríamos. A biografia breve, mas farta de milagres, que São Gregório Magno escreveu cinco anos após a morte de Bento é toda a fonte de informações que se tem além da Regra que o santo deixou para seus monges — regra célebre pela sabedoria prática e pelo auxílio que presta à fraqueza humana. Entretanto, a maioria dos biógrafos modernos diz que seu autor esteve mais para um idealista ardente do que para um realista sereno e pragmático, um homem dotado do que o historiador Guy-Marie Oury chama de «uma sede insaciável de perfeição». A moderação de Bento adveio de sua experiência pessoal com excessos que, apesar de o purificarem, nunca matavam sua sede.

Nascido por volta do ano 480 na região montanhosa da Itália central, Bento veio ao mundo no tempo em que a glória de uma antiga Roma se apagava: nas décadas anteriores à de seu nascimento, a cidade havia sido saqueada umas três vezes; o crime e a corrupção política eram recorrentes, bem como o aborto e o infanticídio; os mais abastados já não cuidavam de casar e ter filhos numerosos, os menos favorecidos eram assolados pela fome e por doenças; e, na Igreja, o quadro não era mais belo: desordem, divisão e declínio.

Embora a população da cidade natal de Bento tivesse sofrido dos mesmos problemas de Roma, os mais de cem quilômetros de cadeias montanhosas que a separavam da Cidade Eterna acabaram por resguardá-la. Apesar dos nobres que havia na Núrsia — entre eles os pais de Bento —, os seus habitantes eram a antítese dos patrícios decadentes e ardilosos da capital; em vez disso, eram dotados de vigor físico e moral e conhecidos pela sua autonomia, austeridade e fé.

Bento foi filho da Núrsia em todos os sentidos. Com isso, não é de surpreender que, no final da adolescência, tendo seus pais o enviado a Roma para cursar o ensino superior, ele não se encantasse com o que lá observara. Bento apreciava os esplendores da cidade, mas sua violência e seus vícios faziam-lhe temer que sua alma se perdesse, e por isso partiu em debandada para as montanhas. Levando consigo a enfermeira da família, Bento fugiu de Roma quando jovem e para Roma nunca mais voltou.

Depois de uma breve parada numa cidade mais a leste, a cinquenta quilômetros de Roma, aquele intelectual fugitivo se separou de sua enfermeira e dirigiu-se para as ruínas que, à beira de um lago em Subiaco, haviam abrigado Nero e o seu palácio de prazeres. Lá ele se escondeu em uma caverna; e, com a ajuda de um monge mais velho que com frequência lhe dava comida suficiente para mantê-lo vivo, Bento comungou com Deus em solidão.

Por três anos Bento viveu assim, rezando, perseverando, a sós com Deus, passando frio e fome, enfrentando a dúvida e o desespero, o tédio e a tentação. Suas provações, e a maneira como as remediava, eram igualmente severas: certa vez, tomado por pensamentos lascivos concernentes a uma mulher que conhecera em Roma, Bento despiu sua túnica de pele animal e correu nu para um espinheiro a fim de fugir da tentação. Como tivesse visto monges mundanos na cidade, decidiu que não participaria nem de sua corrupção nem de suas liberalidades. Bento queria ser como os eremitas de Núrsia que, em menino, tanto admirara, aqueles que, como os antigos Padres do Deserto, levavam a níveis extremos o seu amor a Deus.

A vida solitária era o sonho de Bento, mas Deus tinha outros planos para ele. Depois de uma visita surpresa que um padre lhe fizera na Páscoa, Bento começou a atrair um fluxo constante de peregrinos em busca de conselho; assim, não demorou muito para que um grupo de eremitas em alguma medida afiliados o convencesse a se tornar abade do improvisado mosteiro que, nas falésias da vizinha Vicovaro, haviam erguido.

Os monges de Vicovaro eram uns maltrapilhos, uns cavaleiros solitários, habituados a seguir seu próprio horário, suas próprias penitências, na privacidade de suas cavernas. Bento decidiu, então, que aqueles renitentes errantes precisavam viver de acordo com um cronograma e uma regra comuns. Suas reformas foram rápidas e rígidas, mas suas tentativas de enquadrá-los na rotina de uma vida comunitária foram tão mal recebidas que os monges tentaram envenená-lo. Coube a Bento retornar à sua caverna.

A solidão de Bento durou pouco tempo, já que mais e mais eremitas iam atrás dele em busca de direção. Bento percebeu que Deus o chamava para unir aquelas almas dispersas, salvando-as dos perigos espirituais de uma busca por santidade desprovida tanto do compromisso de uma fé comunitária como da estabilidade de uma rotina compartilhada. Com o atentado que sofrera em Vicovaro, Bento descobrira quão fácil é para as pessoas acreditar que são humildes e caridosas quando elas mesmas estabelecem os próprios horários e perseguem os próprios projetos; basta que terceiros turbem seus planos para que se veja como realmente são.

A natureza reveladora da vida em comunidade beneficiou Bento e seus monges. Reformador zeloso que nunca perdera a repulsa à tepidez e à perda de tempo, Bento descobriu em Vicovaro que, quando se trata de forçar os outros a desenvolverem rapidamente determinado hábito, há limites tanto quanto os há quando se trata de desenvolvê-los rapidamente em si mesmo. Um pouco de moderação no início pode gerar grande proveito no final. E não há nada mais frutífero do que um progresso gradual.

À luz de seu fracasso em Vicovaro, Bento decidiu ser mais modesto em sua segunda tentativa de dirigir um mosteiro. Usou as pedras do palácio desmoronado de Nero para construir uma dúzia de pequenos mosteiros. Cada um abrigou alguns poucos monges e um abade escolhido a dedo por Bento, cujo odor de santidade logo levou os nobres romanos a enviarem seus filhos para ali receberem uma boa educação, bem como proteção contra a perdição moral, a que a vida na cidade grande estava suscetível.

Seus mosteiros em Subiaco floresceram, e de modo tão admirável que Bento logo se tornou alvo de outra tentativa de envenenamento. O culpado desta vez fora um padre local, cheio de inveja. Bento tomou isso como um sinal para seguir em frente: instituiu um assistente no comando de seus mosteiros e, junto com alguns outros monges, pegou a estrada. Era por volta do ano de 529. Eles viajaram quase 120 quilômetros para o sudeste até chegarem a Monte Cassino, área historicamente cristã que se rendera ao paganismo após ter sido pilhada por godos e vândalos.

Bento acreditava ser da vontade de Deus que reconvertesse a região. As autoridades locais concordaram. Assim, quando contava cerca de cinquenta anos, Bento empreendeu um jejum de quarenta dias durante a Quaresma; mais tarde, na véspera da Páscoa, reuniu seus monges e, erguendo uma cruz diante deles, carregou-a até a montanha, na direção do templo onde os íncolas do lugar prestavam libações a seus deuses. Como se jogasse um jogo de tudo ou nada, Bento demoliu os altares pagãos, incendiou o bosque de árvores sagradas e começou a construir ali duas igrejas e um mosteiro.

Seu atrevimento lhe custou caro. Há muitas histórias sobre os tormentos diabólicos que Bento sofreu durante a construção dos templos cristãos, sem falar do assédio de seus vizinhos que, como era de se esperar, ficaram irritados. Todavia, sua pregação, caridade e cuidado com os pobres os conquistou, e não demorou muito para que Monte Cassino se tornasse um próspero centro de evangelização, educação e cultura para uma região desesperadamente necessitada de tudo isso.

Bento viveu cerca de duas décadas em Monte Cassino, até sua morte no ano de 547, aos 67 anos de idade. Foi em Monte Cassino que ele finalmente concretizou seu projeto de vida monástica, que combinava o culto a Deus com o serviço ao próximo. Nela, honrava nosso duplo chamado a orar e trabalhar, como diz o lema beneditino: *ora et labora*. E foi no dar e receber dessa vida equilibrada e comunitária que, nas palavras do biógrafo Ildephonsus Herwegen, «o que parecia rígido e talvez inviolável na vontade de Bento foi suavizado, enquanto seus elementos violentos e precipitados foram nele refreados». O resultado foi um homem totalmente em paz, mesmo com seu zelo imperecível pela obra de Deus. O espírito de Bento tornou-se, diz Herwegen, uma mistura «de força e ternura, de lei e liberdade, de natureza e graça, de regra objetiva e vida individual...».

Em Monte Cassino, Bento alcançou mais do que a maturidade espiritual. Ali, também escreveu a Regra que se tornaria um documento fundamental da civilização ocidental, uma síntese das Escrituras, das regras monásticas anteriores e da sabedoria do próprio Bento, conquistada a duras penas. Herwegen chama a Regra de «um compêndio de sua própria vida». A Regra nos oferece um vislumbre dos hábitos e práticas cotidianas que apararam as ásperas arestas do santo e as de seus monges; e, nela, encontramos um projeto bíblico de equilíbrio voltado diretamente aos que perseveram, como Bento... e como nós.

Minha maior surpresa ao ler a Regra de São Bento pela primeira vez foi constatar quão clara, concreta e *comum* ela é. Trata-se de um documento escrito quase mil anos antes da invenção da imprensa, por um homem que passara seus anos de formação em uma caverna, destinado a monges que tiravam seu sustento do alto de um penhasco rochoso. Ainda assim, à semelhança da Bíblia, em que se baseia, a Regra, adotando um estilo vívido e um tom prático, me ajuda com problemas que enfrento hoje. Passando por uma ligeira adaptação, pode servir tão bem como guia para a convivência em família, na igreja e no trabalho quanto serve à convivência monástica.

Isso se deve, em grande parte, à vida ativa e multifacetada de seu autor. Bento era um leigo que escrevia para leigos, um homem que conhecia bem a experiência de executar mil coisas ao mesmo tempo e fazer malabarismo para cumprir as tarefas. Ele e seus monges passavam o dia ensinando crianças, hospedando visitantes, cuidando dos doentes, alimentando os famintos, copiando manuscritos, comercializando objetos, precificando mercadorias e gerenciando colegas de trabalho. Como assinala Esther de Waal, autora anglicana e mãe de quatro filhos, a Regra de São Bento descreve a vida «como a maioria de nós a vivencia, isto é, como uma rotina incessante de deveres diários: cozinhar e depois servir e lavar a louça; dar atenção constante às necessidades e reivindicações dos outros... Tudo isso provavelmente unido ao ofício para o qual cada um se preparou profissionalmente».

Bento viu esses deveres diários como a matéria mesma de nossa santificação. Para ele, a santidade consiste em ser fiel à vontade de Deus em meio às demandas concorrentes da nossa época e às tarefas mundanas da nossa vida cotidiana. Enquanto outros santos nos ensinam «os três estágios do progresso espiritual» ou «as cinco provas da existência de Deus», Bento nos fala sobre a melhor maneira de limpar a cozinha depois do jantar ou de cumprimentar estranhos à porta. Sua especificidade às vezes pode ser desanimadora — é realmente necessário saber como um monge deve cantar o Salmo 66 nas Laudes ou quantos gramas de pão ele deve comer por dia? Esses detalhes reforçam a mensagem mais profunda da Regra: o modo como fazemos um bem importa tanto ou mais do que o próprio bem. E as mesmas tarefas que consideramos triviais ou mero desperdício de tempo podem ser justamente aquelas que mantêm nossos egos sob controle e nossas vidas em equilíbrio.

A ênfase que Bento dá à fidelidade nas coisas mais triviais não se restringe apenas ao escopo terreno do trabalho. À maneira dos Padres do Deserto, seus predecessores, Bento viu grande valor espiritual no trabalho. Forçando-nos a cumprir padrões objetivos, exigindo nossa total atenção e nos reinstalando no mundo exterior, o trabalho serve como poderoso antídoto contra os devaneios, a melancolia, o egocentrismo e a morosidade. Quando abordado da maneira correta, o trabalho nos leva a uma oração mais profunda e frutífera, podendo até tornar-se ele mesmo uma forma de oração.

Dito isso, qual é a maneira correta de enxergar o trabalho? Bento recomenda que, primeiro, reconheçamos que o nosso trabalho, como todo bem que há em nossas vidas, pertence a Deus antes de pertencer a nós. Bento afirmava que nossos talentos, nossas ideias e nossas oportunidades são todos eles dádivas da graça divina. Uma vez que o Senhor nos dá a liberdade de usar ou não essas dádivas em Seu serviço, a fecundidade de nossos esforços depende, em última instância, d'Ele, e não de nós.

Essa dependência da graça — em nosso trabalho e em toda a vida — é tema corrente na Regra. Bento nasceu apenas sessenta anos após a morte de Pelágio, notório perfeccionista espiritual que, negando o pecado original, sustentou que poderíamos chegar ao céu sem a ajuda de Deus. Pelágio foi excomungado, e seus erros, atacados ou condenados em três concílios diferentes. Todavia, uma forma diluída de sua heresia, o semipelagianismo, persistia como ameaça digna de preocupação na época de Bento, razão pela qual ele se sentia obrigado a reafirmar incessantemente a necessidade da graça em sua Regra.

Desde o Prólogo, em que Bento nos exorta a «implorar a Deus que forneça, com a ajuda de Sua graça, aquilo que por natureza nos falta», até o último capítulo, em que se discute o que ele chamou de «início da perfeição», aquelas regiões mais altas que — assim como os primeiros passos dessa jornada — só são alcançadas «com o auxílio da Providência», Bento salienta que não podemos nem completar nem iniciar nossa jornada em busca da santidade sem a graça. É verdade que precisamos cooperar com a graça: enquanto perseguimos «o amor perfeito que expulsa todo o medo», devemos «correr [para o reino de Deus] fazendo boas obras»; todavia, a graça que torna essas ações possíveis e fecundas.

Confiar na graça é, em parte, admitir que não podemos fazer tudo o que queremos quando queremos. Pedir isso a um viciado em conquistas é pedir muito, e Bento conhecia tão bem quanto qualquer pessoa comum o senso de urgência que, com o passar do tempo, pode deixar os perfeccionistas ansiosos e em pânico. Seu próprio senso de urgência transparece já no terceiro parágrafo de sua Regra, quando cita Jesus — «Andai enquanto tendes a luz, para que as trevas não vos surpreendam» (Jo 12, 35) —, mas com um toque. «Correi enquanto tendes a luz», exorta, depois de nos assegurar de que «minhas palavras são para vós, quem quer que sejais... Que nos levantemos sem demora, despertos pelas Escrituras...».

Devemos estar prontos para correr, afirma Bento, mas também devemos estar prontos para reconhecer os limites de até onde podemos ir num determinado dia. É aí que entram os hábitos e rotinas. Bento dedicou grande parte de sua Regra a delinear horários que garantissem a seus monges tempo suficiente para rezar, trabalhar, comer, descansar, ler e estudar as Escrituras. Via nossas rotinas diárias como uma expressão concreta de nossas prioridades e como uma maneira confiável de manter as coisas mais importantes em primeiro lugar. Uma coisa é dizer que amamos a Deus; outra coisa é deixar o que estamos fazendo sete ou oito vezes ao dia em prol da oração comunitária, como fizeram e ainda fazem os monges que seguem a Regra de São Bento.

Ele sabia como pode ser difícil parar o que se está fazendo para ir à capela, jantar ou se retirar para a cama em boa hora. Juntamente com o cronograma que sugere, Bento traz conselhos para lidar com aqueles que tendem a bagunçá-lo — incluindo aí os viciados em trabalho, que sempre querem terminar uma coisa a mais depois da hora. As punições que Bento institui muitas vezes são severas: os que chegam tarde à oração noturna têm de ficar no lugar mais baixo da igreja e fazer penitência pública; os que incorrigivelmente chegam atrasados para o jantar têm de comer sozinhos e renunciar ao vinho. Apesar disso, sempre realista, Bento aconselha que o primeiro salmo da oração noturna seja dito lentamente, para dar aos atrasados a oportunidade de entrar correndo no refeitório, de modo que não figurem na lista dos retardatários.

Quando a Regra trata da pontualidade, seu foco é menos na pontualidade em si, isto é, na chegada imediata, mas antes na obediência — obediência àquilo que Deus nos pede *naquele* momento. Bento compreendeu a importância de buscar a excelência e de terminar as tarefas com o devido esmero. Ele nos recorda de que, como Deus vê tudo o que fazemos, devemos fazer tudo «para que Deus possa ser glorificado». Há, porém, uma linha tênue entre o trabalho que glorifica a Deus e o trabalho que nos glorifica a nós mesmos. Bento observou que a nossa propensão a abandonar determinado trabalho no caso de uma necessidade mais premente era um bom indicador de termos ultrapassado ou não essa linha.

Também julgou que esse comportamento era um bom termômetro da nossa diligência. Enquanto tendemos a considerar digno o trabalhador que falta aos jantares em família e à Missa dominical para render mais em seu escritório, Bento o consideraria um preguiçoso. Todo aquele que não consegue se calar e ficar sentado o bastante para rezar, ler e estudar a Palavra de Deus é «indolente», diz Bento, e deveria fazer um trabalho manual extra para conter seu vício de «ociosidade».

Bento preconiza que esse tipo de trabalho pode facilmente se desviar de uma missão centrada em Deus para uma fuga egocêntrica. Ele martela tal verdade no capítulo em que trata dos artesãos da abadia. Os produtos desses artesãos habilidosos eram, amiúde, responsáveis pela maior parte da renda do mosteiro, e ainda assim Bento não via nisso desculpas para a vaidade, tampouco para o vício em trabalho. Deixe-os «praticar seu artesanato com humildade», escreve. «Mas se alguém se orgulha de sua habilidade e do lucro que traz à comunidade, deve ser retirado de seu ofício e ser levado para trabalhar num ofício comum». É melhor perder seu ofício e desperdiçar seu talento do que perder a alma.

Será que toda essa ênfase na humildade e na devida compreensão da atividade laboral significa que a Regra se opõe às conquistas, ao sucesso? Se nos debruçarmos sobre os livros de história, encontraremos resposta a essa pergunta. Numa época em que o resto do mundo ocidental estava atolado no caos e na barbárie, monges beneditinos e freiras estavam construindo catedrais e hospitais, cultivando terras agrícolas, transcrevendo livros e educando gerações de artistas, estudiosos e santos. Muitos ainda fazem esse trabalho hoje em dia.

No entanto, fazem-no seguindo os preceitos de uma Regra cuja visão de sucesso destoa, e muito, da do mundo. Segundo a visão beneditina, uma vida bem-sucedida é uma vida que não se deixa dominar por realizações segmentadas, buscadas mediante um foco restrito a uma área de especialização. Além disso, o sucesso não é algo que se possa quantificar: dólares ganhos, honras conquistadas, pessoas servidas...

Para Bento e seus seguidores, uma vida bem-sucedida é aquela que leva à união com Deus. Trata-se de um projeto de vida inteira que exige nosso total compromisso e abrange todos os aspectos de nossa personalidade e identidade. O trabalho pode ser um meio de alcançar o sucesso, mas a eternidade é o seu fim. E, embora as realizações externas possam dar sinais do nosso progresso em direção a esse fim, nossa disposição de acatar os limites por amor a Deus costuma ser um sinal muito melhor.

Estava no ensino médio quando me deparei com a determinação beneditina de aceitar os próprios limites. Nessa época, meu pai havia deixado o emprego como diretor de programas de vida familiar da diocese católica de Colombo, Ohio, para se tornar diretor de uma casa de retiros beneditina em Colorado Springs.

Foi uma grande mudança. Num dia, pedalava minha bicicleta de dez marchas pelas planícies úmidas do centro de Ohio; no outro, lá estava eu, estupefata diante da grandeza do pico Pikes, com os lábios rachados, os cabelos quebradiços, constatando que me encontrava a dois quilômetros acima do nível do mar e a quase vinte mil quilômetros do meu amigo mais próximo.

Apesar de estar habituada a mudanças, não era fácil deixar uma escola particular de menor porte, onde quase todos os sessenta colegas de classe eram, desde o jardim de infância, meus melhores amigos. Nem foi fácil viver o primeiro mês daquela aventura pelo Oeste sem minha mãe, que mais uma vez tinha ficado para trás a fim de resolver as pendências do seu emprego na cidade anterior antes de vir conosco para a nova.

As montanhas ajudaram. Até ali, eu tinha morado em lugares bonitos — próximo a um lago, na Flórida; a um quarteirão da baía, no Texas; à beira de um penhasco deslumbrante e sombreado, em Ohio —, mas nada que se igualasse à emoção diária de ser vizinha das Montanhas Rochosas. Não passava pela minha cabeça que as montanhas tivessem uma beleza tão vasta e variada. Elas podiam ser claras e cintilantes, melancólicas e intimidadoras, suaves e misteriosas, tudo isso ao longo do mesmo dia. Eu as podia ver da janela do meu quarto, na nossa pequena casa verde fosforescente que ficava no topo de Austin Bluffs, com vista para o Front Range.

A casa fazia parte do pacote de compensações que o papai recebera das irmãs beneditinas que, não podendo lhe pagar um salário mais alto, nos ofereceram moradia gratuita no terreno do seu conjunto de casas. Outra vantagem era a alimentação, que também ficava por conta das freiras: todas as noites nossa família jantava na companhia delas, em seu refeitório.

Para uma aluna do ensino médio decidida a se enturmar e parecer descolada, aquilo tudo era um arranjo dos diabos. Felizmente, meu irmão mais velho — e mais descolado que eu —, já tinha ido para a faculdade, de modo que eu não tinha companhia para tramar contra toda aquela situação. Não até começar a namorar e ter de explicar quem eram aquelas senhorinhas que, sempre espreitando as casas contíguas, acenavam para mim, diziam para eu não subir as colinas tão depressa ou verificavam seus relógios quando eu chegava tarde em casa.

Naquela época, não conhecia muito bem a espiritualidade beneditina e estava mais preocupada em resolver meus dramas de colegial. Mesmo assim, absorvi por osmose algumas lições daquelas freiras, e a maior parte dessas lições aprendi-as com a irmã Diane.

Irmã Diane era uma exímia conhecedora das Escrituras, uma estudiosa à moda antiga. Amava com igual vigor as epístolas paulinas e as Montanhas Rochosas. Todos os sábados de manhã, se dispunha a organizar trilhas e partia tanto sozinha como na companhia de qualquer morador da comunidade que quisesse se juntar a ela. Saía de sua casa às sete da manhã em ponto. Quem tivesse a intenção de acompanhá-la devia chegar a tempo, calçando sapatos adequados e com muitas camadas de proteção, munido de algum lanchinho, uma garrafa d'água e o almoço na marmita.

Não lembro exatamente o que me convenceu a levantar de madrugada já no primeiro sábado e entrar naquela velharia chamada de carro, cujo motor roncava e roncava, com uma freira de cinquenta e poucos anos que eu mal conhecia. Provavelmente papai me pressionara a ir, e, como eu ainda não tinha feito amigos por lá, aquele programa era o que me restava.

Enquanto a irmã Diane ajeitava o barrete na sua cabeça grisalha e aproximava a botina de caminhada do pedal do carro, eu já não tinha nenhuma certeza do que aconteceria dali pra frente. Minha família era entusiasta da prática de esportes, mas raramente embarcava em trilhas, e quando o fazia era de modo repentino e improvisado. Enquanto nos conduzia a algum lugar — talvez para admirar a paisagem a caminho do jantar, talvez para passar as férias na casa de algum velho amigo seu que não esperava hospedar uma família de quatro pessoas —, papai sempre avistava uma nova trilha à beira da estrada e, preparado para subir até o topo, mudava a rota e saltava do carro. Então saíamos do nosso lugar e o seguíamos por algum tempo, até que algum de nós sentisse sede (nunca levávamos garrafas d'água), frio (não vestíamos camadas e mais camadas de roupas) ou se desse conta de que chinelos de dedo não eram calçados propícios para escalar pedras. Talvez fôssemos atingidos por uma tempestade inesperada (raramente verificávamos a previsão do tempo) ou nos perdêssemos (papai não se entendia muito bem com mapas). Por alguns instantes, teríamos a certeza de que não conseguiríamos voltar. No fim das contas, porém, sempre conseguíamos. Depois, entrávamos de novo no carro, ao que papai começava a procurar um bom restaurante onde pudéssemos recobrar as forças e rir um pouco daquela nossa malograda tentativa de chegar ao topo da montanha.

Aventurar-se com a irmã Diane era diferente. Ela tinha todo um planejamento: conhecia a trilha a ser tomada, demarcava o ponto em que se faria uma pausa para o lanche e determinava uma hora para o almoço. Conhecia as montanhas tão bem que era capaz de detectar os primeiros indícios de mau tempo, sempre cronometrando a duração do percurso de volta para que chegássemos antes das trovoadas que abundavam durante a tarde.

No início, toda essa previsibilidade me irritava. Qual é a graça de fazer uma trilha se você sabe exatamente para onde vai e quando vai voltar? Por que parar duas vezes para descansar e lanchar durante uma subida, se dá para chegar ao topo mais rápido sem parar?

Contudo, o ritmo com que fluíam aqueles sábados na companhia da irmã Diane me atraía. Então, me vi arranjando tempo para fazer trilhas com ela, mesmo tendo outros convites. Era bom exercitar o corpo, respirar o ar puro ao chegar no topo, depois de uma trilha desafiadora, e poder admirar aquela sucessão de picos, com seu verde constante coberto de púrpura. Quão pequenos eram os meus problemas diante de toda aquela imensidão — como *eu* era pequena.

Além disso, era proveitoso ter de tomar conta de mim mesma durante o caminho, vestir a roupa correta, beber, comer e descansar na hora certa. Eu sentia que a vida era controlável, pacífica, equilibrada.

A paixão por trilhas que a irmã Diane incutira em mim ficou adormecida durante os anos de faculdade no Wisconsin, mas ressurgiu uma década depois, quando conheci John. Explorar as falésias calcárias e os montes escarpados da região central do Missouri se tornou nosso passatempo favorito, e foi durante uma de nossas trilhas em Ozark que John me pediu em casamento. Hoje, sempre que podemos fazemos trilhas com nossos filhos, sem nunca esquecer de verificar a previsão do tempo, levar água e lanches suficientes e escolher trilhas que não forcem nossos alpinistas mirins a irem além de seus limites.

A noção do limite como algo a ser aceito e trabalhado por cada um em seu íntimo, e não como causa de fúria ou indiferença, é notadamente uma herança beneditina. E vai contra a corrente da cultura atual. Hoje em dia, onde quer que estejamos — inclusive na Igreja —, somos estimulados a desafiar nossos limites. Dizem-nos: *não se contente com menos do que fazer tudo, ter tudo e ser tudo o que você quer. Para alcançar, basta acreditar.*

É libertador admitir que isso é uma bela duma mentira.

Somos criaturas finitas. Temos poder limitado, conhecimento parcial, operamos sob condições fixas. Ora, é isso o que nos faz seres humanos. Trata-se de uma realidade que, embora destituído de pecado, até mesmo Jesus aceitou, tornando-se um de nós (Hb 4, 15). Costumamos nos desconcertar com os milagres que manifestaram a divindade de Cristo, mas igualmente espantosa foi Sua vontade de compartilhar da nossa própria humanidade: de padecer de fome e sede, da tentação e de restrições de tempo, como nós; de viver segundo os limites de determinado corpo, de determinado tempo e espaço, de determinada família.

Jesus aceitou a realidade humana com todos os limites que lhe são intrínsecos, e o fez por amor a nós e por obediência ao Pai. Faz total sentido, portanto, agirmos como Ele.

Há momentos em que Deus como que expande nossos limites. Diz a Escritura: «A Deus nenhuma coisa é impossível» (Lc 1, 37) e «Tudo posso naquele que me conforta» (Fl 4, 13). Mas a Escritura também nos lembra de que nem tudo que almejamos, nem toda vitória que ambicionamos para além dos nossos limites, provém da vontade de Deus. Como São Paulo explicou, ao lamentar seu «espinho na carne»:

> Três vezes roguei ao Senhor que o apartasse de mim. Mas ele me disse: Basta-te minha graça, porque é na fraqueza que se revela totalmente a minha força. Portanto, prefiro gloriar-me das minhas fraquezas, para que habite em mim a força de Cristo. Eis por que sinto alegria nas fraquezas, nas afrontas, nas necessidades, nas perseguições, no profundo desgosto sofrido por amor de Cristo. Porque quando me sinto fraco, então é que sou forte. (2 Cor 12, 8-10)

Li essa passagem muitas vezes, mas foi somente depois de estudar a Regra que compreendi o significado das expressões que São Paulo emprega em sua última frase. Diante de todas aquelas fraquezas e contratempos, ele não diz que está se esforçando para não se deixar atormentar, nem que está rangendo os dentes e suportando tudo; ele diz que está satisfeito.

Eis aí um projeto desafiador. Contentar-se com as limitações é muito mais difícil — para um perfeccionista, então...

— do que tentar superá-las ou escapar delas. Afinal, quando se tenta fugir, pensa-se estar «pelo menos fazendo alguma coisa»: *posso até estar perdendo meu tempo ao perseguir um objetivo ilusório que me distrai do objetivo real que Deus colocou diante de mim, mas estou seguindo meu cronograma, porque aqui quem dá as ordens sou eu.*

Penoso é atingir o contentamento, pois requer que aceitemos a realidade tal qual a encontramos no momento presente: nas tarefas que temos de cumprir, nas pessoas que temos de servir na hora certa, nas nossas falhas e na sua repercussão em nossas vidas — falhas, aliás, que não podem ser consertadas instantaneamente. Contentar-se é entregar a Deus o panorama geral das coisas, enquanto quebramos a cabeça com as questões particulares do nosso dia a dia. Mas eu, por mim, odeio quebrar a cabeça...

As razões pelas quais considero o contentamento tão difícil de ser atingido são as mesmas pelas quais preciso exercitá-lo. Às vezes, Deus opera por meio de correções rápidas e heroicas; são as de minha preferência. Porém, é mais frequente que ele aja mediante transformações lentas e constantes, durante o meu labor diário. Nesse processo, o que Ele me pede é obediência: obediência às exigências da minha vida como ela é, e não como eu gostaria que fosse.

Essa obediência pode doer. Quando não consigo satisfazer minhas pretensões por estar muito ocupada atendendo às necessidades alheias; quando minha agenda é desfeita pela eclosão de um problema antigo que não consigo solucionar, mas apenas administrar; quando respeitar a necessidade que meu corpo possui de dormir ou seguir o mandamento de descansar no Dia do Senhor consistem em abandonar um trabalho urgente pela metade — nesses casos, obedecer parece uma imposição, uma afronta à minha autonomia.

Entretanto, na Regra vemos que a obediência é o passaporte para a liberdade pelo caminho da humildade. Uma pessoa humilde, diz Bento, «não se preocupa em agradar a si mesmo, mas segue a injunção do Senhor: "Pois desci do céu não para fazer a minha vontade, mas a vontade daquele que me enviou"» (Jo 6, 38). Render-se humildemente, despojar-se da vontade do eu, é uma batalha, mas só de tentar travá-la já me sinto mais livre.

Quando, obediente, tento aceitar como manifestação da vontade de Deus alguma limitação inevitável, a mudança nas minhas atitudes é nítida: sinto toda uma tensão se abrandar, um laço se afrouxando em meu pescoço, um peso sendo tirado das minhas costas: o peso do que *devia* ser feito, então respiro em paz, com a certeza de que fiz o que *pôde* ser realizado. E, quando dou por mim, lá estou eu trabalhando com alegria e despretensão, pois sei que, se não estou apenas cumprindo uma agenda, não sou mais refém dos resultados. Sinto-me mais inclinada a ouvir as inspirações do Espírito Santo, uma vez que já não temo que elas estraguem meus planos.

Aceitar meus limites exige que eu confie mais em Deus, o que, por sua vez, incrementa minha confiança n'Ele. É um ciclo virtuoso. Quando abandono aquilo que não posso fazer ou que não posso fazer da maneira tão célere e perfeita como planejara, descubro que Deus tem outras formas de continuar Sua obra. Às vezes outra pessoa toma o meu lugar e faz aquilo que, na minha concepção, só *eu* poderia fazer. Às vezes, a tarefa urgente que me impele a virar meu mundo de ponta-cabeça só para cumpri-la acaba se mostrando opcional e eu percebo, depois de me liberar dela, que não era lá tão importante assim. Às vezes, as coisas não saem conforme o esperado e descubro que me contentar com um resultado imperfeito, mas mantendo intacta minha paz de espírito, é por si só um feito e tanto.

O vício em trabalho, assim como o perfeccionismo, faz com que eu me coloque no centro da minha vida: *meus* objetivos, *meu* cronograma, *meu* ego. Trata-se de algo que, em essência, conduz ao isolamento e ao egocentrismo. Aceitar meus limites, por outro lado, me afasta de mim mesma, levando-me a reconhecer, por exemplo, a vontade de Deus nas necessidades dos entes queridos que bagunçam minha agenda, admitindo que nem sempre posso satisfazê-las tão bem quanto eu gostaria. Aceitar meus limites me faz lembrar da minha fraqueza e da minha miséria, bem como de meu papel como parte de um todo maior. Descubro que Deus tem tudo aquilo de que preciso mesmo que *eu* não o tenha; descubro que sou insubstituível, mas não indispensável; descubro, também, algo mais: se o Senhor não precisa de mim para realizar Sua obra, se minha participação na construção de Seu Reino é um privilégio que Ele confere em vez de um pagamento que Ele exige, então meu valor não depende mais de minhas realizações e eu não preciso mais me autoafirmar por meio do que faço. Quando tento fazê-lo ignorando meus limites, ajo como uma completa idiota.

Só recentemente me dei conta da grandeza de tamanha tolice. Era uma tarde de quarta-feira no outono passado, uma tarde que eu queria esquecer.

Tinha acabado de chegar em casa depois de passar toda a manhã escrevendo na biblioteca. Estava um pouco ofegante — o que é comum quando acabo de escrever, por ficar absorta demais no que estou fazendo, e nem olho o relógio — e quase não consegui voltar a tempo de assumir o controle das crianças para que o John pudesse ir para o trabalho. Ainda agarrada ao *laptop*, dei-lhe um breve beijo de despedida. Meus filhos estavam no quintal, e chamei-os para almoçar.

De repente, brotam três crianças famintas. Mas meu filho mais velho, John Patrick, de oito anos, tinha ficado para trás. Ele estava no meio de um projeto de construção e não queria saber de ser interrompido.

John Patrick adora construir, e ele é muito bom nisso. Também tem um grande coração: depois de ouvir histórias de tantos santos que ajudaram os pobres, decidiu, no ano passado, construir atrás da nossa casa um lar para os desabrigados. John lhe deu algumas sobras de madeira e, desde então, ele tem trabalhado duro. É um grande projeto para um rapazinho com muita imaginação e talento para estruturar as coisas.

No entanto, John Patrick insiste em se isolar. Já tive de lembrá-lo mais de uma vez sobre a importância de obedecer alegre e imediatamente, mesmo quando o que ele está fazendo parece mais importante do que alimentar o corpo ou dar atenção à sua mãe.

Naquela tarde, enquanto ele entrava na cozinha e eu me preparava para lhe dar um sermão, o que saiu foi uma risada. Lá estava eu, toda agitada por ter interrompido minha escrita no meio da frase, ainda pensando na melhor maneira de terminar o parágrafo problemático que, naquele instante, me parecera bem mais convincente do que almoçar com meus quatro filhos que berravam. Eu lhes sorria um sorriso forçado — o que eu realmente queria fazer era voltar a escrever o meu livro.

Tal mãe, tal filho.

A ironia — eu me atrapalhando toda para repreender meu filho por ter me desobedecido, ao passo que eu desobedecera a Deus com a mesma relutância e mesquinhez... — me pegou de jeito: o riso foi inevitável. Coloquei o *laptop* no balcão da cozinha e me joguei no chão.

— Eu sei exatamente como você se sente, John Pat — disse-lhe eu, enquanto apoiava as mãos e joelhos no chão e pressionava a bochecha esquerda contra o tapete da cozinha.

A cara de mau humor do meu filho foi ficando estranha quando comecei a bater as mãos e pés no chão.

— Eu não quero almoçar — esperneei. — Eu quero escrever!

Meus outros filhos se apressaram para assistir. John Patrick, de pé, me via de cima, sua boca aberta lentamente mostrava um sorriso.

— A mamãe está fazendo birra!

— Ahhh! — gritei, abafando o grito estridente e radiante dos meus filhos. — Não é justo. Não é JUSTO!

John Pat não se aguentava de tanto rir e, quase sem fôlego, repetia minhas repreensões costumeiras de volta para mim.

— Está na hora de comer, mamãe. Você pode terminar mais tarde. Você não pode trabalhar o dia todo. SEM BIRRA!

— Nãããão!

— Sim, mamãe! Você precisa se levantar.

— Não!

— Sim!

— Não!

— Sim!

— Está bem, está bem.

Num piscar de olhos, eu estava de novo em pé. Os dois ríamos.

Foi bom admitir que aceitar nossos limites é difícil — e que negá-los sempre parece um pouco ridículo.

Gostaria de ressaltar que essa foi a última vez que me senti tentada a fazer manha querendo ultrapassar meus limites. Brincadeira. É claro que não foi. Aceitar a realidade de que meu tempo e minha energia são finitos é uma luta contínua, e suspeito de que será assim até eu morrer.

A boa notícia é que estou melhorando.

A Regra me ensinou a abandonar meu velho vício em trabalho e ficar atenta a quando sinto aquela compulsão, aquele impulso de agir a todo custo. Meu primeiro sentimento quando fico sem tempo para trabalhar ainda é a frustração, e fico assim por muitos dias; ultimamente, porém, esse sentimento tem sido atenuado pela percepção de que Deus está me convidando a praticar um ato de alegre e humilde obediência. Nem sempre consigo, mas essa imagem de uma Colleen birrenta, esparramada no chão da cozinha, me ajuda a lembrar que obedecer é a melhor das alternativas.

A Regra também mudou a forma como aproveito meu tempo de trabalho. Mesmo quando tenho um prazo e me escondo numa casa de retiros durante o esperado fim de semana em que posso escrever, aprendi que preciso fazer intervalos regulares para comer, rezar, correr, descansar e até me divertir. No mês passado, escapei do meu fim de semana de escrita para ir com John a um jantar romântico, já que, pela primeira vez, conseguimos uma babá. Neste mês, saí cedo para ir ao desfile do Dia de São Patrício com meus meninos e meninas vestidos de irlandeses. Há certas diversões que não podemos perder de jeito nenhum.

A Regra me convenceu de que, assim como Deus se preocupa com todo o meu ser — corpo, mente e espírito —, eu também tenho de me preocupar. Isso consiste em observar sinais de cansaço, fome e esgotamento em mim mesma, do mesmo modo como os observo em meus filhos. Consiste também em me recusar a sentir raiva pelo que não pude terminar durante meu tempo de trabalho e em confiar que, num outro dia, Deus me ajudará a retomar o que ficou incompleto.

Quanto mais tenho me esforçado para respeitar meus limites, mais tenho percebido que a criatividade humana floresce em meio às restrições. Talvez isso aconteça porque somos criaturas, e não Criador; ou porque a necessidade é a mãe da invenção. Tudo o que sei é que não sofro tanto de bloqueio na escrita como sofria antes de ter filhos. Naquela época, eu poderia perder um dia inteiro me perguntando o que escrever; hoje, se tenho duas horas para escrever, passo-as escrevendo.

Tenho observado que algo semelhante acontece com as interrupções. Inúmeras vezes interrompi minha escrita para cuidar das crianças, dos pais ou de mim mesma, voltando a ela apenas no dia seguinte — e nisso sempre voltava com uma perspectiva nova e com um olhar mais aguçado. A boa noite de sono à qual eu não queria me render, a visita à capela que relutantemente troquei pela minha última hora de trabalho, o passeio ou a visita à minha mãe que tentei adiar para ter mais tempo de escrita — essas não eram somente as opções corretas: também me pouparam de perder tempo indo na direção errada com um capítulo desafiador, ou me inspiraram a expressar com maior clareza uma percepção que no dia anterior eu não conseguia articular. As pausas que não quero fazer com frequência são as de que mais preciso.

O mesmo vale para as pausas da maternidade. Basta perguntar ao meu marido. John é o primeiro a me empurrar para dentro do escritório quando, em meus dias reservados à escrita, estou com pouca inspiração e fico me perguntando se o natural de uma boa mãe não seria ficar em casa limpando armários ou pesquisando acampamentos de férias. Quando tenho de escrever sobre assuntos mais complicados, John me estimula enviando e-mails de incentivo com trechos bíblicos, já no início da manhã. Quando fico sobrecarregada ao ter de conciliar trabalho e maternidade e, ainda, por ter de digerir um encontro com opositores — tanto os que condenam o trabalho e acham que a mãe deve ser uma espécie de mártir do lar, quanto os que condenam a criança, fazendo parecer que o cérebro da mulher deixa seu corpo e se junta à placenta do seu quarto filho —, John me recorda de que as opiniões deles não têm valor. A de Deus, sim. E Deus me chamou para escrever.

John sabe que sou uma esposa e mãe mais feliz quando estou escrevendo. Ele também acredita que nossos filhos precisam ver que a mamãe tem outros interesses e talentos além de cuidar deles. E não devem ser atividades remuneradas, mas parte da minha vocação — precisam ser minhas. Do mesmo modo como preciso fazer pausas no meu trabalho para alimentar minha família, também preciso de intervalos da minha família para cuidar de mim. E cuidar de mim inclui alongar meus músculos intelectuais e artísticos, aprimorar minhas habilidades profissionais e ver o bem que posso fazer no mundo com os dons que recebi.

Nada disso quer dizer que, aqui e ali, eu não sinta certas pontadas de tristeza por uma ou outra troca que fiz, ou mesmo de inveja daqueles que parecem ter feito menos trocas do que eu. Mas percebi que os dons e os limites da minha vida andam de mãos dadas e que não posso viver com um e sem o outro. Tampouco posso «ter tudo» — nenhuma mulher pode, trabalhe fora de casa ou não —, porque o «tudo» é domínio de Deus, não nosso.

Meu «tudo» virá no céu. O que posso ter aqui é equilíbrio, o equilíbrio beneditino que de Waal descreve como «um meio-termo difícil...» e que está longe de ser uma «receita para a mediocridade». Trata-se, antes, «da união dos valores últimos postos num centro», de uma busca contínua e cheia de fé por um ponto de equilíbrio entre os vários deveres e paixões da minha vida.

Seria mais simples ser toda mãe ou toda escritora, toda esposa ou toda filha, toda ação ou toda contemplação. Mas Bento me ensinou que minha fé, assim como minha criatividade, é revigorada pela interação entre os diversos chamados da minha vida, pelo fato de que Deus não me chamou para ocupar só um papel ou trabalho, mas muitos. Alguns de meus chamados são mais importantes do que outros; o casamento é o contexto primário que Deus escolheu para me santificar. Mas todos têm valor. E a própria tensão que às vezes parece que me vai desintegrar é, na verdade, uma força de cura que me mantém apoiada em Jesus enquanto me oriento em meio a uma vida plena, exigente e em constante mudança.

CAPÍTULO 7

PEREGRINOS E ESTRANGEIROS

> *Desse modo, cercados como estamos de uma tal nuvem de testemunhas, desvencilhemo-nos das cadeias do pecado.*
> *Corramos com perseverança ao combate proposto, com o olhar fixo no autor e consumador de nossa fé, Jesus.*
> *Em vez de gozo que se lhe oferecera, ele suportou a cruz e está sentado à direita do trono de Deus.*
>
> (Hb 12, 1-2)

Passei toda a manhã cansada, sonolenta, respirando o ar úmido de julho, depois de uma noite de sono irregular. Mas, assim que entrei em meu antigo bairro, a bordo da minha *minivan*, algo estranho me chamou a atenção. Embora não passasse naquela rua havia décadas, era como se eu ainda visse Amy, minha melhor amiga, correndo à beça na sua bicicleta com selim em forma de banana, meus gatinhos malhados que viviam fugindo pelas gramíneas à beira da estrada e nossa vizinha abastada, embora excêntrica, discutindo consigo mesma em voz alta enquanto passeava com seu cachorrinho no colo, todo desorientado.

Esse bairro sempre fora animado, repleto de personagens tresloucadas, de uma fauna e flora que eu só tinha visto igual no norte da Flórida. De todas as casas em que morei durante a infância — incluindo as três em Tallahassee —, essa era a que eu mais amava.

Constatamos isso logo após meu pai ter discernido um chamado que aumentou seu salário e prestígio: ele fora trabalhar em uma organização secular sem fins lucrativos que prestava serviços à Igreja. Papai não optou pela mudança de emprego sem refletir; pelo contrário, rezou e conversou com minha mãe por longas horas sobre a decisão. Ele sabia que trabalhar para a Igreja Católica podia ser garantia de insegurança financeira, especialmente em se tratando de um homem de cinquenta anos com uma esposa que fazia pós-graduação e dois filhos que estudavam em escolas particulares. Em que pese tudo isso, papai sentiu o Senhor lhe pedindo que confiasse n'Ele, e assim o fez. Um fato lhe serviu de confirmação: após assinar o contrato com a diocese de Tallahassee, uma contribuinte da paróquia se dispôs a alugar sua casa no lago a um valor reduzido, facilitando assim a adaptação de papai, o novo diretor de Vida Familiar daquela diocese.

Tratava-se de uma casa de alvenaria dentro de um rancho. Não era a mais requintada do lugar — mas para nós era um luxo: tinha cinco quartos, três hectares de água, uma piscina subterrânea e muitas azaleias e roseiras. Os três anos que vivemos nela foram verdadeiros sonhos de infância. Demos festas na piscina, caçamos tartarugas e cobras, avistamos jacarés no lago do rancho, alimentamos cavalos que viviam no final da rua, nadamos, pescamos e remamos em nossa canoa sempre que quisemos. Não tínhamos lancha como a maioria de nossos vizinhos, mas mesmo assim demos umas voltas por aí. Certa vez, acendemos uma fogueira que se alastrou tanto que foi preciso metade da vizinhança para apagá-la. (Papai achava que queimar as folhas seria mais eficiente do que ensacá-las. Mas não num dia de ventania. Os dramas e os desastres foram quase tão divertidos quanto as festas e, na minha memória, o tempo que vivemos ali foi como um longo dia de verão embebido de sol.

Durante anos essa casa, esse bairro, me deixaram nostálgica. E então, tão logo me vi passando ali por perto, quis revisitá-los e pedi que John me deixasse dirigir. Queria eu mesma mostrar a ele e às crianças aquele idílio que fora a casa da minha infância.

Quando paramos diante da casa, fiquei perplexa. O endereço estava correto, mas não reconheci as escavações interrompidas que havia ali, tampouco a placa de vende-se caída no quintal da frente, todo sujo de marcas de terra e sobras de madeira. As palmeiras e arbustos que outrora emolduraram a entrada da casa agora se envergavam sobre as janelas e os degraus, com frondes mais mortas do que vivas. As persianas azuis, motorizadas, de que subitamente me lembrei tinham desaparecido; a piscina, antes cercada de rosas, tornara-se uma colônia de ervas daninhas, tão altas e emaranhadas que eu não conseguia sequer abrir o portão. O belo carvalho coberto de barba-de-velho que aparece nas minhas fotos favoritas da infância ficara todo disforme, como se alguém tivesse começado a podá-lo, mas logo abandonado a tarefa.

O pátio dos fundos — que dava para uma vista deslumbrante do lago —, onde celebramos minha Primeira Comunhão, o início da pós-graduação da mamãe e inúmeras festas de aniversário, estava tão cheio de lixo, insetos e telhas quebradas que não podia nem pensar em deixar meus filhos brincarem nele. Enquanto caminhava cuidadosamente por sobre aqueles escombros e passava o dedo no vidro da janela da cozinha, entrevi o mesmo piso vinílico sobre o qual, quando uma menininha da segunda série, eu correra 35 anos antes com meus carrinhos de brinquedo, e parecia que desde então mais ninguém passara por ali, tamanha a sujeira que cobria o chão.

— Parecia bem melhor quando eu era criança — assegurei a meu marido, arrependida dos tantos elogios que fizera. — Você precisava ver como era, porque era realmente lindo.

John e as crianças sabiam brincar e tentaram imaginar toda a glória passada que eu vivera ali e que lhes havia contado. Maryrose disse que a casa só precisava receber algum carinho, e ela e o reparador John Patrick gastaram um bom tempo tentando, apaixonadamente, nos convencer a comprá-la e restaurá-la. Clara pulava de um lado para o outro, irritadíssima com os insetos que via na grama alta, enquanto descíamos para o lago que eu jurava ser maior.

Começou a chuviscar, e então voltamos para a rua e começamos a perambular pelo bairro. Nenhum sinal de alguém que eu conhecesse. Os cavalos tinham desaparecido. O estilo das casas que, nos anos 1980, parecera moderno, provou-se naquele instante totalmente datado. As quadras de tênis à beira do lago pareciam abandonadas: era desolador. As crianças tentaram brincar nos balanços enferrujados e nos cavalinhos de madeira que encontraram no *playground* do bairro, mas a chuvinha logo se transformou em chuvarada. Corremos pra dentro do carro.

Quando devolvi as chaves ao John e afundei no banco do passageiro, quase pude ouvir o papai repetindo para mim seu ditado latino predileto:

— *Sic transit Gloria mundi* — diria, com seus olhos irlandeses brilhando. — Assim passa a glória do mundo.

Aquele balde de água fria que recebi depois de viajar pela estrada da memória foi a tentativa mais alarmante de regressar à casa da minha infância, mas não a única que acabara em decepção. Ao longo dos anos, voltei muitas vezes às casas em que morei, bem como às minhas escolas e paróquias; e, nessas idas e vindas, sempre me impressiona quão menores elas parecem, quão estranhas se apresentam e como pouquíssimas pessoas se lembram da minha existência. Ao final dessas visitas, voltava me sentindo deslocada, mas curiosamente grata por ter uma lembrança concreta de que «não temos aqui cidade permanente, mas vamos em busca da futura» (Hb 13, 14).

A natureza incerta de qualquer habitação terrena é uma realidade vivenciada por crianças que, assim como eu, cresceram como nômades, mas também uma verdade que se aplica a todos. Nas Escrituras são muitos os avisos de que os lares, as riquezas e as reputações que prezamos não são tão duradouros nem importantes como achamos.

O tema surge pela primeira vez no Gênesis, onde encontramos palavras que ainda são usadas na liturgia da Quarta-feira de Cinzas: «Porque és pó, e pó te hás de tornar» (Gn 3, 19). Com isso concorda o salmista: «Todo homem não é mais que um sopro», e seus dias «são semelhantes à erva» ou uma «sombra», «porque o tempo passa depressa e desaparecemos» (Sl 38, 6; 102, 15; 143, 4; 80, 10). Dezenas de capítulos do livro de Eclesiastes são dedicados a desembrulhar sua categórica e estarrecedora proclamação de que «Tudo é vaidade» (Ecl 1, 2), enquanto o primeiro livro de Crônicas conclui com um lembrete de que «não passamos de estrangeiros e peregrinos, como todos os nossos pais» (1 Cr 29, 15).

No Novo Testamento, São Tiago nos alerta de que é tolice passar a vida fazendo planos, buscando dinheiro e construindo uma reputação para nós mesmos: «Não sabeis o que acontecerá amanhã!» (Tg 4, 14). Em vez de perseguir riquezas e fama, diz Jesus: «Ajuntai para vós tesouros no céu, onde não os consomem nem as traças nem a ferrugem, e os ladrões não furtam nem roubam» (Mt 6, 20).

Ele está certo. Devemos ajuntar tesouros no céu. Nós sabemos que devemos.

Mas, se você é como eu, também luta para se lembrar disso no seu dia a dia. Você encerra suas orações matinais com boas intenções, planejando colocar Jesus e as prioridades d'Ele em primeiro lugar, mas logo vê que as exigências do mundo começam a se impor — *venha aqui, faça isto, compre aquilo* —, ao passo que a necessidade de aprovação, eficiência e controle coloca em segundo plano a perspectiva eterna. Você se esforça para competir e manter o ritmo, mas de repente esses tesouros celestiais começam a desvanecer, e com isso você passa a vê-los como ilusórios e inconsistentes demais para que uma rotina incessante e impulsionada pelo aqui e agora seja interrompida.

A tendência que temos de nos concentrar mais nas coisas, no *status* e nas expectativas sociais do que nas coisas de Deus não é exclusiva dos perfeccionistas. O perfeccionismo, porém, pode ampliá-la. As mesmas forças e crenças que nos levam a servir a uma imagem distorcida de Deus também podem nos tornar escravos do julgamento humano. Damos mais atenção à *vox populi* do que à voz de Deus, preocupando-nos mais com a forma como olhamos para os outros do que com quem somos para Ele. Tropeçamos no que os psicólogos chamam de perfeccionismo socialmente prescrito, que consiste numa pressão externa ao indivíduo que o impele a querer ser perfeito.

Pode parecer que o perfeccionismo socialmente prescrito, originário de uma pressão externa, seja totalmente distinto do perfeccionismo espiritual, que se caracteriza por uma pressão que a pessoa impõe a ela mesma. Todavia, ambos andam de mãos dadas. Um perfeccionista social, que quer agradar as pessoas, tem de atender às mesmas exigências que um perfeccionista espiritual constrangido, pois ambos servem ao mesmo ídolo que nos faz querer conservar as aparências, compararmo-nos uns com os outros e colocar a adequação na frente da liberdade e da alegria.

No que diz respeito a Deus, nós perfeccionistas podemos nos consolar com a promessa de que «o Senhor é clemente e compassivo, longânime e cheio de bondade» (Sl 144, 8). Podemos lembrar de tudo que aprendemos sobre a natureza de Deus e sobre o que Sua graça pode fazer, podemos lembrar também quanto valor Ele dá à nossa entrega amorosa, mais do que à nossa autoconfiança e força de vontade.

Mas e quanto às outras pessoas? Não é porque estamos prontos a abandonar os padrões insatisfeitos de perfeição e as expectativas impossíveis que nossos entes queridos, nossos colegas e nosso meio cultural também estarão. A recuperação do perfeccionismo espiritual implica necessariamente a recuperação do perfeccionismo social — uma vontade de abraçar o caminho da perfeição de Cristo, mesmo que para isso sejamos ridicularizados ou percamos amigos, influência, conforto e riqueza.

Essa é uma perspectiva assustadora para qualquer pessoa, mas especialmente para os perfeccionistas, habituados a serem vencedores aos olhos do mundo. Uma coisa é pular fora desse trem maluco chamado perfeccionismo enquanto as pessoas lhe dão força para isso; outra, bem diferente, é completar o salto enquanto todos à sua volta dão gritos de reprovação, lembrando a você que a queda pode ser bem feia, que só um tolo tentaria pular e... Bem, *quem você pensa que é para sair do seu assento, enquanto todos nós estamos aqui, com os cintos bem afivelados, aproveitando o passeio?*

Bombardeados por essas vozes, podemos recair repetidas vezes em maus hábitos perfeccionistas. Sabemos que esses que gritam não falam palavras provenientes de Deus, que nós almejamos «uma pátria melhor, isto é, a celestial» (Hb 11, 16); contudo, mesmo deixando de aderir à concepção mundana de perfeição, ainda devemos viver, trabalhar e adorar a Deus entre pessoas que a ela aderem.

Como viveremos neste mundo perfeccionista sem nos filiarmos a seus princípios? Como abraçaremos nossa identidade de «estrangeiros e peregrinos sobre a terra» (Hb 11, 13) quando as vantagens da adequação social parecem muito mais tangíveis? E se escapar das teias do perfeccionismo espiritual é um longo processo que só se concretiza mediante a libertação do perfeccionismo social, quais são os hábitos e atitudes de que mais precisamos para trocar nosso desassossego em relação aos padrões do mundo pelo foco resoluto nos padrões de Deus?

À primeira vista, Francisco de Assis pode parecer um santo improvável para nos ajudar a responder a essas perguntas. Ele era um inconformista, sem dúvida: um *playboy* do século XIII que virou pregador — Francisco percorria o território italiano descalço e sem um tostão, dormindo ao ar livre e cantando louvores a Deus para quem quisesse ouvir, fossem animais ou humanos. Seu amor pela criação e o seu intencional acolhimento dos mais pobres fizeram dele o patrono dos ecologistas, pacifistas e espíritos livres, sem falar daquela sua tradicional representação, estampada em tantos devocionários, em que se acha cercado de pássaros enquanto cuida da criação. Em que pese todo esse seu atrativo, é difícil imaginar que Francisco fosse simpático às nossas tendências ao perfeccionismo social. Não zombaria dos nossos luxos modernos esse mestre da abnegação? Não reviraria os olhos diante de nossa excessiva preocupação com as aparências? Não nos mandaria abandonar todo esse mundanismo e continuar fazendo a vontade de Deus o quanto antes?

O Francisco maduro, sim. Mas o Francisco ainda jovem talvez travasse as mesmas lutas que travamos, pois, por mais de duas décadas, viu-se escravizado pelas mesmas pressões e tentações que, advindas da sociedade, nos fazem recuar — pressões que o deixaram aflito em relação à própria reputação durante cinco anos completos, antes de finalmente abraçar o chamado radical de Deus para a sua vida.

A vida de Francisco inspirou milhões de pessoas e estimulou a renovação de toda a Igreja durante um período da

Idade Média em que a espiritualidade vinha agonizando. Ele lançou as bases de três comunidades religiosas ao redor do mundo e despertou gerações de cristãos tomados pela tibieza, encaminhando-os à contracultura, à aventura que é a vivência do Evangelho. Isso fez de Francisco um dos santos mais amados da história, um evangelista e místico cuja popularidade transcende denominações e cuja imitação de Jesus lhe rendeu o apelido de «Espelho da Perfeição», pois diz-se que foi Francisco quem viveu a vida mais perfeitamente cristã desde o próprio Cristo.

Essa é a versão 2.0 de Francisco: sábio, pertinaz e totalmente entregue a Deus.

Quanto ao Francisco 1.0, a história é um pouco diferente...

Não se pode dizer que era mau sujeito. Durante a primeira metade da vida, Francisco amou o Senhor, pelo menos um pouco, e o que tinha ofereceu generosamente aos pobres. Ele amava sua família, seus amigos; também adorava festas, roupas chamativas, brincadeiras e divertimentos. Uma noite qualquer, esse filho despreocupado de um rico comerciante de tecidos podia ser encontrado encabeçando uma turma de amigos, indo para cima e para baixo pelas ruas íngremes de Assis, entoando canções de amor francesas, bebendo e fazendo palhaçadas. Francisco era um rapaz travesso, de irreprimível alegria, o filho predileto de sua cidade. Mesmo os velhos que, não conseguindo dormir por causa de sua farra, gritavam de suas janelas mandando-o que se calasse não deixavam de rir com suas arruaças.

O fato de Francisco ser tão benquisto em seu meio dificultou sua conversão. Ele não chafurdava na sarjeta quando a graça divina bateu à sua porta; pelo contrário, vivenciava o seu auge: rico, elegante, popular... Para que aquele menino de ouro da cidade de Assis fosse transformado no bobo de Deus fez-se necessário bem mais que um simples despertar espiritual ou uma simples provação que o tirasse da vida bem-afamada que levava — na verdade, foram necessárias dezenas de chamados para que Francisco acordasse.

Para que se verifique a influência que o perfeccionismo social exerceu sobre Francisco, é útil começar pelo seu pai, Pietro Bernardone, um empresário astuto e socialmente ambicioso que, para suprir a falta de nobreza do seu sangue, usava todo o dinheiro que ganhava compensando-a. Desde o início, Pietro tinha expectativas claras para seu filho, o que transparecia já na escolha do nome do menino. Quando Francisco nasceu, por volta de 1182, nem na Itália o pai estava, pois viajava com frequência a trabalho. Tão logo voltou de viagem, porém, e tendo conhecido o filho recém-nascido, batizado de Giovanni por sua esposa, decidiu renomeá-lo Francisco, em homenagem ao país que acabara de visitar: a França.

Com essa atitude, o pai de Francisco revelava muito de si: Pietro se considerava autoridade máxima sobre sua esposa e filhos, do mesmo modo como o dinheiro e o prestígio social eram as autoridades máximas em sua vida. Praticava a fé católica, mas sem o fervor de sua esposa, Pica. A verdadeira devoção de Pietro era o comércio, e por isso passava longos períodos na estrada, construindo o lucrativo negócio que planejava deixar para seu filho. A ausência do pai na formação de Francisco fez com que a mãe o mimasse, o que talvez explique um homem tão rígido e ganancioso como Pietro ter como filho alguém tão afável e despreocupado.

Na adolescência Francisco passou certo tempo trabalhando na loja de tecidos do pai, mas sem nenhum interesse nem aptidão para os negócios, prejudicados pela liberalidade com que o jovem ajudava os mendigos que frequentavam a loja. Era um hábito que enfurecia Pietro.

Francisco sabia que tinha de dar novo rumo à sua vida. Assim, quando contava vinte anos, decidiu tornar-se cavaleiro. A ideia combinava com seu temperamento romântico, e ter ido lutar por sua cidade natal em guerra contra a cidade vizinha, Perúgia, satisfez seu pai: finalmente aquele filho pródigo dava para alguma coisa.

No entanto, foi capturado já na primeira batalha e passou um ano cativo numa prisão em Perúgia. Lá, porém, manteve-se otimista como sempre, negociando a paz com os presos e gabando-se de uma visão que tivera de sua futura grandeza. Liberto em 1203, Francisco adoeceu, e mesmo depois de convalescido notou que havia algo errado com ele: um vazio... Pela primeira vez Francisco sentiu que aquela vida tão cheia de encantos guardava, lá no fundo, um vácuo.

O que fez? Embarcou em outra campanha militar. Por volta de 1205, começou a se vestir com mais esmero, fazendo questão de anunciar a todos que seu destino seria deslumbrante. Saiu, assim, galopando de Assis, seguido de grande fanfarra e de um bando de soldados voluntários. Juntos, iam ao encontro de um comandante militar na Apúlia, a mais de seiscentos quilômetros de distância, na direção sul.

Com cerca de quarenta quilômetros percorridos, o grupo fez uma pausa para passar a noite em Espoleto. Francisco foi abatido por uma febre violenta e, enquanto se revirava na cama, ouviu uma voz interior lhe perguntar: «Por que trocas o Amo pelo servo?».

O jovem sentiu que era o Senhor, e então perguntou o que deveria fazer. «Regressa à tua cidade», disse-lhe a voz, ao que Francisco aguardou novas instruções. A voz lhe explicou que aquela visão da glória futura «deve ser entendida de outro modo, em tudo distinto daquele como a entendeste».

Atordoado, Francisco passou o resto daquela noite em agonia, e não só por causa da febre: sabia que, se voltasse para Assis tão cedo, seria motivo de chacota — e não só. Seria também o fim de sua carreira militar. Mas a voz tinha sido categórica: a glória que Deus pretendia para ele não estava no campo de batalha. Francisco teve de engolir em seco aquela verdade e, na manhã seguinte, regressou à sua cidade natal.

De volta, enquanto cavalgava nos arredores de Assis, Francisco viu um leproso. Não era difícil identificá-los: durante a Idade Média, era comum que os leprosos carregassem sinos para que os transeuntes pudessem tomar ciência de sua presença, mas às vezes o cheiro de sua carne podre era um aviso mais eficiente. Ninguém queria ir ter com um leproso, muito menos o vaidoso e invulgar Francisco, que, diante de um eminente sinal de contágio, corria na direção oposta.

Naquele dia, porém, Francisco sentiu que Deus o conteve, impedindo-o de se afastar. Movendo-o na direção do mendigo, e não da segurança de seu cavalo, fê-lo apear e olhar aquele pobre coitado nos olhos.

A ideia revoltou Francisco. Compartilhar da mesma estrada já não era arriscado demais? Mas, assim como em Espoleto, Francisco deu de ombros ao seu recato e resolveu obedecer: pulou do cavalo, entregou algumas moedas ao leproso e, sem pensar, beijou a mão nodosa e cheia de crostas daquele homem.

No instante em que o fez, ele sentiu uma onda de alegria percorrer todo seu corpo.

«Foi como dar cambalhotas», disse mais tarde a um de seus frades, segundo nos conta seu biógrafo Michael de la Bédoyère. «Coisas que eu julgava ser totalmente contrárias à minha natureza de repente se tornaram delícias para mim — agradáveis tanto a meus sentidos quanto a meu espírito. Logo depois disso, deixei o mundo.»

Logo depois, mas não imediatamente. Beijar um leproso libertou Francisco do medo que tinha dos párias da sociedade. Agora, restava-lhe enfrentar o medo de ele mesmo se tornar um pária.

A vaga insatisfação que Francisco sentira nos dias em que estivera preso se intensificou após seu retorno de Espoleto;

e, com o tempo, começou a ouvir sucessivos chamados espirituais, nos momentos menos convenientes. Um deles veio no meio de uma festança de rua. Na ocasião, Francisco ficou sem palavras, desejoso de Deus. Seus amigos o provocaram, dizendo que um comportamento bizarro como aquele só podia ser explicado pelo florescer de um novo amor. Ele concordou, mas não ousou dizer quem tomara posse do seu coração.

Noutra ocasião, Francisco ouviu o chamado de Deus enquanto fazia uma peregrinação a Roma. Por capricho — ou, quem sabe, porque tinha dado todo o seu dinheiro aos mendigos, ficando sem um centavo para a viagem de volta —, trocou de roupa com um mendigo e passou a tarde pedindo esmola na escadaria da Basílica de São Pedro. Francisco vestiu-se novamente no fim do dia e deixou a cidade feliz da vida.

Não demorou muito para que Francisco começasse a fugir para uma colônia de leprosos nas proximidades a fim de saborear regularmente essa alegria sobrenatural. Também começou a frequentar cavernas e capelas afastadas, em qualquer lugar onde pudesse estar a sós com o Senhor. O medo da vergonha social ainda o perseguia, entretanto: certa vez, enquanto rezava na floresta, Francisco foi tomado pela certeza de que, se não largasse toda aquela estultícia piedosa, acabaria exatamente como a velha corcunda e miserável que tinha visto vagando pelas ruas de Assis, cujas deformidades faziam todos recuarem. Francisco afastou o pensamento e continuou rezando.

Um ou dois anos depois da virada que vivera em Espoleto, Francisco estava rezando na capela em ruínas de São Damião quando ouviu uma voz falar com ele por meio do crucifixo bizantino da capela.

«Reconstrói a minha Igreja», disse a voz. «Vê como ela tem desmoronado.»

Ainda não ocorrera a Francisco, todavia, que aquele fosse um chamado para fundar uma ordem religiosa internacional e encabeçar um avivamento que renovaria a fé de todo um continente; em vez disso, pensou que Deus lhe pedia para reformar aquela ermida. Com isso, Francisco entrou em ação: vendeu o cavalo de seu pai e parte de suas melhores roupas; depois, foi correndo entregar o dinheiro ao pároco de São Damião. O padre deu uma olhada nas moedas do garoto rico e soube o que o aguardava: um Pietro furioso logo estaria batendo à sua porta, exigindo-as de volta.

Foi exatamente isso o que aconteceu. Embora o padre tivesse recusado o dinheiro e Francisco tivesse ele mesmo começado a reerguer a capela com suas próprias forças, Pietro ficou sabendo do paradeiro de seus bens e ficou furioso. O filho não só jogava seu dinheiro fora; pior: fazia daquilo um grande espetáculo cuja estrela era ele próprio — empreendendo reparos numa ermida com a qual ninguém se importava, mendigando nas ruas por pedras para a sua reforma, convivendo com leprosos e mendigos. A paciência de Pietro se esgotou. Ele prendeu Francisco, espancou-o, amarrou-o, trancou-o no porão da casa da família. Uns bons dias sentado no escuro, comendo apenas pão e água, seriam suficientes para acabar com o arroubo religioso daquele filho mimado.

Mas não foram. Depois que Pietro partiu para uma viagem de negócios e Pica libertou seu filho, Francisco voltou a reconstruir a capela em São Damião. Ele ainda sentia medo de seu pai, e por isso passou um mês dormindo numa caverna para se esquivar de Pietro, que havia começado a pedir às autoridades civis e religiosas que recuperassem o dinheiro que Francisco havia levado. No entanto, quanto mais Francisco rezava e trabalhava na reforma da ermida, afastando-se de seus sócios de farra, mais livre e encorajado se sentia. E, quando o bispo de Assis finalmente o convocou à cidade para responder às acusações de seu pai, Francisco mais uma vez engoliu em seco e obedeceu.

O julgamento ocorreu na residência do bispo em fins de 1206, aproximadamente, e a cidade inteira se reuniu para assistir. Todos apontavam as mudanças de Francisco, outrora tão galante e brincalhão. Seria verdade mesmo que tinha se desgarrado, ficado esquelético, sujo, vivendo nas ruas? Ou seria isso mais um de seus divertimentos, quiçá uma febre daquelas que o poria louco de vez? Poderia Pietro endireitá-lo?

No julgamento, o bispo elogiou Francisco por sua generosidade, mas disse que, mesmo que pretendesse usar o dinheiro de seu pai para uma boa causa, Deus não gostaria que Francisco ficasse com o numerário.

Francisco concordou, e respondeu belamente ao bispo:

— Terei prazer em devolver o dinheiro — disse —, e não apenas meu dinheiro, mas as minhas roupas.

Nesse momento, Francisco tirou as roupas — todas elas — e as colocou com as moedas aos pés do pai. E se virou para encarar a multidão.

— Ouvi-me, todos vós, e entendeis. Até aqui, chamei Pietro Bernardone de meu pai... A partir de agora, posso dizer livremente: «Pai nosso, que estais no céu», e não «Meu pai, Pietro Bernardone».

A plateia ficou estupefata. Alguns choraram. Outros se afastaram com desgosto. O bispo correu do seu assento para jogar uma capa sobre Francisco, nu, tremendo de frio.

De sua parte, Pietro simplesmente pegou suas moedas e saiu pela porta. Nunca mais falou com o filho.

Após o julgamento, Francisco passou os dois anos subsequentes reformando uma capela atrás da outra, implorando por pão e se acostumando com a vida marginal. Não deve ter sido fácil para um rapaz tão extrovertido, tão jovial, se afastar da família, ser escarnecido, tendo de suportar moleques de rua que arremessavam lixo nele e ladrões que o agrediam. Tornou-se isto a sua vida após o julgamento. Também não deve ter sido fácil renunciar ao sucesso mundano de que, na mesma cidade onde agora passava por toda sorte de vilipêndio, ele usufruíra. Implorar a estranhos já é bastante embaraçoso; implorar a ex-amigos que agora o consideram uma piada de mau gosto é mil vezes pior, é verdadeiramente mortificante.

Francisco não negou a mortificação. Aceitou-a. E lentamente, com a prática, aprendeu a abraçá-la, trazendo à memória que Jesus não era alheio ao escárnio, que ser pobre, incompreendido e insultado eram experiências que o Senhor conhecia bem. Se Francisco realmente queria viver uma vida cristã, não poderia selecionar apenas as partes da vida de Cristo que ele quisesse imitar, mas devia experimentar tudo o que Jesus sofrera: a dor e a rejeição, a liberdade e a alegria. Não há como contornar a cruz, e Francisco passou a crer que a cruz é o caminho.

Certo dia de fevereiro, por volta de 1208, na festa de São Matias, Francisco foi à Missa e ouviu a leitura do Evangelho em que Jesus ordena a seus discípulos que partam de cidade em cidade proclamando o Reino de Deus. «Não leveis nem ouro, nem prata, nem dinheiro em vossos cintos», diz Jesus, «nem mochila para a viagem, nem duas túnicas, nem calçados, nem bastão» (Mt 10, 9-10).

Francisco tomou essa passagem como uma convocação pessoal e marchou. Largou o cajado naquele instante, tirou as sandálias e a túnica externa e trocou o cinto por uma corda. Ali percebeu que não fora chamado apenas para reparar capelas, mas também para pregar o Evangelho, vivendo-o na inteireza de cada detalhe.

Ao fazê-lo, Francisco começou a atrair um novo tipo de atenção em Assis. Enquanto a maioria das pessoas ainda o considerava louco, alguns homens notaram sua misteriosa alegria e começaram a se perguntar se Deus também tinha um propósito maior para suas vidas. Quando dois deles manifestaram interesse em segui-lo, Francisco os convidou a se juntarem a ele, buscando discernimento na Palavra de Deus.

Os três se reuniram na igreja de São Nicolau e abriram a Bíblia aleatoriamente por três vezes. Na primeira vez, depararam-se com o texto de Mateus 19, 21, no qual Jesus diz ao jovem rico: «Respondeu Jesus: Se queres ser perfeito, vai, vende teus bens, dá-os aos pobres e terás um tesouro no céu. Depois, vem e segue-me!»; na segunda vez, com o de Lucas 9, 3: «Disse-lhes: Não leveis coisa alguma para o caminho, nem bordão, nem mochila, nem pão, nem dinheiro, nem tenhais duas túnicas»; na terceira vez, com o de Mateus 16, 24: «Em seguida, Jesus disse a seus discípulos: Se alguém quiser vir comigo, renuncie-se a si mesmo, tome sua cruz e siga-me».

A mensagem era clara: o Senhor confirmava o chamado que fizera em particular a Francisco alguns meses antes, e esse chamado agora incluía outros dois. Deus convidava Francisco e seus seguidores à imitação literal do pobre de Nazaré, que «não tem onde repousar a cabeça» (Mt 8, 20). Como a Regra de Francisco, datada de 1223, explicaria mais tarde, eles não deveriam «apropriar-se de nada para si, nem casa, nem sítio, nem qualquer outra coisa». Deveriam viver «como estrangeiros e peregrinos no mundo», assim como Pedro aconselhara os primeiros cristãos: «Caríssimos, rogo-vos que, como estrangeiros e peregrinos, vos abstenhais dos desejos da carne, que combatem contra a alma» (1 Pe 2, 11).

Francisco havia encontrado sua missão, uma missão muito mais digna de sua paixão e talentos do que qualquer outra coisa que ele imaginara como aspirante a cavaleiro. Ainda preso às amarras do perfeccionismo social, ele descobriu a vida que nascera para levar, uma vida que encorajaria inúmeras conversões, revitalizaria a Igreja e restauraria o fervor dos tempos apostólicos, em benefício de cristãos de toda a Europa.

A revolução franciscana que começou naquela pequena igreja de Assis há oito séculos não se limitou apenas à Europa.

Seus efeitos também atingiram o Novo Mundo — incluindo a Califórnia moderna, onde São Junípero Serra, franciscano espanhol do século XVIII recentemente canonizado, estabeleceu uma série de 21 comunidades missionárias para a difusão do cristianismo entre os nativos americanos. Foi em uma dessas comunidades que, pela primeira vez, me senti atraída pelos ideais franciscanos, ainda que indiretamente.

À época, tinha vinte e poucos anos; e, durante um fim de semana de Páscoa, resolvi fazer uma viagem-relâmpago para visitar meu irmão e sua esposa, que então moravam em Los Angeles. Lá chegando, dirigimos até o litoral para ver a Missão Santa Bárbara. Construída logo após a morte de Junípero e batizada em homenagem a uma jovem grega do século III que preferiu ser decapitada a renunciar à sua fé, a exuberante comunidade tem treze hectares, vista para o Pacífico e grande importância histórica e religiosa.

Eu tinha ido até ali para ver a paisagem — todos os guias diziam que era imperdível — e, quem sabe, receber algum direcionamento. Minha rápida carreira jornalística em St. Louis começava a me entediar, e eu ansiava por usar meus talentos a fim de compartilhar minha fé recém-reavivada. No entanto, tinha medo de acabar tomando uma medida drástica, pois sabia que, ao rotular-se como religioso, as portas se fecham para quem é escritor e nunca se abrem novamente.

Quando nos deparamos com as colunas cor de salmão daquela comunidade missionária, dentro de mim ainda se desenrolava como que uma disputa acerca da minha carreira. Tinha sido assim durante todo o fim de semana, mas naquele instante via-me especialmente agitada — até que, misteriosamente, tudo se calou no meu interior. Enquanto manobrávamos o carro pelos jardins diante dos arcos centenários daquela comunidade, ouvindo o canto dos pássaros e respirando o ar fresco da capela de pedra, senti meu coração dilatar. A beleza pura do lugar — o telhado carmesim, o pátio verde-esmeralda, as palmeiras altas, os cachos perfumados de rosas fúcsia e alaranjadas, a cruz marrom emoldurada pelas montanhas Santa Ynez, o céu azul-claro... Tudo parecia um eco gritante da magnânima, extravagante e despreocupada generosidade de Deus para comigo. A perspectiva de entregar a Jesus o controle da minha carreira parecia estúpida na pálida e invernal St. Louis; mas ali, no interior daquelas paredes marcadas pelo sol, construídas por cristãos bem mais corajosos que eu, parecia a resposta lógica a um Deus tão bom. Parecia a minha perspectiva natural. E isso me encheu de alegria.

Um ano depois daquela visita a Santa Bárbara, candidatei-me à bolsa de jornalismo que, uma vez concedida, me permitiu deixar meu emprego no jornal, escrever um livro sobre jovens cristãos e conhecer meu marido. Essa tripla explosão de bênçãos foi, para mim, uma confirmação inconfundível da providência de Deus; foi, também, o primeiro gostinho que senti da minha liberdade de mulher adulta, bem como da alegria decorrente da substituição do medo (do que vão dizer) pela confiança (em Deus).

Ao longo das duas décadas seguintes, à medida que ia abandonando o meu velho caminho e visitava mais e mais comunidades franciscanas — de Assis ao Bronx, passando pela Cidade do México —, desenvolvi uma apreciação mais profunda daquele santo cujos seguidores haviam construído uma missão tão bela. Rezei com minha mãe no túmulo de São Francisco e de sua famosa e igualmente destemida seguidora, Santa Clara, sentindo com eles uma conexão tão forte que mais tarde viria a batizar dois filhos meus com seus nomes — Clara e Joseph Francis. Experimentei o poder curativo dos períodos de louvor e adoração eucarística na Universidade Franciscana de Steubenville, em Ohio, um centro de avivamento católico onde persiste o alegre espírito missionário de Francisco; e, enquanto trabalhava na Casa Branca, cercada por poderosos e desesperada ante a possibilidade de me tornar mais um deles,

Francisco me atraiu com intensidade ainda maior. Naquela época, eu me via subitamente rodeada de novos amigos, cujo interesse pela minha pessoa se media de acordo com o tempo que, ao longo de uma semana de trabalho, eu tinha passado na Ala Oeste ou na comitiva presidencial... e eis que meu único refúgio eram os livros sobre aquele pobre homem de Assis. No meio de tanta intriga e bajulação, estava sedenta de sua humildade e modéstia.

Quando deixei a Casa Branca e me casei com John, o caráter radical de Francisco e de sua vida tornou-se para nós um fascínio. Sabíamos que não tínhamos sido chamados para imitar, literalmente, sua miséria — nossas profissões nos pagavam bem, queríamos constituir família... Criar de propósito nosso filhos num bairro pobre e de alta criminalidade para, assim, vivermos em simplicidade, embora fosse admirável, era mais do que eu podia suportar. Por mais covarde que eu fosse, contudo, eu também temia ser sugada por todo aquele ciclo de produção e consumo que transforma a vida familiar numa busca frenética por manter um determinado nível e condiciona as crianças a, inconscientemente, macaquear os valores da cultura *pop*. John também não queria isso. Começamos, então, a procurar maneiras de imprimir nossa própria marca de simplicidade radical em meio a uma vida ordinária.

Às vezes, essa busca nos levou a grandes decisões, como a de nos mudarmos para Washington, D.C., por conta do emprego que arrumara num canal de televisão — tratava-se de uma verdadeira aposta, pois a prudência nos dizia para ficarmos no lugar em que estávamos; ou a de optar pela educação domiciliar dos nossos filhos, enquanto teria sido mais fácil e socialmente aceitável colocá-los na escola. Às vezes, essa busca resultou em escolhas menores ou menos intuitivas, como a recusa em participar de corridas de rua quando estas caíam no domingo, dia de descanso em família; ficar sem assistir a programas de televisão (ainda que eu mesma fosse a apresentadora do programa) após o nascimento de nossos gêmeos, para que tivéssemos mais tempo um com o outro e nossos filhos não desperdiçassem sua infância diante de telas...

Nós não descobrimos tudo. Quase toda semana surge algo que nos obriga a decidir se vamos fazer as coisas da maneira convencional ou se Deus está nos chamando a romper com tais convenções, desgarrando-nos do grupo. A melhor escolha nem sempre é clara e pode levar décadas para saber se optamos pelas escolhas certas. O mero ato de perguntar é libertador. Quando a pressão aumenta e todo mundo diz que devo fazer *isso*, *dessa* maneira e *nesse* momento; que, se não o fizer, meus filhos ou eu seremos irreparavelmente prejudicados ou irremediavelmente tidos por esquisitos; ou ainda que cairemos em total ostracismo, é bom fechar os ouvidos para essa gente histérica e, ignorando-a, fazer perguntas. Devo realmente fazer isso? Por quê? Existe uma maneira melhor? E a pergunta principal: o que Deus *quer* que eu faça?

Francisco era bom em fazer essas perguntas; quanto a mim, até que não sou tão ruim. A diferença entre nós dois está em que — com coragem e alegria, sem autopiedade, sem duvidar nem comparar compulsivamente — Francisco viveu, dia após dia, as respostas: ele se notabilizou por isso. Eu, não.

Não é que eu não aja de acordo com as respostas que Deus me dá. Se Ele deixa Sua vontade clara, faço o que posso para segui-la; e, mesmo diante dos obstáculos, persevero.

Não é na execução que tropeço, mas na minha atitude.

Quero seguir a Deus com alegria e confiança, como Francisco fez, para abraçar a vida contracultural de uma cristã comprometida, sem ressentimentos nem arrependimentos, vivendo numa era secular. Sei que um discipulado com propósitos, assim como uma paternidade com propósitos, nunca vai fazer de mim uma queridinha do mundo, e sei também que abandonar o perfeccionismo social significa aceitar esse fato com graça e bom humor.

Há dias em que faço isso e, com olhos vivos e sem nenhum temor, dou respostas corteses mas também sagazes aos ilustres desconhecidos que, vendo a quantidade de filhos que tenho e sabendo que os educo em casa, fazem brincadeirinhas do tipo «antes você do que eu» na frente das crianças. Vejo antigos colegas irem mais longe que eu em suas carreiras e agradeço a Deus pela bênção de passar meus dias com os filhos que sempre quis e pela oportunidade de escrever sobre Deus, mesmo que isso nunca me traga fortuna ou fama. Sinto uma pontinha de desconforto quando deixo de assistir aos programas que os outros assistem, de acompanhar as mídias sociais, as notícias e as tendências da moda como eles fazem, ou quando não tenho o mesmo senso infuso de comunidade que eles têm ao colocar os filhos na escola. E o desconforto que sinto, ofereço-o de volta a Jesus sabendo que, muito antes de mim, Ele foi deixado de lado.

Além disso, há dias em que tudo dá errado dentro e fora da minha casa, em que as coisas boas que estou tentando fazer para minha família parecem apenas dificultar a vida de todos nós. Nesses dias, tenho a impressão de que, para onde quer que me volte, enfronto olhares de estranhos que acham que tenho muitos filhos, ou conhecidos católicos que se perguntam em que exatamente as escolas religiosas não são boas o suficiente para mim, ou ainda parentes que ficam horrorizados porque meus filhos não viram o último filme da Disney. Para completar, nesses dias meu filho menorzinho acaba não conseguindo tirar sua soneca; meus filhos mais velhos brigam ou reclamam de terem de estudar matemática; recebo um e-mail de trabalho com cinco urgências que não consigo resolver, já que, numa casa cheia de crianças gritando, não dá para pensar direito; e, finalmente, encontro pelo menos três pessoas que me dizem ser uma pena eu não escrever mais colunas de jornal ou não apresentar programas na televisão. Se for pra ser, de fato, um dia horrível, terminará com um daqueles coquetéis insuportáveis nos quais as mesmas pessoas que antes se aglomeravam ao meu redor para descobrir com o que eu estava trabalhando agora sorriem vagamente ao ouvir que, em casa com as crianças, ando escrevendo livros religiosos. «É o trabalho mais importante do mundo», murmuram, enquanto sorvem o restinho do seu Merlot e vasculham o salão em busca de alguém — qualquer um — mais interessante para conversar.

É nesses dias que me vejo cedendo à amargura, à inveja e ao mau humor. Se essa é a vontade de Deus, por que Ele não me manda mais suportes? Por que pessoas que, aparentemente, não pensam tanto em como gastar seu tempo, criar seus filhos ou praticar sua fé vão tão bem ou melhor do que eu? Meus esforços por nadar contra a maré importam para Deus e para minha família?

Meus esforços valem a pena? Ou sou uma idiota que tomou sem motivos o caminho estreito? Nessa espiral mortal de comparação e pensamento negativo, vejo a verdadeira distância entre mim e Francisco — e uma distância ainda maior entre mim Jesus; e, sendo sincera, fico bastante envergonhada...

Sem teto, sem dinheiro, insultado por quase todos os que um dia o amaram — eis Francisco. E ele ainda conseguia cantar e dançar pelas ruas da Itália, fingindo tocar violino com as mãos só para entreter as crianças que passavam, falando em estilo poético sobre a bondade de Deus para desconhecidos e chorando lágrimas de gratidão cada vez que passava por um crucifixo. Mesmo quando a morte se lhe avizinhou, um Francisco quase cego e traído por frades de sua própria ordem que haviam enfraquecido seu ideal fundador de pobreza absoluta, teve de ser silenciado por cantar muito alto em louvor a Jesus. Quando o frade que tentou contê-lo lembrou a Francisco que se espera dos santos uma morte pesarosa e taciturna, sem aquilo de cantarolar melodias, Francisco sorriu. «Oh, deixa que eu me alegre em Deus, louvando-O em todos os meus sofrimentos», respondeu, e continuou cantando.

Esse era Francisco. E esta sou eu: cheia de autocomplacência, resmungando porque um doidivanas no salão de beleza quis me dar lições sobre controle populacional ou porque não sou mais uma celebridade nas festas (mesmo que nunca tenha ligado muito para isso). Não costumo questionar as decisões que tomei; ao menos nisso a vontade de Deus para mim é clara. É que fico irritada quando criticam minhas escolhas, quando sinto que o mundo não me dá o tapinha nas costas que creio merecer.

É esse o ponto. Se eu modelar minha vida segundo o Cristo crucificado, devo esperar que o mundo me dê mais socos nos dentes do que tapinhas nas costas, ao menos nesta vida.

Isso não significa que minha vida será um longo e insuportável calvário ou que eu deva adotar uma postura defensiva. É difícil ser sal e luz na terra quando se fica agachado, escondido atrás das barricadas.

No fim das contas tudo isso significa que, no mundo, irei sofrer oposição. Se o objetivo que almejo é diferente daquele que a maioria das pessoas almeja — se eu me importo mais em levar meus filhos para o céu do que para Harvard — então o caminho que sigo também será diferente. E não deveria me surpreender que minha recusa em seguir o rebanho atraia alguns inimigos. Como Jesus disse: «Se o mundo vos odeia, sabei que me odiou a mim antes que a vós» (Jo 15, 18). O inverso também é verdadeiro: se o mundo ama você e tudo o que você faz, pode ter certeza de que o deus que você serve não é Aquele que foi pregado numa cruz.

Não há dúvida de que corremos a tentação de desperdiçar tempo e energia tentando avaliar quem serve a um falso deus e quem não o faz, quem abraça a cruz como um verdadeiro cristão e quem quer apenas desfrutar dos almoços de Páscoa.

As comparações podem ser odiosas, disse Santa Teresa de Ávila; além disso, viciam — e viciam principalmente os perfeccionistas. Gostamos de ter sucesso, e às vezes parece que a única maneira de saber se estamos tendo sucesso em algo tão nebuloso quanto viver nossa fé ou criar nossos filhos é encontrar outra pessoa que, buscando o mesmo sucesso que nós, acaba falhando. Segundo esse torpe entendimento, é como se Deus estivesse traçando um gráfico em curva; e, se um número considerável de outras almas estiverem atrás de nós, passaremos no teste.

Se ao menos fosse assim tão fácil... A realidade é que Deus me julga pela fidelidade ao meu chamado, e não ao de outrem; ademais, nunca poderei saber completamente o que se passa dentro de outra vida, de outro coração — é isso que, provavelmente, explica por que comparar-se com os outros traz mais infelicidade que inspiração. Ou desfruto de um breve lampejo de superioridade antes de perceber que caí no pecado da presunção, ou fico com inveja e me sinto derrotada ao descobrir que estou ficando para trás. Nenhuma dessas experiências me traz alegria ou me leva para mais perto de Jesus.

Talvez seja por isso que Francisco não gostava de comparações. Ele disse a seus frades que nunca julgassem os ricos, «mas que cada um julgue e despreze a si mesmo». Quanto à inveja, considerou-a uma espécie de preparação para a blasfêmia, pois Deus é o Autor de todo bem: assim, invejar o bem alheio, querendo-o em sua vida, é o mesmo que invejar o próprio Deus. Não era da intenção de Francisco que seus seguidores se comparassem a ele. «Fiz o que me cabia fazer», afirmou, perto do fim da vida. «Que Cristo te ensine o que te cabe fazer.»

Francisco praticava o que pregava. Depois de convertido, toda a sua vida se centrou na tarefa de calar as distrações da comparação, as preocupações com a reputação, os arrependimentos e tudo o mais. Não que Francisco desprezasse as outras pessoas e suas opiniões. Não. Ele simplesmente dava maior valor à opinião de Deus. Francisco adotava, como pontua a autora Patti Normile, «uma forma de subtração espiritual»: uma espiritualidade que tinha por objetivo prioritário concentrar-se intensamente na vontade de Deus — e não no ostensivo afã de rejeitar o mundo —, de modo que não restasse lugar para preocupações menores.

Muitos de nós já nos sentimos tomados de uma paixão sincera por Cristo, geralmente logo após a conversão. Em Francisco essa paixão nunca se esvaneceu; pelo contrário: conservou-se até o dia de sua morte. O fogo inicial da sua conversão abrasou-se mais e mais com o passar dos anos, a ponto de consumir tudo o que, na sua vida e na sua alma, não provinha de Deus.

No meio desse fogo sagrado, não havia espaço para fitar com hesitação as pessoas ao redor, tampouco olhar para trás, considerando as outras estradas que poderia ter tomado. Não havia espaço nem mesmo para olhar para as boas obras dele mesmo. «Nada, além de nossos vícios e pecados, nos pertence», Francisco gostava de dizer. Ou, como disse a seus frades pouco antes de sua hora derradeira: «Comecemos de novo, pois até agora não fizemos nada».

Para Francisco, só se podia olhar para uma direção: adiante, isto é, na direção de Jesus. Ele via cada dia como uma nova oportunidade para seguir a Cristo mais de perto, para viver mais plenamente as bem-aventuranças, este claríssimo padrão de perfeição que nos foi dado por Jesus nos Evangelhos.

A pobreza de espírito pela qual Francisco ficou conhecido não era a pobreza de um estoico que odeia o mundo, nem a de um asceta perdido em transe, mas a de um peregrino, um homem que sabia que só poderia chegar aonde queria se viajasse sem bagagens.

Na primavera passada, dezoito anos após minha primeira visita à Missão Santa Bárbara, voltei lá com meu marido e filhos.

E o lugar continuava lindo, exatamente como eu o rememorava. Os pássaros cantavam, as rosas desabrochavam e a vista deslumbrante para as montanhas e o oceano disputavam nossa atenção com as pedras recém-restauradas na fachada da comunidade. Depois de tantas viagens nostálgicas que tinham resultado em decepção para mim e para a minha família, essa, em contrapartida, valeu a pena.

Aquela foi uma das sete comunidades missionárias que visitamos naquelas férias. Sempre quis fazer uma viagem para ver todas, que perfazem um total de 21, mas com quatro filhos — incluindo um que ainda precisa cochilar — conhecer um terço delas já me deixou feliz. Ainda mais feliz fiquei por ter encontrado tempo, antes da viagem, para ler sobre Junípero Serra. Queria saber mais sobre esse intrépido padre franciscano que trocara um cargo de prestígio como chefe do departamento de teologia duma universidade na Espanha por uma angustiante aventura ultramarina no deserto americano. Senti que havia nele algo da centelha de Francisco, aquela mesma sede de buscar a perfeição do Evangelho a qualquer preço.

E o que li confirmou meu palpite. Junípero era um missionário improvável: tinha menos de 1,60 metro de altura, era magro e sofria de asma; além disso, para os padrões de sua época, o seu tempo já tinha passado: ele partiu da Espanha aos 35 anos e, até os 56, não havia discernido qual seria sua primeira missão. Mesmo assim, Junípero se ofereceu como voluntário. Sentia sua fé atrofiar no ambiente acadêmico e quis «reavivar em minha alma aqueles anseios intensos que tivera desde o meu noviciado, quando li a vida dos santos». Junípero sabia que seus entes queridos não o entenderiam, especialmente seus pais idosos, os quais não poderia ver novamente. «Diga a eles quão mal me sinto por não poder ficar mais tempo e fazê-los felizes como sempre fiz», escreveu Junípero numa carta de despedida a um amigo, antes de acrescentar: «As coisas mais importantes devem vir primeiro; e nosso primeiro dever, sem dúvida, é fazer a vontade de Deus».

Nas décadas seguintes, essa fidelidade obstinada à vontade divina fortaleceu Junípero em meio à fome, ao escorbuto, ao mau tempo, aos acidentes geográficos, aos ataques violentos de alguns nativos californianos, às batalhas políticas com o governo espanhol e os oficiais militares, bem como à debilidade de sua própria saúde (assim que chegou à América, feriu a perna esquerda e ficou aleijado). Estima-se que Junípero andou cerca de dezesseis mil quilômetros pela costa pregando o Evangelho, estabelecendo missões e administrando os sacramentos. Verdadeiro filho de Francisco, Junípero levava apenas o essencial, dormindo no chão durante as viagens com um crucifixo de trinta centímetros estendido no peito. Morreu, aos setenta anos, de uma provável insuficiência cardíaca, após uma exaustiva jornada de três anos e mil quilômetros para administrar o sacramento do Crisma a milhares de novos cristãos em cada uma das missões na Califórnia, de San Diego a São Francisco.

A canonização de Junípero pelo Papa Francisco em 2015 foi controversa. Seus críticos consideravam paternalista e opressivo o seu método missionário; seus apoiadores, por outro lado, afirmavam que seu amor e sacrifício pelos nativos americanos, a quem chamava de «povo sensato», fizeram dele um dos poucos defensores dessa população, amiúde tratada como subumana pelo sistema colonial espanhol.

Para mim, a questão mais pertinente em relação a Junípero é o porquê de ele ter ido para a Califórnia e o porquê de ter ficado lá por tanto tempo, haja vista tanta oposição. Compreendo que se abra mão do conforto, do prestígio e da popularidade quando o fervor missionário surge pela primeira vez. Mas permanecer firme pelo resto da vida, vivendo um dia mais difícil que o outro, num lugar onde quase ninguém o apoia? Como ele fez isso? Como alguém poderia fazê-lo?

Creio que a resposta esteja no próprio lema de Junípero, aquele que vimos em todas as missões que visitamos. Trata-se de um eco da instrução que Francisco fornecia a seus frades: «Passar pelo mundo como peregrinos e estrangeiros». A releitura de Junípero é ainda mais simples: «Sempre avançar, nunca retroceder».

A primeira vez que ouvi esse lema, pensei que tivesse a ver com coragem e tenacidade, algo como: não importa o que aconteça, continue avançando. Porém, quanto mais leio sobre a vida de Junípero e reflito sobre o legado de Francisco, seu pai espiritual, mais acredito que se trata de algo mais profundo e que exige ainda mais de nós — creio que tenha a ver com nos despojarmos daquilo que carregamos enquanto nos movemos pela vida, deixando para trás a bagagem que, pesando sobre nós, nos faz duvidar: «e se...», «por que eu?», «o que vão dizer?». Quando deitamos fora toda essa carga, podemos buscar livremente a resposta para a única pergunta que realmente importa: o que Deus pede de mim agora?

Grande parte do perfeccionismo consiste em olhar na direção errada: para o mundo e suas expectativas, para os outros e suas escolhas, para mim mesma e meus medos e defeitos. Trata-se de olhar para trás, para os erros e arrependimentos, ou para o lado, para os outros caminhos que eu poderia ter tomado. Trata-se de olhar para todos os lugares, exceto para onde meus olhos encontram repouso: para Jesus, o verdadeiro aperfeiçoador da minha fé.

Não olhar na direção errada nesta vida é difícil; é como não pensar num *sundae* com calda de chocolate na fila da sorveteria no último dia da Quaresma. A única maneira de evitar a tentação está em olhar para algo superior, permanecer num constante movimento espiritual, seguindo adiante, em vez de ater-se a algo inferior. Foi o que Jesus mandou Pedro fazer quando este o encheu de perguntas vãs sobre o que Ele tinha reservado para os outros apóstolos. «Que te importa se eu quero que ele fique até que eu venha?», disse Jesus. «Segue-me tu» (Jo 21, 22).

> *Segue-me tu.*
> *Vamos em busca da cidade futura.*
> *Sempre avançar, nunca retroceder.*

Francisco sabia de tudo isso. Eis a razão pela qual suas rupturas com o mundo foram tão intensas e decisivas; eis a razão pela qual se despiu de suas roupas, abriu mão de suas economias; eis a razão pela qual abraçou a pobreza literal para alcançar a pobreza de espírito que, ainda mais sutil, está listada entre as bem-aventuranças. Francisco sabia que não poderia trocar uma vida protética por uma vida profética sem fazer grandes mudanças — mudanças visíveis a um mundo que as chamaria de ridículas. São Francisco sabia que a vida cristã não é um passeio de domingo, mas uma corrida; e, não se contentando em seguir o fluxo ou em aceitar apenas o necessário, obedeceu à ordem de São Paulo: «...bem sabeis que um só recebe o prêmio. Correi, pois, de tal maneira que o consigais» (1 Cor 9, 24).

Outro dia, enquanto limpava nossa *minivan* depois de uma longa viagem, encontrei um pedaço de papel embaixo do meu assento. Era o desenho de uma figura caricatural e cativante, um homem todo vestido de marrom, com os lábios franzidos, pressionados, os olhos enormes e esbugalhados fixos em um ponto distante. Acima da sua cabeça estavam rabiscadas, em caneta azul, as palavras «Junípero Serra».

O nome estava escrito perfeitamente; até o acento estava no lugar certo. E, no verso da foto, com a letra do meu filho John Patrick, de oito anos, havia a seguinte mensagem:

«Sempre avançar, nunca retroceder».

É engraçado: por mais que eu tenha pensado em Juníparo e em seu lema ultimamente, não me lembro de tê-lo mencionado a John Patrick desde a nossa viagem para ver as comunidades missionárias, há um ano. Talvez o santo permanecesse em sua cabeça por causa do livro infantil que temos sobre ele na estante, ou porque as crianças volta e meia cantassem «sempre avançar, nunca retroceder» durante as nossas caminhadas, ou ainda porque ir a sete comunidades missionárias em dez dias basta para incendiar qualquer coisa na memória duma criança. Tínhamos feito o máximo para intercalar essas visitas com brincadeiras e passeios na praia, mas, perto do fim, tivemos de ouvir alguns gemidos de: «mais uma?» — e os do John Patrick estavam entre os mais barulhentos.

No entanto, cá está ele, internalizando um lema que gostaria de ter aprendido décadas atrás, um lema que só começo a entender no alto dos meus quarenta anos. Fico feliz por termos visto mais do que focas e sequoias naquela viagem; feliz por ter fotos não apenas de crepúsculos incríveis e de crianças sorridentes, mas também de crianças em pé diante das cruzes, das capelas e das paredes daquela comunidade missionária.

Minha foto favorita dessa viagem é uma que tiramos depois da Missa na comunidade missionária de São Boaventura. Nossos filhos vestem suas melhores roupas de domingo, embora um pouco amarrotadas por conta do calor — mas ainda não tão manchadas, que é como ficarão quando descobrirem os lagartos que podem perseguir pelo jardim da missão, ou mesmo uma fonte que existe por lá e exerce uma atração irresistível. Estão agrupados em frente a um velho lagar de azeite: Joseph Francis, de três anos, figura todo empoeirado em cima do lagar, fazendo cara de valente porque sabe que estou prestes a mandá-lo descer; Clara e Maryrose estão em pé abaixo dele, sorrindo docemente para a câmera;

John Patrick, enquanto isso, encontra-se de pé, ao lado; curioso, cerra os olhos, mirando uma placa de madeira pintada à mão sobre seu ombro direito. Em letras maiúsculas e amarelas, bem impressas, lê-se:

A VIDA É UMA SÓ
EM BREVE PASSARÁ
SÓ O QUE FOI FEITO PARA CRISTO HÁ DE DURAR

Sorrio só de pensar no meu filho refletindo sobre essas palavras; nesse garotinho que compartilha o nome do meio com meu falecido pai, revirando-as em sua mente e guardando-as entre aquelas memórias de infância que, nos momentos mais surpreendentes, hão de ressurgir. Gosto de pensar que em algum lugar Francisco e Junípero, bem como meu pai, sorriem pelo mesmo motivo.

CAPÍTULO 8

DA CABEÇA
AO CORAÇÃO

> *Eu dormia, mas meu coração velava.*
> *Eis a voz do meu amado. Ele bate.*
> *«Abre-me, minha irmã, minha amiga,*
> *minha pomba, minha perfeita...»*
> *Meu bem-amado passou a mão pela abertura*
> *(da porta) e o meu coração estremeceu.*
> *Levantei-me para abrir ao meu amigo...*
>   (Ct 5, 2a, 4-5)

Na noite do meu casamento, um velho amigo do meu marido levantou da cadeira e propôs um brinde à nossa união. Já me esqueci de grande parte do que ele disse — creio que foram alguns gracejos, relembrando as coisas que aprontavam no grupo jovem da Primeira Igreja Metodista Unida de Peoria, ou então alguns elogios ao casal que formávamos. Estava concentrada em beber o espumante no momento certo, logo após aquele previsível «Sejam felizes para sempre» que se diz ao final do brinde, até que um sujeito, com cara de garoto e pai de cinco filhos, elevou o copo e bradou:

— Que o Senhor parta o coração de vocês dois!

Devo ter engasgado na hora.

Rapidamente, me recuperei, ao menos o bastante para sorrir e agradecer pelo que sabia se tratar dum voto bem-intencionado, apesar de meio estraga-prazeres; ou era mais uma daquelas frases que nossos amigos e parentes evangélicos compreendem melhor do que uma católica de berço como eu. Guardei aquilo comigo para perguntar ao John mais tarde; mas, com a agitação da noite, acabei esquecendo.

No entanto, mesmo com o passar dos anos e o lento desvanecer das lembranças daquele momento, aquelas palavras continuaram ecoando dentro de mim, e nos momentos mais corriqueiros — enquanto secava a louça, enquanto dirigia pela estrada — de repente os ouvia chacoalhar em minha cabeça como alguma maldição: *Que o Senhor parta o coração de vocês dois!* Eu o via em minha memória dizendo aquilo para nós com os olhos brilhando, dotados de uma sabedoria que eu ainda não adquirira, e perguntava a mim mesma: o que ele quis dizer com isso? Que valor há num coração partido — tanto o nosso como o de qualquer outra pessoa?

Eu sabia que mesmo no matrimônio haveria sofrimento, é assim em todas as áreas da vida. Mas sabia também que o sofrimento nos leva à redenção — isso aprendi com meu pai, durante a luta contra o mal de Alzheimer que o acometeu cinco anos depois da minha festa de casamento (ainda lembro de nós dois na pista de dança, meu vestido farfalhava enquanto meu pai cantava *Sunrise, Sunset* em meu ouvido. Naqueles últimos anos da vida de papai, vi sua fé e seu amor crescerem mais intensamente na medida em que sua força e independência arrefeciam.

Ainda assim, não era do feitio dele sofrer com dores emocionais oriundas de um coração partido. Antes, sofria com o seu intelecto prejudicado e sua alma aflita. E quando foi a minha vez de passar por provações na vida adulta — dentre as quais uma batalha de quatro anos contra a infertilidade que se tornaria a experiência definidora do meu recente casamento com John — também não me afeiçoei à imagem de um coração partido. Suportar o sofrimento, oferecê-lo a

Jesus e, entrementes, encontrar a alegria em Deus — tudo isso eu conseguia entender, mas acolher e rezar por um coração chagado e partido? Por quê?

Nos últimos anos, à medida que alimentava a mente com histórias de santos perfeccionistas lutando para se emendar, ficava impressionada com a miríade de pessoas que, antes de mim, percorreram esse mesmo caminho, cada uma à sua maneira. Eram soldados e eruditos, bispos e mendigos, mães e monjas. Alguns santos perfeccionistas eram estudiosos e escrupulosos; outros, românticos inatos ou trabalhadores compulsivos, como verdadeiras abelhas operárias.

Contudo, quase todos tinham algo em comum: a intensa devoção ao Sagrado Coração de Jesus.

Sei que isso pode soar estranho a quem não for católico ou a quem, apesar de católico, não conhece o assunto — já foi o meu caso. Como pode alguém ser devoto de uma parte específica do corpo de Jesus? E por que de Seu coração? Por que não de Sua face, de Seus pés ou de Seu cotovelo esquerdo?

Desvendar o mistério e a aparente estranheza do que se conhece como devoção ao Sagrado Coração de Jesus nunca foi um propósito que me interessasse em particular, pelo menos não antes de pesquisar a vida de santos perfeccionistas. Via imagens do Sagrado Coração desde criança: aqueles retratos meio desfocados de uma figura ligeiramente andrógina, de olhos tristes, apontando para um coração exposto e sangrante; coração que, quase sempre, estava cercado de espinhos, perfurado por uma lança, coroado com chamas e com uma cruz cravada em seu centro.

Eram pinturas bem piegas, que nunca me diziam nada.

Sentia, isso sim, uma pontada de tristeza ao vê-las, principalmente quando era uma garotinha e elas vinham num folheto de oração ou estavam penduradas na sacristia da igreja, logo depois de ter nutrido pensamentos ruins acerca do meu irmão mais velho ou de ter alimentado alguma fofoca no pátio do colégio. Eu fitava os olhos desolados do meu Salvador e pensava, por um minuto, no quanto Ele sofreu por mim, e na ingratidão com a qual retribuí esse sofrimento.

Conforme o tempo passou, as imagens do Sagrado Coração foram se tornando o papel de parede da minha vida espiritual. Ninguém nunca me explicou seu significado, e era difícil não se deixar levar por seu aspecto sentimental. Quem quer olhar para uma imagem que o faça sentir culpado e triste? Já não superamos todo aquele catolicismo *kitsch* pré-Vaticano II?

Certa noite, quando tinha 24 anos, depois de ter discernido minha vocação diante do altar durante a Missa carismática em St. Louis, entrei no ginásio da Universidade Franciscana de Steubenville e vi o Sagrado Coração de Jesus como se fosse a primeira vez.

A efígie, obra dum artista anônimo do século XVIII, foi colocada num suporte próximo à parte frontal da assembleia, de modo que eu pudesse vê-la por sobre a multidão de jovens adultos que rezava e balançava o corpo. Não tinha tons pastéis, tampouco halos transparentes. Seu fundo era preto e o busto de Cristo era realista, másculo, apesar de macilento, e emergia como de uma sombra.

Aquele Jesus me encarou de frente, com lágrimas escorrendo pela face marcada, clareza e determinação no olhar. Seu coração exposto estava lá, mas Ele não o segurava. Ele não fazia nada, na verdade. Apenas olhava para mim e me deixava olhar para Ele. Logo abaixo do Seu coração estavam escritas em latim as primeiras palavras de João 3, 16: «Com efeito, de tal modo Deus amou o mundo».

Eu já tinha visto esse retrato quando, anos antes, visitara a universidade para assistir a uma conferência de fim de semana; à época, entretanto, eu mal o notara.

Mas naquela noite, ao final de um retiro privado de duas semanas que fiz com o intuito de me reconectar com Deus, no meio de centenas de rapazes e moças cantando canções de louvor, adorando a Jesus na Eucaristia, a efígie de Cristo mexeu comigo. Caí de joelhos, lágrimas rolavam dos meus olhos enquanto simplesmente a fitava e via aquele Deus que tinha me amado de tal modo, que me dava Seu próprio corpo e sangue, que morrera por mim.

Quando, no dia seguinte, deixei Steubenville, comprei uma cópia emoldurada daquele retrato para pendurar na parede central do meu apartamento; e, desde então, penduro-o na parede de todas as casas em que morei: ainda hoje, ao entrar pela porta da frente da minha casa, aqueles olhos penetrantes de Jesus e Seu coração rubro, tingido de fogo, serão as primeiras coisas que você verá.

Porém, se você me pedir para explicar essa imagem, posso me atrapalhar um tanto — pelo menos foi assim até bem pouco tempo.

O estudo da vida dos santos perfeccionistas que buscavam se consertar me convenceu de que eu precisava entender, exatamente, o que o Sagrado Coração de Jesus lhes falava ao coração — e ao meu naquela noite na Universidade Franciscana de Steubenville. Por que tantos santos viam a meditação e a imitação do coração de Jesus como a chave para sua vitória na luta contra o perfeccionismo? Por que tantos hereges perfeccionistas, como os jansenistas, nutriam um ódio especial por essa devoção? O que as Escrituras e os Padres da Igreja têm a dizer sobre a relação entre o coração de Deus e o nosso?

E o que tudo isso tem a ver com a superação do perfeccionismo?

Mesmo antes de mergulhar na Palavra de Deus e na História da Igreja levando todas essas perguntas, senti que as respostas para elas se relacionavam de algum modo àquele trecho do Sermão da Montanha, que, sendo eu uma perfeccionista espiritual, me assombrou: trata-se da passagem em que Jesus explica minuciosamente do que se precisa para alcançar a perfeição cristã, e em termos mais claros do que quaisquer outros que Ele usara nos Evangelhos, talvez à exceção apenas do conselho — de vender tudo e dar aos pobres — que deu a jovem rico:

> Tendes ouvido o que foi dito: Amarás o teu próximo e poderás odiar teu inimigo. Eu, porém, vos digo: amai vossos inimigos, fazei bem aos que vos odeiam, orai pelos que vos [maltratam e] perseguem. Deste modo sereis os filhos de vosso Pai do céu, pois ele faz nascer o sol tanto sobre os maus como sobre os bons, e faz chover sobre os justos e sobre os injustos. Se amais somente os que vos amam, que recompensa tereis? Não fazem assim os próprios publicanos? Se saudais apenas vossos irmãos, que fazeis de extraordinário? Não fazem isto também os pagãos? Portanto, sede perfeitos, assim como vosso Pai celeste é perfeito. (Mt 5, 43-48)

Ser perfeito, Jesus parece dizer, é amar aos outros quando eles nos machucam, e continuar a amá-los quando eles continuam nos machucando. Ser perfeito é amar como Deus ama.

É uma atitude que assusta; e, quanto mais percebo o modo como o perfeccionismo moldou minha vida e personalidade, mais assustadora me parece.

Quando se está no fundo do poço que é o perfeccionismo, acredita-se haver uma solução, uma saída: lutar para abrir caminho em direção a esse amor ilimitado e misericordioso, descrito por Cristo; ao se chegar no meio do caminho, todavia, a visão muda: começa-se a olhar ao redor, notando-se quão desorientado se está e quanto ainda falta para se alcançar a liberdade. Então passa-se a ver a vida sob uma luz mais crua e menos favorável: ressurgem pessoas e acontecimentos que, desde criança, ensinam que para ser amado é imprescindível ser perfeito; regressam os oportunistas, que, na juventude, se aproveitam do perfeccionismo que perceberam, explorando-o para atingirem seus próprios fins; retornam os erros cometidos com os filhos, sem que fossem percebidos — e, em seguida, aqueles erros que persistem, mesmo que sejam já velhos conhecidos.

Todo esse novo exame, essa reavaliação, pode levar ao ressentimento, à raiva e ao pesar. Você se sente sobrecarregado pelo dano que causou a si mesmo e aos outros, pela percepção de que pode estar lutando essa batalha pelo resto da vida. Talvez você até sinta raiva de Deus ao fazer perguntas que parecem não ter respostas: *Por que me deixastes cair neste buraco em que me encontro quando, muito jovem, não sabia avaliar seus perigos? Por que Vós, Senhor, não me mandais, agora mesmo, um paraquedas que me tire desse charco?*

Nesta fase da jornada, quando você vê claramente quão necessitado está de perdão — de perdoar a si mesmo e aos outros — obtê-lo não parece difícil. Pior: parece impossível. Amar como Deus ama — isto é, amar despreocupadamente — parece uma jogada estúpida, um convite para mais e mais sofrimento. E todos aqueles passos (tão modestos!) que você deu em direção à doçura e à paciência, perseguindo a alegria e a rejeição do medo, crescendo em discernimento e equilíbrio, libertando-se das expectativas do mundo, parecem minguar diante da tarefa monumental que se avizinha: a de aprender a amar e a perdoar perfeitamente, como Deus faz. Tudo isso nos conduz de volta ao Sagrado Coração. Os santos enfrentaram as mesmas tentações de cinismo, desânimo e desespero que enfrentamos; além disso, viam seus limites com a mesma clareza que vemos os nossos — na realidade, viam com mais clareza; e eles sim tinham muitas razões para bancar a vítima ou jogar na defensiva.

Porém, diferentemente de nós, os santos escolheram a vulnerabilidade em vez da vingança, optando por manter seus corações feridos bem abertos, como o de Cristo, para continuar amando, à revelia do mundo e de sua própria família, sem se preocupar se estes podiam, aqui e ali, machucá-los — em seu sofrimento, os santos escolheram aproximar-se de Deus em vez de culpá-lO por tal sofrimento, e o fizeram não poucas, mas muitas e muitas vezes.

Sua devoção ao Sagrado Coração de Jesus os ajudou a tomar tais decisões. Assim, refletir e aproximar-se do Coração de Jesus pode nos ajudar também, contanto que procuremos escapar à última e mais perniciosa armadilha do perfeccionismo: as tentações de estagnação e autopreservação que nos impedem de perdoar aos outros e a nós mesmos pelas feridas que somamos ao longo da jornada.

Essas feridas nos tentam, fazendo-nos crer que o coração frio e resguardado de um perfeccionista é a única fortaleza realmente segura neste mundo caído. Contudo, a verdade surpreendente que os santos descobriram — de que a verdadeira força e resiliência são encontradas apenas nos corações partidos pelo amor — pode nos libertar. Antes, porém, devemos penetrar o mistério do coração mais amoroso que já pulsou dentro de um corpo humano: o coração traspassado e chagado de Jesus Cristo.

Assim como aquelas representações cafonas e sentimentais do Sagrado Coração, que já em criança não me agradavam, a palavra «coração» tende a parecer batida, vazia. Isso ocorre, em parte, porque seu sentido literal — um órgão crucial que bombeia sangue para todo o corpo e sustenta a vida — guarda pouquíssima semelhança com o sentido figurado adquirido na cultura *pop* atual, que trata «coração» como sinônimo de «sentimento».

DA CABEÇA AO CORAÇÃO

Nas Escrituras, a palavra «coração» tem outro significado, bem mais profundo: a palavra aparece cerca de oitocentas vezes no Antigo e no Novo Testamento e, embora a sua acepção bíblica perpasse por ambas as definições modernas — o coração como fonte de vida e o coração como sede das emoções humanas —, ultrapassa-as. Na Palavra de Deus, o coração não é apenas uma parte de você, mero apêndice físico ou um aspecto qualquer da sua personalidade. O coração *é você*: sua identidade mais profunda, o centro mesmo da sua vida espiritual, emocional e moral, o lugar onde você toma suas decisões e faz seus julgamentos. O coração é o núcleo da pessoa.

Não é de se admirar, pois, que Deus passe tanto tempo, ao longo das Escrituras, nos chamando a uma mudança de coração. Já no Gênesis lemos que os maus desejos do coração do homem entristeceram o coração de Deus (Gn 6, 5-6) e encontramos lembretes contínuos de que Deus tem um coração e Ele quer que o imitemos.

Vemos isso no Primeiro Livro de Samuel, no qual o Senhor procura «um homem segundo o seu coração e o fará chefe de seu povo» (1 Sm 13, 14), e o encontra não nos filhos mais velhos e robustos de Jessé, mas no mais jovem e esquecido deles: Davi. «O que o homem vê não é o que importa: o homem vê a face», Deus diz a Samuel, «mas o Senhor olha o coração» (1 Sm 16, 7).

Quando Deus estabelece Seus mandamentos, o primeiro — e mais importante, como nos lembra Jesus — diz respeito ao coração: «Amarás o Senhor, teu Deus, de todo o teu coração, de toda a tua alma e de todas as tuas forças» (Dt 6, 5; Mc 12, 30).

Deus não apenas comunica Sua lei às mentes de Seu povo; Ele a incute, Ele grava-a «em seu coração [do povo]» (Jr 31, 33, Rm 2, 15) e o faz porque o coração, como explica Jesus, é, numa pessoa, o *locus* do bem e do mal: «Porque é do interior do coração dos homens que procedem os maus pensamentos: devassidões, roubos, assassinatos, adultérios, cobiças, perversidades, fraudes, desonestidade, inveja, difamação, orgulho e insensatez» (Mc 7, 21-22).

O que significa, então, ter corações que se parecem com o de Deus, corações que «nada nos censuram» (1 Jo 3, 21), mas que agradam ao Senhor, pois Ele diz: «sondo os corações» (Jr 17, 10)? Sabemos que devemos ser «puros de coração» para ver a Deus (Mt 5, 8), mas o que mais Deus quer ver em nossos corações além de amor por Ele e obediência à Sua lei?

A resposta, eu diria, é: vulnerabilidade.

Muitas vezes, nas Escrituras, quando os corações são elogiados, são-o pela abertura, pela cordialidade e até mesmo pela disposição de serem feridos. Os corações que Deus enaltece são humildes o bastante para reconhecer a necessidade da misericórdia divina e suficientemente generosos para estender essa misericórdia aos outros. «Vós não vos aplacais com sacrifícios rituais», escreve o salmista, mas «um espírito contrito, um coração arrependido e humilhado, ó Deus, que não haveis de desprezar» (Sl 50, 18-19). Corações escancarados, chagados, atraem Deus como um ímã: «O Senhor está perto dos contritos de coração, e salva os que têm o espírito abatido» (Sl 33, 19).

Em suas cartas, São Paulo nos exorta a sermos «uns com os outros bondosos e compassivos» e diz ainda: «Perdoai-vos uns aos outros, como também Deus vos perdoou, em Cristo» (Ef 4, 32). O santo apóstolo descreve seu próprio coração como cheio de «grande pesar» e de «incessante amargura» pela situação daqueles que o perseguiram, chegando ao ponto de desejar que ele mesmo fosse apartado de Deus se, feito isso, suas almas pudessem ser salvas (Rm 9, 2-3).

Jesus conhecia muito bem esse misto de angústia e ternura: Ele chora pelo destino da cidade onde será crucificado

(Lc 19, 41) e Seu coração «compadeceu-se» pelas mesmas multidões que Ele sabe que se voltarão contra Ele (Mc 6, 34, Mt 9, 36); na passagem do Evangelho em que Jesus descreve Seu próprio coração de modo mais detalhado, Ele destaca Sua vulnerabilidade, não Sua força: «Tomai meu jugo sobre vós e recebei minha doutrina, porque eu sou manso e humilde de coração e achareis o repouso para as vossas almas» (Mt 11, 29); quando é hora de convencer os apóstolos de Sua identidade, Jesus não tensiona os músculos, mas mostra Suas chagas abertas: «Depois disse a Tomé: Introduz aqui o teu dedo, e vê as minhas mãos. Põe a tua mão no meu lado. Não sejas incrédulo, mas homem de fé» (Jo 20, 27).

A Sua divindade não protegeu Jesus de ter Seu coração partido. Mesmo quando um de Seus apóstolos achava repouso em Seu coração na Última Ceia, Jesus estava «perturbado em seu espírito» porque outro estava tramando traí-lO (Jo 13, 21-26). A lança que perfurou o coração de Cristo na cruz, permitindo que fossem derramados sangue e água sobre aqueles que Ele já perdoara (Jo 19, 34; Lc 23, 34), nos lembra da dor que Cristo experimentou por causa de nossa rejeição, e ainda mais: por causa de nossa indiferença.

Indiferença, frieza, um coração cauteloso, relutante — poucas qualidades são mais repreendidas, e com mais ênfase, nas Escrituras do que essas. O Senhor adverte repetidamente Seu povo sobre o perigo de um coração endurecido pela teimosia (1 Sm 6, 6), pela falta de perdão (Mt 18, 35), pelo pecado ou pela preocupação (Lc 21, 34). Um coração insensível pode até ser menos ferido, mas, como nos lembra Jesus, também é menos provável que seja curado:

> Porque o coração deste povo se endureceu: taparam os seus ouvidos e fecharam os seus olhos, para que seus olhos não vejam e seus ouvidos não ouçam, nem seu coração compreenda; para que não se convertam e eu os sare (Mt 13, 15, cf. Is 6, 9-10).

A cura que Jesus oferece para os nossos corações é menos uma cirurgia reparadora do que um transplante completo. Visto que Deus é amor (1 Jo 4, 8), a única maneira pela qual podemos amar verdadeiramente como Deus ama — plenamente, com liberalidade e sem medo — é amar com um novo coração: com o Seu coração. É um presente que o Senhor deseja nos dar: «Dar-vos-ei um coração novo e em vós porei um espírito novo; tirar-vos-ei do peito o coração de pedra e dar-vos-ei um coração de carne» (Ez 36, 26).

Este dom vem acompanhado de certos riscos, sendo o maior deles compartilhar da mesma dor, traição e ingratidão que Jesus enfrentou. Quando São Paulo declara que «Eu vivo, mas já não sou eu; é Cristo que vive em mim», ele prefacia tal declaração com um lembrete, no qual mostra quão caro custa permitir que o Senhor viva e ame *nele*: «Estou pregado à cruz de Cristo» (Gl 2, 19-20). Ter o coração de Cristo é ter um coração quebrantado, o coração dum homem que «Era desprezado, era a escória da humanidade» e que «foi castigado por nossos crimes, e esmagado por nossas iniquidades» (Is 53, 3,5). A maioria dos perfeccionistas, praticamente todos, prefere compartilhar o poder e a glória do Cristo ressuscitado. Afinal, esses também são atributos de Deus. Mas Deus escolhe revelar Seu poder na fraqueza humana (2 Co 12, 9). Aceitar o dom do coração de Deus significa permitir que o caminho que Ele escolheu seja o mesmo que iremos escolher.

Se o fizermos, iremos não só nos aproximar do ideal de amar os outros com mais perfeição, mas, como diz São Paulo, iremos descobrir quão perfeitamente nós mesmos somos amados. O apóstolo aponta aos Efésios que isso se dá contanto que Cristo «habite pela fé em vossos corações, arraigados e consolidados na caridade, a fim de que possais, com todos os cristãos, compreender qual seja a largura, o comprimento, a altura e a profundidade, isto é, conhecer a caridade de Cristo, que desafia todo o conhecimento...» (Ef 3, 17-19).

Em outras palavras, um coração unido ao de Deus conhece seu verdadeiro valor, pois é coração pleno e corajoso o bastante para se abrir a um mundo estropiado — e, uma vez aberto, assim permanecer para sempre.

A lista dos santos que reconheceram o poder oculto do coração de Cristo, escrevendo sobre ele, remonta aos primeiros dias da Igreja, e estão entre eles mais de uma dezena de Padres e quase todos os santos perfeccionistas com os quais dialogamos neste livro.

Ela começa com cristãos dos séculos II e III, como São Justino, o Mártir; Santo Irineu; Tertuliano e Hipólito de Roma; e, além destes, com os Padres posteriores, como Santo Ambrósio, Santo Agostinho e São João Crisóstomo. Em seu abrangente estudo *Heart of the Redeemer*, o teólogo Timothy T. O'Donnell documenta a vida desses primeiros cristãos que viram um grande significado no sangue e na água que fluíram do lado de Cristo na Cruz (Jo 19, 34), muitas vezes identificando-os com a «água viva» da graça que Jesus prometeu que fluiria de Seu coração (Jo 7, 38).

Essa água viva dá vida às nossas almas, sobretudo através dos sacramentos do batismo (água) e da Eucaristia (sangue); e, também, dá vida à Igreja, que, nas palavras de Santo Agostinho, nasceu do lado aberto de Cristo: «A Igreja nasceu do lado do Senhor adormecido na Cruz, porquanto do lado aberto do Crucificado os sacramentos da Igreja brotaram». Justino, escrevendo três séculos antes, conclui o mesmo: «Nós, cristãos, somos a verdadeira Israel que brota de Cristo, pois somos extraídos de Seu coração, como de uma rocha».

Os Padres da Igreja também viram significativo valor em João 13, 23, texto no qual São João — cognominado «o Apóstolo do Amor» — repousa no peito, no coração de Cristo.

São Paulino de Nola assinala que João bebeu a «Sabedoria do Coração da Sabedoria, que cria todas as coisas», enquanto Agostinho diz que João «tirou mistérios mais elevados do íntimo do coração [de Cristo]», um presente que lhe permitiu escrever seu místico «Evangelho do Amor». Observando essas e outras referências patrísticas em seu livro *A Heart on Fire*, o jesuíta James Kubicki diz que os primeiros cristãos viam São João como um símbolo da Igreja, que é chamada a aproximar-se do coração do Senhor e receber dele a mesma força sobrenatural que permitiu que João ficasse ao lado de Cristo depois que todos os outros apóstolos fugiram d'Ele.

A ênfase que os Padres da Igreja davam ao coração chagado de Cristo foi um poderoso antídoto contra as primeiras heresias que negavam a Sua plena humanidade. O'Donnell observa que, já no século III, os cristãos em Roma eram instados a meditar no lado aberto, traspassado do Cristo, às três horas da tarde, a hora em que Jesus morreu na Cruz. Essa prática provavelmente irritou hereges perfeccionistas: os gnósticos que odiavam o corpo (ou «os perfeitos», como às vezes se chamavam), os docetistas e os monofisistas, todos eles entendiam a ideia de salvação como um padecimento — sofrido pelo Deus feito carne — escandaloso demais de se suportar.

A devoção ao coração traspassado de Jesus provavelmente repeliu também os pelagianos perfeccionistas com os quais Santo Agostinho pugnou no século V. Enquanto os pelagianos negavam o pecado original e nossa consequente necessidade de redenção em Cristo, tratando Seu sofrimento na cruz apenas como um bom exemplo a ser seguido em nossa jornada rumo ao céu, Agostinho defendia a necessidade da morte sacrificial de Cristo para nossa salvação; e, junto com Paulino, João Crisóstomo e outros, apontava para o coração traspassado de Jesus, vendo nele uma lição objetiva do amor humilde e salvífico de Deus: «Não estão todos os tesouros da sabedoria e do conhecimento escondidos em Vós, encerrando a verdade de que devemos apreender vossa grandeza de serdes manso e humilde de coração?».

Essas primeiras sementes cresceram, tornando-se uma devoção consistente e generalizada ao coração de Jesus na Idade Média, principalmente por meio de santos e teólogos beneditinos. Embora São Bento não faça, ele próprio, menção explícita ao Sagrado Coração, sua Regra se concentra fortemente na mudança do coração e inclui dezenas de referências aos nossos corações, começando com uma linha de abertura que parafraseia Provérbios 4, 20 («inclina teu ouvido aos meus discursos») com um típico torneio beneditino: «inclina o ouvido do teu coração».

Essa atenção ao conceito bíblico de metanoia — mudança de coração — muito provavelmente influenciou beneditinos como São Bernardo de Claraval e Santa Gertrudes, a Grande, conhecidos por sua devoção ao Sagrado Coração. Gertrudes foi uma das várias místicas beneditinas do século XIII que falou em oferecer seu coração a Jesus ou trocá-lo pelo d'Ele; em seus *Exercícios espirituais*, reza pedindo a Jesus: «absorvei meu coração totalmente em Vós». Bernardo, um abade do século XII, rezou para que o coração de Cristo purificasse o seu, tornando-o mais cálido e terno, e que o «perfurasse» com o amor de Deus. «Uni meu coração ao Vosso», ele implora, «e deixai que Vosso amor martirizado seja encontrado em meu coração».

O amor pelas chagas de Cristo foi o foco principal de São Francisco de Assis, cuja devoção ao Cristo sofredor baseou-se, de início, no crucifixo de São Damião, por volta do ano 1206, e passou a marcar toda a sua vida e espiritualidade, bem como seu corpo. Ao descrever a experiência de Francisco com os estigmas, São Boaventura, teólogo franciscano do século XIII e ele mesmo um ardente defensor da devoção do Sagrado Coração, diz que Deus ajudou Francisco a entender que «ele deveria ser totalmente transformado à semelhança do Cristo crucificado, não pelo martírio de sua carne, mas pelo fogo do amor [de Cristo] consumindo sua alma». O coração de Francisco foi ferido como o de Cristo, diz Boaventura, e essa ferida encheu Francisco de amor.

O elo entre os primeiros santos perfeccionistas e o coração de Cristo são, apesar de indiretos, bem perceptíveis. Ao chegarmos ao século XVII, porém, evidências da devoção ao Sagrado Coração entre santos ex-perfeccionistas tornam-se óbvias e esmagadoras.

São Francisco de Sales e Santa Joana de Chantal são dois exemplos clássicos: ambos adotaram como emblema da sua Ordem da Visitação uma imagem do coração traspassado de Jesus. Em carta a Joana, Francisco escreve: «Nossa pequena congregação é obra do Coração de Jesus e do Coração de Maria. Enquanto morria, Nosso Salvador deu-nos à luz através das chagas do Seu Sagrado Coração».

Numa época de moralismo e frieza, Francisco e Joana queriam que suas irmãs da Visitação fossem mulheres cujos corações ardessem de amor divino — mulheres como Maria, que continuamente «conservava... no seu coração» o mistério de Seu Filho e permitiu que seu próprio coração fosse traspassado pela espada de Seu sofrimento (Lc 2, 19; cf. 2, 35).

«Coloca todo teu coração nas mãos de Deus», Joana diz à sua filha biológica, repetindo conselhos que ela frequentemente dava a suas filhas espirituais. Francisco diz aos seus dirigidos espirituais que, se eles cultivarem um coração semelhante ao de Cristo, a virtude lhes sobrevirá: «Assim como nosso amado Jesus vive no teu coração, também Ele viverá na tua conduta e será revelado nos teus olhos, na tua boca, nas tuas mãos e até nos fios de cabelo da tua cabeça.»

Isto posto, como acolhemos Jesus em nossos corações? Suportando paciente e amorosamente o sofrimento, responde Francisco, o que inclui os pequenos aborrecimentos da vida: «a dor de cabeça, ou dor de dente, o resfriado forte; as cansativas peculiaridades do marido ou da mulher, o copo quebrado, a perda de um anel... o escárnio do próximo», tudo isso pode produzir «riquezas espirituais» e um coração mais conformado ao de Cristo. Quando não conseguimos manter toda essa paciência, Francisco aconselha: «Esconde o teu coração suavemente nas chagas de Nosso Senhor, sem fazer nenhum esforço veemente; tem grande confiança de que em Sua misericórdia e bondade Ele não te abandonará...»

Esse processo de unir nossos corações ao de Cristo, de abrir nossas feridas para que Ele as cure, recomeça dia após dia. Tropeços e contratempos são inevitáveis; contudo, o valor está na frequência com que nos levantamos de nossas quedas diárias. Como Francisco diz a uma mãe frustrada por suas faltas contumazes,

> Já pela manhã, prepara teu coração para entrar em estado de paz; cuida de recobrar essa paz muitas vezes ao longo do teu dia, repondo, assim, teu coração em tuas próprias mãos. Se fizeres algo que te cause angústia, não permitas que isso te assuste, de maneira alguma te turbes; mas, tendo reconhecido [tua culpa], humilha-te gentilmente diante de Deus e tenta restaurar teu espírito, reconduzindo à placidez.

Joana travou contato com a sabedoria desse conselho bem de perto, usando-o para superar sua própria frustração, seu próprio temperamento explosivo. As frases mais memoráveis de suas cartas revelam uma espiritualidade similar que em todos os momentos se centra no coração: «Deus só quer o nosso coração»; «Mantém teu coração firmemente posto em Deus e expulsa tudo o que não provém d'Ele»; «Coloca-te diante de Deus com muita simplicidade... [e] gentilmente despeja em Seu Sagrado Coração tudo o que o teu próprio coração lhe pedir para dizer.» Joana era a prova viva de que a graça pode transformar feridas profundas em profunda alegria. A morte de seu marido, junto com o abuso que sofreu de seus sogros, poderia tê-la prendido para sempre num círculo de vitimização e vingança se ela não tivesse aberto suas feridas para que o toque de Cristo as curasse. Como recorda Joana a seus colegas perfeccionistas, Jesus cura as feridas que, ao pecarmos, infligimos contra nós mesmos:

> Quando caíres em alguma falta, vai a Deus com espírito humilde, dizendo a Ele: «Pequei, meu Deus, perdoai-me»; depois, com confiança amorosa, acrescenta estas palavras: «Pai, derramai o óleo de Vossa grande misericórdia sobre minhas feridas, pois Vós sois minha única esperança, curai-me».

Dada a ênfase que a espiritualidade de Francisco e Joana atribui às chagas do coração, não é de se admirar que o santo mais famoso associado à devoção do Sagrado Coração tenha vindo da ordem fundada por eles. Santa Margarida Maria Alacoque, freira francesa da Ordem da Visitação, nascida 25 anos após a morte de Francisco e cinco anos após a morte de Joana, experimentou uma série de visões centradas no coração de Jesus. Tais visões começaram a lhe ocorrer na festa de São João no ano de 1673, e entre elas a santa viveu a experiência mística de trocar seu coração pelo coração de Cristo.

Apesar da grande resistência dos céticos, dentro e fora de seu convento, e em parte graças ao apoio de seu confessor jesuíta, São Cláudio de la Colombière, este presente particular dado a Margarida Maria tornou-se uma bênção para toda a Igreja. A devoção do Sagrado Coração nutrida em sua alma se espalhou, primeiro, por seu convento; depois, por outros conventos da Ordem da Visitação; e, finalmente — com a ajuda de livros populares escritos por seu diretor espiritual jesuíta, Jean Croiset, e outro padre jesuíta, Joseph de Galliffet — por cristãos de todo o mundo.

É compreensível que os filhos espirituais de Inácio de Loyola tenham desempenhado um papel fundamental na missão de Margarida Maria, dada a importância do coração na espiritualidade inaciana. O método de discernimento que ajudou o fundador dos jesuítas a superar seu perfeccionismo, mais de um século antes, surgiu da percepção de que Deus fala conosco através dos movimentos de nossos corações. Inácio chegou a essa epifania enquanto estava enfermo, no leito; e, ali, aquele jovem soldado se converteu — não foi o estudo de um tratado teológico que mudou Inácio; mas a penetração imaginativa nas histórias de Cristo e dos santos: sua mudança foi uma mudança de coração.

Em seus *Exercícios espirituais*, Inácio encoraja o uso da imaginação na oração e no estudo das Escrituras, para que a Palavra de Deus possa falar tanto a nossos corações como às nossas mentes. Inácio explica: «Não é o muito conhecer que contenta e satisfaz a alma, mas o muito perceber e saborear as coisas interiormente». Um jeito seguro de «saborear interiormente» as verdades da nossa fé é meditar no corpo vulnerável e traspassado de Nosso Senhor. Em sua oração mais famosa, a *Anima Christi* (Alma de Cristo), Inácio pede explicitamente para entrar nas feridas de Jesus:

> *Alma de Cristo, santificai-me.*
> *Corpo de Cristo, salvai-me.*
> *Sangue de Cristo, inebriai-me.*
> *Água do lado de Cristo, lavai-me.*
> *Paixão de Cristo, confortai-me.*
> *Ó bom Jesus, ouvi-me.*
> *Dentro das Vossas chagas, escondei-me...*

A inclinação palpável e encarnada da espiritualidade inaciana e sua forte ênfase no coração fizeram dos jesuítas amigos naturais da devoção do Sagrado Coração. E isso os tornou inimigos naturais dos jansenistas perfeccionistas, que estavam determinados a acabar com essa devoção.

Tudo o que fazia do coração de Jesus um refúgio para perfeccionistas desejosos de consertar-se tornava-o uma ameaça à visão de mundo jansenista. O Sagrado Coração simbolizava a proximidade e a misericórdia de Deus; os jansenistas, por sua vez, enfatizavam Sua distância e severidade. O Sagrado Coração mostrava um Deus que ardia de amor por nós e ansiava por receber nosso amor em troca; os jansenistas, por outro lado, viam Deus como um ser mesquinho com Sua graça salvífica e que não se impressionava com nada do que fazíamos. O Sagrado Coração nos fez recordar do amor despojado e universal de Deus; já os jansenistas adoravam um salvador cuja preocupação se limitava a um número restrito de eleitos, dos quais a maioria dos cristãos não podia sequer sonhar fazer parte.

Havia algo mais: embora os jansenistas professassem crer na Encarnação, o mero contato que tinham com as imagens do Sagrado Coração — os jansenistas tinham repulsa por elas — expunha a superficialidade dessa crença. As imagens do Sagrado Coração de Jesus nos forçam a encarar todas as implicações de um Deus que se tornou um de nós; para os jansenistas, contudo, tais implicações eram motivo de preocupação. Se o Rei do universo assumiu a condição de escravo (Fp 2, 7) e permitiu que Seu coração fosse ferido para que pudéssemos ser curados (1 Pe 2, 24), se até mesmo o corpo ressuscitado de Cristo ainda carrega as marcas de Suas feridas (Jo 20, 20), isso significa que não há razão para negarmos ou escondermos nossas feridas, tampouco lamentar que as sofremos antes de qualquer outra coisa. Assim, uma teologia perfeccionista que nos incita a odiar a fraqueza em nós mesmos e nos outros, a nos prover o caminho para a salvação, começa a parecer um pouco ridícula.

Os jansenistas reconheceram a ameaça que a devoção ao Sagrado Coração representava e passaram a troçar de seus proponentes, chamando-os «adoradores do coração». Eles argumentavam que o foco no coração de Cristo exaltava Sua humanidade em prejuízo da Sua divindade — afirmação que, de bom grado, ignorava a tradição bíblica milenar de reconhecer o coração como um símbolo do homem integral.

À medida que o século XVIII avançava e a disputa entre jansenistas e jesuítas se acirrava, outro perfeccionista em recuperação entrou na contenda. Era São Afonso de Ligório, o bispo e teólogo moral que sofria de escrúpulos mais do que qualquer outro e cuja libertação do medo perfeccionista veio através da intensa atenção dada ao amor misericordioso de Deus. Afonso compreendeu intuitivamente que a devoção ao coração de Jesus é a devoção ao amor de Jesus, o mesmo amor que o libertou; e, enquanto observava uma sociedade em que o secularismo estava em ascensão, os cristãos oscilavam entre legalismo e frouxidão, e até mesmo os devotos transitavam de uma moda espiritual para outra, buscando soluções rápidas para suas falhas, Afonso reconheceu a necessidade de uma maior devoção ao coração de Jesus, como explica em seu livreto de 1758:

> Muitas pessoas... dão muita atenção à prática de várias devoções, mas negligenciam a devoção ao Sagrado Coração; e... muitos sacerdotes e confessores... dizem variedades de coisas, mas falam pouco do amor a Jesus Cristo: ao passo que o amor a Jesus Cristo deve ser a principal, na verdade a única devoção de um cristão... Essa negligência é a razão pela qual as almas progridem tão pouco na virtude.

Com toda a erudição que lhe era usual, mas sem faltar com a clareza, Afonso elaborou um argumento convincente para a devoção e lembrou seus críticos que, ao honrarmos o coração de Cristo, honramos o Cristo inteiro. Retratar o coração humano de Jesus sendo traspassado, desejoso do nosso amor, não é denegrir Sua divindade, mas afirmar a verdade bíblica de que nosso Criador, em sua infinitude, se humilha para se aproximar de nós, criaturas finitas. «Jesus não precisa de nós; Ele está igualmente feliz... com o nosso amor ou sem ele», escreve Afonso. No entanto, «Ele deseja nosso amor... como se Sua felicidade dependesse da do homem». Tal desejo, porém, é uma simples consequência de quem Deus é: «Aquele que ama necessariamente deseja ser amado. Um coração demanda por outro coração; amor procura amor...»

Com seus escritos, Afonso desempenhou um papel decisivo na popularização da devoção ao Sagrado Coração, cuja festa, em menos de uma década após a publicação de seu livro, ganhou um lugar no calendário litúrgico da Igreja, graças à influência do santo; com isso, conforme a devoção ao coração de Jesus crescia entre os fiéis, as ideias jansenistas começavam a perder terreno.

Contudo, mesmo depois do colapso oficial do jansenismo no início do século XVIII, a imagem de um Deus vingativo e temível assombrou novamente a Igreja ao longo do século XIX. Foi quando Teresinha do Menino Jesus, talvez a santa perfeccionista em recuperação mais popular de todos os tempos, elevou o amor pelo coração de Jesus a um novo patamar.

Se há uma queridinha na Comunhão dos Santos, uma irmã caçula, afetuosa e brincalhona, cujas graças e cuja candura fariam rir até São Jerônimo, tido por ranzinza, essa é certamente Santa Teresinha.

A mais nova de nove filhos, Teresinha nasceu franzina e debilitada, em 1873, na França. Seus pais, santos canonizados, haviam perdido, antes dela, quatro filhos ainda em idade infantil. Os médicos disseram à sua mãe, Santa Zélia Martin, que Teresinha poderia ser a próxima; a menina, porém, tinha uma força que os médicos não viam, e logo Zélia a descreveu como «um bebê grande, bronzeado pelo sol» que «sorri sem parar» e é «muito meigo e bem avançado para a idade».

Infelizmente, Teresinha e sua mãe não puderam desfrutar da companhia uma da outra. Zélia morreu de câncer de mama quando Teresinha tinha apenas quatro anos de idade, deixando-a para ser criada — e mimada — por seu pai, Luís, e suas quatro irmãs mais velhas. Essa «pequena rainha» da família Martin era doce, mas teimosa, propensa ao que Zélia chamou de «birras espantosas». Após a morte de sua mãe, Teresinha tornou-se propensa também a escrúpulos, tristeza e a uma sensibilidade aflorada.

Durante certa noite de Natal, às vésperas de seu décimo quarto aniversário — quando, ouvindo o pai lamentar sua criancice, controlou-se para não cair em lágrimas, como costumava fazer —, Teresinha foi conduzida a uma nova maturidade espiritual. Foi uma noite de conversão. Em um ano, Teresinha demandava a todos, do bispo local ao papa, permissão para entrar no convento carmelita, onde duas de suas irmãs mais velhas já eram freiras. A idade mínima para ser admita no convento era a de 21 anos; Teresinha, contudo, foi admitida aos quinze.

Sua teimosia, sua exacerbada sensibilidade, bem como sua sanha de ser aprovada, levaram-na a isso. Cercada pelo que o biógrafo Joseph Schmidt chama de «mães críticas» e abalada pelas homilias fatalistas dos padres influenciados pelo jansenismo, Teresinha se viu diante dos mesmos sentimentos de abandono, rejeição, pesar e vitimismo que, aos dez anos de idade, lhe causaram uma intensa doença psicossomática.

A jovem alimentava uma impaciência, uma raiva em relação às mulheres com quem havia escolhido passar a vida, tentando imaginar de que modo Deus responderia aos seus desejos de santidade, já que ela nitidamente não tinha vigor para atender aos impossíveis padrões de perfeição que lhe eram impostos.

Pouco a pouco, ao longo dos nove anos que passou no convento, antes de sua morte por tuberculose aos 24 anos, Teresinha se deu conta de que todo aquele esforço com vistas a alcançar a perfeição, que antes considerava essencial à santidade, na verdade atrapalhava o que Deus queria realizar em sua alma. Assim, a passos lentos, através da oração, da experiência da vida e da leitura atenta das Escrituras, Teresinha começou a formular uma nova espiritualidade.

Sua «pequena via de confiança e amor», como ficou conhecida, fundamenta-se numa verdade que Teresinha encontrou na Primeira Epístola de São Paulo aos Coríntios. Nela, o santo apóstolo lista as muitas partes e dons do Corpo de Cristo antes de descrever o que ele chama de «caminho mais excelente de todos» e «o maior» dom espiritual: a caridade (1 Co 12, 31, 13, 13). Ao ler essa passagem, Teresinha ouviu o Senhor falando diretamente com ela.

Durante toda a vida, Teresinha tinha sido uma menina de grandes aspirações, muito ambiciosa, a quem manter o *status quo* ou optar por uma saída fácil nunca era o bastante. Quando contava dois anos de idade, deram-lhe opções de vestidos para suas bonecas: Teresinha esperou até que sua irmã mais velha escolhesse um deles, e então pegou a cesta inteira, declarando enquanto a levava consigo: «Eu escolho todos!» Essa sede infinda que Teresinha tinha por mais — por algo maior, mais e mais profundo e, sim, por algo perfeito — nunca a abandonou. «Sinto dentro de mim outras vocações», escreveu certa vez, «...a vocação do guerreiro, do sacerdote, do apóstolo, do médico, do mártir».

Na terminologia de São Paulo, Teresinha encontrou o algo mais que tanto procurava: uma maneira de ser santa apesar de sua fraqueza: «Ó Jesus, meu amor... minha vocação finalmente encontrei-a. Minha vocação é o amor!... [No] coração da Igreja, minha Mãe, eu mesmo serei *Amor*; e, assim, serei tudo...»

Ser amor no coração da Igreja, para Teresinha, significava não precisar mais negar suas faltas, nem seus fracassos, tampouco seus maus sentimentos; em vez disso, ela teria somente de lidar com suas feridas honestamente e oferecê-las de volta a Jesus toda vez que essas feridas lhe inquietassem, confiando que se ela cooperasse com Sua graça e continuasse tentando amar como Ele ama, Ele cuidaria do resto. Ela poderia ter optado por não melhorar, obter algum crédito e se vingar, deixando de se proteger ou de detectar quão longe havia avançado no que chamava de «a áspera escada do medo».

Teresinha havia descoberto uma via célere, «o ascensor do amor», que a levou direto ao coração de Cristo.

Desde pelo menos os doze anos de idade, quando Teresinha se inscreveu no Apostolado da Oração, administrado pelos jesuítas — uma rede internacional de cristãos que oram diariamente para se unir ao Sagrado Coração —, ela nutria um carinho especial pelo coração de Cristo. Tal afeição amadureceu, convertendo-se em amor apaixonado assim que Teresinha descobriu sua pequena via.

Teresinha via no coração de Jesus a resposta ao seu desejo infinito e insaciável de amor, um desejo que ser humano algum jamais conseguira satisfazer, conforme escreveu num poema sobre o Sagrado Coração composto dois anos antes de sua morte,

*Eis o que peço: um coração ardente
de ternura que, sem cessar, me açoite;
amando até o meu torpor frequente,
convivendo comigo dia e noite.*

Teresinha chama o coração de Cristo de sua «única esperança», clamando: «Que eu me esconda no Teu Sagrado Coração», junto com suas feridas, pecados e tudo o mais. Apesar de seus defeitos, Teresinha diz: «Já não mais temo, pois minha virtude és Tu!».

Nos tempos de Teresinha, opor-se ao medo era uma atitude ousada. Àquela altura, a vasta sombra do jansenismo havia distorcido na mente de muitos católicos a devoção do Sagrado Coração, deslocando o foco do amor misericordioso de Deus para problemas sentidos pelos próprios jansenistas, como a sensação de que não eram dignos desse amor e a sua obsessão em expiar seus pecados.

Teresinha considerava o Sagrado Coração um convite à intimidade, não mais um estímulo de culpa. «Eu mesma não vejo o Sagrado Coração como todo mundo o vê», diz. «Penso que o Coração do meu Esposo é só meu, assim como o meu é só d'Ele; e então falo com Ele na solidão deste deleitoso diálogo, em que um coração está diante de um Coração, enquanto espero para contemplá-lO um dia face a face.»

Sua confiança não brotava do orgulho, tampouco da complacência. Teresinha reconheceu sua indignidade e praticou bastante a abnegação. Ela resistia vigorosamente mesmo aos pequenos pecados, recusando-se a revidar quando outras freiras a repreendiam, acusando-a injustamente, ou quando, estando Teresinha muito doente, sentavam-se na beirada de seu leito e riam dela enquanto ela morria, como costumavam fazer. Às irmãs mais rabugentas Teresinha ofereceu seus melhores sorrisos. E, durante anos a fio, passou seus dias tremendo silenciosamente dentro de um quarto gélido, onde certa vez teve de suportar, por dezoito meses, a noite escura de sua alma, torturante experiência em que se sentiu privada do amor de Deus, ainda que ela continuasse amando-O. Nenhum sacrifício que oferecia a Jesus era grande ou pequeno demais: Teresinha praticava o amor até mesmo na lavanderia, trabalhando sem reclamar ao lado de uma colega que jogava água suja nela enquanto enxaguava as roupas. Em certa ocasião, assim disse Teresinha a uma freira:

> Não penses que seguir a via do amor signifique seguir a via do repouso, cheia de doçura e de consolações, pois se trata do exato oposto disso. Oferecer-se como vítima ao Amor significa entregar-se sem reservas ao que Deus quiser, significa preparar-se para partilhar com Jesus as Suas humilhações e o Seu cálice de amargura.

Teresa estava disposta a beber profundamente daquele cálice; porém, não achava que Deus lhe pedisse punições através de penitências severas, incutindo-lhe uma culpa obsessiva ou forçando-a a rastrear, compulsivamente, suas virtudes e vícios; ademais, tinha plena consciência de que as mesmas irmãs que a maltratavam quando ela era noviça faziam-no consumidas por ódio de si mesmas e por seus defeitos.

Em *Walking the Little Way of Thérèse of Lisieux* e *Everything is Grace*, guias magistrais da espiritualidade de Teresinha, Schmidt explica que ela discerniu um traço latente de violência tanto na espiritualidade perfeccionista de sua época como em si mesma, renunciando a ele. Em vez de retaliar aqueles que a machucavam, insurgindo-se contra suas próprias falhas — dela, Teresinha —; em vez de ficar amuada por causa de seus infortúnios, ela escolheu deixar sua dor nas mãos de Jesus, e o fez continuamente a fim de curar-se e de manter seu coração partido também aberto ao amor d'Ele, mesmo quando tudo o que ela queria era se fechar. Teresinha vigiou seus pensamentos e sentimentos, não apenas suas palavras e ações, pois sabia ser mais fácil desarraigar a falta de perdão e a autopiedade enquanto fossem pequenas mudas do que depois de terem produzido frutos maduros e amargos. Ela não se culpava por sentimentos sobre os quais não tinha controle, mas aprendeu a rezar para domar as próprias emoções antes de agir sobre elas, com o intuito de descobrir por qual ardil o medo, o egoísmo e a vingança a podiam conduzir para longe da via do amor.

Quando Teresinha se tornou mestra das noviças de seu convento, compartilhou essa abordagem holística e centrada no coração com as jovens freiras recém-chegadas: se estas repreendessem a si mesmas por suas próprias faltas, Teresinha as exortava a ter paciência consigo mesmas e a lançar suas faltas no «fogo devorador do amor [de Deus]»; à sua irmã mais velha, Leônia, filha problemática da família Martin, Teresinha deu o mesmo conselho: «Deus é muito melhor do que podes imaginar. Ele se contenta com um olhar, com um suspiro de amor... Quanto a mim, acho a perfeição muito fácil de praticar porque entendi que é uma questão de tomar posse de Jesus pelo Seu Coração».

Nem mesmo o temível preceito que Jesus apresenta no Evangelho de Mateus — «amai seus inimigos» e «sede perfeitos, assim como vosso Pai celeste é perfeito» — poderia abalar a confiança de Teresinha, pois ela sabia que, sozinha, não poderia alcançá-lo, e sabia também que não era essa a sua tarefa: cabia-lhe apenas unir seu coração ao de Cristo e deixar o amor d'Ele resplandecer através de sua fraqueza.

«Quando sou caridosa», diz Teresinha, «é somente Jesus que está agindo em mim».

Em relação a amar a Deus de todo coração, também essa foi uma tarefa que Teresa confiou ao coração de Cristo: «Para te amar como Tu me amas, devo tomar emprestado o Teu amor».

Amar e perdoar a si mesma foi talvez o maior desafio para Teresinha enquanto ainda era perfeccionista — foram anos, mas, no fim das contas, ela acabou percebendo que o chamado para amar nossos inimigos se estende até mesmo ao que Schmidt chama de «o inimigo interior», isto é, nossas próprias fraquezas e feridas. Seu biógrafo, Bispo Patrick Ahern, compara a percepção de Teresinha a uma boa gestão de riscos financeiros: «ela viu claramente que, ao aproximar-se de Deus, a fraqueza não é um *passivo*; trata-se, antes, de um *ativo*.»

Dois anos antes de sua morte, Teresa escreveu um «Ato de Oblação ao Amor Misericordioso». Nele, a mulher que viria a ser nomeada a mais jovem Doutora da Igreja da história e aclamada como a «maior santa dos tempos modernos» pelo Papa Pio X conta a Jesus os novos anseios que vieram em substituição aos anteriores, que eram anseios por aprovação, apreciação e segurança:

> … não quero acumular méritos para o céu; quero trabalhar só para o vosso Amor, com o único propósito de vos agradar, de consolar vosso Sagrado Coração e de salvar almas que vos venham a amar eternamente.
>
> No entardecer desta vida, comparecerei diante de vós com as mãos vazias, pois não vos peço, Senhor, que leveis em conta minhas obras. Todas as nossas justiças estão manchadas aos vossos olhos. Desejo, pois, ser revestida pela vossa própria Justiça e receber de vosso Amor a posse eterna de vós mesmo. Não quero outro Trono, nenhuma outra Coroa senão vós, ó meu Amado!

Eu amo Santa Teresinha. Amo mesmo.

Pergunte qual é a minha santa favorita — posso até enrolar, titubear um pouco mas, no fim do dia, sempre acabo voltando a Teresinha. O que amo nela? Sua paixão, seu humor, sua tenacidade. A franqueza com que ela admite falhas que a maioria de nós passa a vida inteira tentando esconder.

Depois de Santa Teresa de Ávila, Santa Teresinha do Menino Jesus foi a primeira santa com quem, já adulta, fiz amizade. Seus escritos sobre a batalha de seu pai contra a demência me ajudaram a superar a batalha de meu próprio pai contra o mal de Alzheimer. Minha primeira filha chama-se Maryrose Therese por causa dela.

Amo Santa Teresinha. Quando, há alguns anos, minha mãe me deu os livros de Joseph Schmidt, passei a amá-la ainda mais, pois com ela compreendi muita coisa a respeito da luta contra o perfeccionismo.

E além disso...

Tolerar uma pessoa que ri de você no seu leito de morte, sorrindo de volta para ela? Prestar auxílio à freira mais resmungona do convento, oferecendo-se para alimentá-la, levá-la ao banheiro e passar seus poucos, preciosos momentos de tempo livre, todos os dias, costurando ao lado dela, enquanto ela insiste em dizer que você está fazendo tudo errado? Dizer a Jesus que, depois de todos esses sacrifícios nesta vida, Ele pode reter as recompensas da próxima, porque tudo o que você faz você faz por amor?

É isso mesmo?

A espiritualidade de Teresinha, fundada nessa abertura do coração, é admirável e adorável, um verdadeiro antídoto seguro contra o perfeccionismo. Contudo, faço um esforço tremendo para me imaginar imitando-a; e, às vezes, pergunto a mim mesma se de fato *quero* imitá-la.

Aliás, quero imitar São Francisco de Assis sabendo que ele sofreu a mesma rejeição pública, o mesmo escárnio que Jesus suportou na Cruz? Quero agir como Santa Joana de Chantal e perdoar parentes que me intimidam, me enganam e maltratam meus filhos? Quero passar meus últimos anos como Santo Afonso de Ligório, sem retrucar, enquanto vejo ex-amigos surrupiarem o trabalho de toda uma vida e me expulsarem de uma comunidade que fundei?

Santa Teresinha diz que a via do amor não é só doçura e consolação. A meu ver, dizer isso ainda é dizer pouco. Olhando para os sacrifícios que essa via do amor acarretou a Teresinha e a outros santos, sou tentada a pensar que a prisão do perfeccionismo não é uma opção tão ruim assim. Sendo perfeccionista, posso pelo menos ter controle sobre as coisas. Posso decorar minha cela, torná-la aconchegante com toques piedosos e talvez até realizar algumas boas ações. Posso continuar me protegendo, sempre colocando entre as pessoas que me machucam um muro de indignação e racionalizações cabíveis. Posso evitar minha vulnerabilidade apenas por evitar, ou então para minimizar minha dor.

Todas essas atitudes têm, no entanto, um problema: a dor é inevitável. Seja como for, sempre hei de sofrer nesta vida. Resta saber se encontrarei significado e valor nesse sofrimento, se permitirei que Deus use minha dor para Seus propósitos.

Em teoria, estou disposta a deixar Deus operar através de minhas feridas, transformando-as em canais de misericórdia para os outros, mesmo aqueles que me machucaram.

Mas, na prática, em minha realidade analisada minuciosamente, hoje — a história é outra. Ou seja, tenho de me arrepender de uma meia dúzia de coisas que, desde o café da manhã, pensei ou disse; tenho de abandonar esse meu apego à segurança e ao controle.

É um apego profundo, que remonta ao tempo em que eu era uma simples garotinha comportada, sensível e já muito responsável. Já me senti vulnerável num mundo barulhento, muitas vezes assustador, onde crianças malvadas cresciam e prosperavam; onde adultos nem sempre agiam como adultos. Não gostava de me sentir vulnerável. Por isso, controlava tudo o que podia — minhas notas, minha aparência, a raiva e a tristeza que sabia que garotas legais não sentiam —, e até que fazia isso bem: sem demonstrar nenhum esforço.

No fundo, porém, sabia que todo esse controle era frágil. Tinha essa sensação naquelas noites em que, o coração disparado, despertava suando frio de um pesadelo: lá estava eu correndo com a caminhonete da família pela estrada afora, a uns cem quilômetros por hora, meus pais e meu irmão no banco de trás, gritando para que eu prestasse atenção na rodovia. Ora, eu sempre presto atenção — é esse o meu dever de motorista; e, mesmo com o alerta que ouvia de meus passageiros em relação a minhas habilidades na direção, não conseguia parar de pensar que a qualquer momento poderia causar um acidente. Mas é claro: eu tinha apenas cinco anos; meus pés sequer alcançavam os pedais do carro; e ninguém ainda tinha me ensinado a dirigir.

Às vezes, quando vejo o caminho de amor que os santos percorreram, sinto o mesmo pânico que senti nesse pesadelo, ao volante dum carro desgovernado. Parece loucura viver como os santos: abrir meu coração ao amor de Deus, correndo o risco de que qualquer lunático pise nele.

De certa forma, é mesmo uma loucura. Observando por uma ótica analítica, ponderando o custo-benefício, se o seu objetivo é ser um vencedor aos olhos do mundo não vale a pena correr esse risco.

Há recompensas, contudo. E, conforme descobri desde que comecei a tentar trilhar tal caminho — repito: comecei a *tentar* — nem todas essas recompensas estão reservadas para a próxima vida.

A recompensa mais evidente é poder ver a mim mesma e a meu perfeccionismo com maior clareza. Desde que comecei a observar os movimentos do meu coração à luz da fé, perguntando se a maneira como nutro sentimentos e pensamentos em relação a algo ou alguém reflete ou não o coração de Cristo, descobri em mim diversos vaus ocultos de ressentimento, julgamento e autopiedade que precisavam de cura. Reconhecê-los e arrepender-se deles não é nada agradável;

ao fazê-lo, sinto que devo me desculpar com meio mundo e, ainda assim, será pouco. Por outro lado, compreendo minha necessidade diária da misericórdia de Deus, bem como o valor dessa misericórdia, como nunca compreendera antes.

Viver assim é sobretudo mais simples. Identifico meus erros com antecedência e gasto menos energia racionalizando ou fugindo deles. Ainda me preocupo demais com coisas exteriores: *Pareço zangada ou inflexível demais? Se fizer tal coisa, parecerei pouco caridosa?* Pelo menos, tenho menos tempo para me preocupar com as aparências, com a impressão que deixo nos outros, já que minha preocupação agora é com aquilo que sou para Deus.

Não sei quanto do meu comportamento exterior ainda reflete as mudanças do meu coração, mas espero estar avançando para expandir essa parcela de liberdade que, certa vez, uma diretora espiritual descreveu como sendo exígua e de rápida escassez. Ela disse que, quando começamos a tentar superar tendências pecaminosas profundamente arraigadas, mal conseguimos nos situar, sendo preciso que alguém chame, enfaticamente, a nossa atenção, como se nos acenasse de longe com algo bem chamativo. Se respondermos ao dom da graça de Deus e nos arrependermos dos pecados que enxergamos, o Espírito Santo honrará nossa cooperação, dando-nos a graça maior de enxergar mais e mais pecados, e de identificá-los logo após cometê-los. Pode parecer que as coisas pioram em vez de melhorar. Mas, se permanecermos firmes e respondermos a *essa* graça — arrependendo-nos o quanto antes e com frequência — receberemos graças ainda maiores, que nos ajudarão a identificar os pecados antes mesmo de cometê-los. É coisa de segundos, geralmente: o tempo de um batimento cardíaco, o suficiente para pensar melhor e desistir de pecar. Trata-se de uma nova medida de liberdade, que só se aplica a nós mediante nossa petição.

Com o perdão ocorre a mesma coisa: a recompensa do perdão é uma liberdade maior; para obtê-la, porém, há que se correr o risco, suportar as incertezas e o desconforto. É como uma situação de afogamento: agarrar-se ao banhista mais próximo, mesmo sabendo que isso rapidamente levará você para o fundo, parece mais seguro do que se soltar e nadar para pegar o colete salva-vidas. A verdade é que só alcançamos a liberdade que Deus deseja para nós quando paramos de remexer em mágoas antigas, causadas por nós mesmos ou pelos outros. Quem quer ser totalmente curado deve perdoar completamente — «setenta vezes sete» e «de todo seu coração», como Jesus ordena (Mt 18, 22, 35).

Parece difícil? É mais difícil do que parece. Durante uma confissão recente, disse ao padre: «Eu *tento* perdoar. Até *acho* que perdoei. Mas, de repente, eles voltam a fazer as mesmas coisas e, enquanto fazem, percebo que ainda estou com raiva do que fizeram antes. E isso não tem fim».

A resposta: «Peça a Deus um coração capaz de perdoar».

É o melhor conselho que já ouvi; porque, quando se trata de perdoar alguém que comete os mesmos pecados há décadas, e não dá sequer sinal de reconhecê-los, muito menos de largá-los, o perdão não é mera questão de vontade ou de competência — é uma graça.

Enquanto rezamos pedindo essa graça, ajuda-nos reconhecer que perdão não é o mesmo que reconciliação. Podemos perdoar unilateralmente; a reconciliação, contudo, requer a mudança de opinião da outra pessoa. Certos relacionamentos não serão restaurados neste plano terreno, mesmo depois de perdoarmos.

Aqui chegamos a outra recompensa — uma recompensa mais inesperada: descobrimos que tentar amar como Cristo ama não significa tornar-se capacho de ninguém.

Amar alguém é querer o melhor para essa pessoa. Codependência não é amor; permitir maus comportamentos não é amor; fingir não se importar com abusos e pecados não é amor. Uma alma orante pode até escolher suportar maus-tratos por amor a Deus, caso seja essa a vontade de Deus para ela. Ocorre que muito do que é transmitido por aí como caridade cristã é na realidade puro perfeccionismo disfarçado, cuja única intenção é agradar às pessoas. Nessa concepção, não se pretende conduzir ninguém a Cristo, mas parecer melhor, evitar conflitos, obter aprovação: trata-se de medo, não de amor.

Quanto mais me lembro de rezar antes de reagir a pessoas ou situações perturbadoras, mais noto Jesus me afastando do medo — mesmo quando tenho de dizer *não* ao que, aparentemente, é uma atitude cristã. Deus nunca sanciona o pecado, nem me autoriza a responder com grosseria às minhas demandas só porque não quero atendê-las; em vez disso, dá-me paz e lembretes frequentes, enquanto rezo, de que estabelecer limites, conservar meu tempo, priorizar as necessidades dos meus filhos, do meu marido e as necessidades que tenho de cuidar de mim mesma são atitudes de amor — dizer *não* pode ser uma atitude amável; pois, certa de que minha resposta veio do amor, veio d'Ele, não sinto nem culpa nem rancor.

O político britânico Andrew Bennett disse certa vez: «A jornada mais longa que alguém há de percorrer consiste num percurso de cerca de 45 centímetros: a distância entre a sua cabeça e o coração».

Minha jornada em busca da compreensão do meu próprio perfeccionismo, com a intenção de provocar mudanças no meu coração, começou com uma criança sangrando no estacionamento de um pronto-socorro. Continuei percorrendo-a nos últimos anos, conforme ia pesquisando a vida dos santos perfeccionistas, testando seus conselhos nas agruras da vida diária. Minha jornada da cabeça ao coração, por sua vez, não começou num ritmo tão ágil assim: em 2017, durante o fim de semana de Ação de Graças, minha mãe, de 77 anos, sofreu uma lesão cerebral traumática ao cair de um lance de escadas.

À época, mamãe tomava anticoagulante, o sangramento em seu cérebro era grave e o seu estado parecia irreversível. Passei três dias ao lado dela na UTI, vendo-a cada vez mais desalentada. Rezava para que ela não precisasse ir pra sala de cirurgia, pois, segundo o neurocirurgião, não sairia de lá viva, a não ser que o anticoagulante desse conta de limpar seu organismo.

No terceiro dia após o acidente, estava sentada à cabeceira do leito dela, grogue de sono, quando o neurocirurgião entrou no quarto às pressas dizendo que não havia mais tempo. O estado de mamãe só piorava e a pressão de todo aquele sangue na cabeça representava o risco de uma hérnia cerebral — de tão inchado, o cérebro vai ficando sem espaço, podendo chegar a furar a base do crânio, atravessando-a. Na maior parte dos casos, isso resulta em morte.

— Ela corre risco de vida — exclamou o doutor. — Vou precisar fazer uma lobectomia.

Minha cabeça pesou, caí pra trás como se algo tivesse me atingido. Senti as lágrimas rolarem pelo meu rosto enquanto imaginava um Jack Nicholson de olhos vidrados, como nos últimos minutos do filme *Um Estranho no Ninho*.

— Você disse lobotomia?

— Não. *Lobectomia*. Quero remover o lobo frontal dela para, assim, abrir espaço e desafogar o inchaço. Preciso da sua resposta em quinze minutos.

O cirurgião passou por mim e saiu da sala. Minhas mãos começaram a tremer enquanto procurava o telefone, precisava ligar pro John, que tinha acabado de ir buscar as crianças da aula de violino; e, entre meus gritos e soluços, não conseguia articular as palavras.

— Estarei aí o mais rápido que puder — ele respondeu; mas, sem garantias de que chegaria rápido o bastante, resolvi ligar pro meu irmão, que viera de Kansas City na noite do acidente da mamãe mas já havia voltado para casa — e não atendia às minhas ligações.

Olhei para a minha mãe, ali deitada, praticamente em coma. Será que ela ainda gostaria de viver sem seu lobo frontal? Haveria alguém que gostaria de viver assim? Imaginei papai em seus últimos anos: com o cérebro tão prejudicado pela demência, desaprendera a engolir os alimentos; não conseguia lembrar o meu nome; sequer sabia onde ele mesmo estava.

— Não quero passar por isso de novo — disse à enfermeira de mamãe, que começou a colocar lenços nas minhas mãos trêmulas. — Meu pai morreu de Alzheimer. Não posso suportar tudo isso de novo... *Isso* não!

Enviei à minha amiga Judy, da Filadélfia, um texto ilegível — implorava por orações; «Já estou fazendo isso» — ela respondeu. Ato contínuo, fiz a única coisa que passou pela minha cabeça: corri para a capela do hospital.

— Socorro — sussurrei, enquanto caía no chão em frente ao sacrário que guarda a Eucaristia. — Ó, Jesus, não posso suportar tudo isso sem Você. Não posso, não posso... Por favor, me ajude. *Por favor*!

Senti-me tão vulnerável naquele momento, tão pequena, tão fraca. Todos aqueles velhos sentimentos da infância — de abandono, de carregar o mundo nos ombros, de estar presa a uma situação terrível que não fora criada por mim e que não conseguia consertar — voltaram à tona. Foi como naquela noite do lado de fora do pronto-socorro.

Mas dessa vez houve algo diferente. Senti aquele mesmo medo, aquela mesma sensação de impotência; contudo, sentia outra coisa, algo que só posso descrever como... doçura. Eu me sentia muito perto de Jesus e Ele se sentiu muito perto de mim; de joelhos, relaxava o corpo e como que me sentava sobre a parte de trás das minhas pernas, lenços molhados apertados contra o peito, o coração acelerado, eu quase podia sentir Seu coração acompanhando os batimentos do meu. Respirei fundo, saboreando aquela onda de calor no meio de um dia que parecia ser o mais gélido da minha vida; e, quando soltei o ar, sabia que Jesus estava comigo, que não precisava suportar tudo aquilo sozinha.

Saí da capela alguns minutos depois. Ainda não sabia o que fazer. Mas sabia que qualquer escolha que fizesse seria a melhor que poderia fazer e que, assim, viveria em paz, pois Deus se bastava com isso — para minha surpresa, também eu me bastava.

Em uma hora, uma escolha aparentemente impossível aclarou-se em minha mente. John chegou ao hospital a tempo de falar com o cirurgião, que apresentou outra opção quando viu quão perturbada eu ficara com a tal da lobectomia. Ele se ofereceu para fazer uma craniectomia, a remoção de parte do osso do crânio de mamãe que permitiria que seu cérebro inchasse com segurança, mantendo o lobo frontal intacto. Quando o inchaço diminuísse, garantiu o médico, fariam outra cirurgia para recolocar o pedaço do osso no lugar. Conseguimos contato com meu irmão e o colocamos no viva-voz. Decidimos os três que essa era a melhor saída, e nela apostamos.

Seis meses — e três cirurgias cerebrais, dezenas de mudanças de um centro médico para o outro, várias infecções, pioras, crises... — depois, mamãe ainda está conosco. Devido aos danos cerebrais causados pelo intenso sangramento decorrente da sua queda, ela está numa cadeira de rodas. Não tenho certeza se ela vai andar ou viver de forma independente de novo. O que importa é que ela ainda esteja conosco, com o seu divertido humor ranzinza, totalmente lúcida e com o cérebro em pleno funcionamento — todo ele.

Na panela de pressão que foram os últimos seis meses, quando me vi administrando todos os aspectos da vida de minha mãe e contando apenas com John para me ajudar nessa tarefa, as minhas tentações perfeccionistas despertaram a todo vapor: minha tendência à precipitação e à rigidez, minhas expectativas nada realistas, minha sensação de culpa sem nenhum cabimento, minha propensão a negligenciar o cuidado de mim mesma e a ceder à autopiedade. Diante de tudo isso, a caótica tarefa de equilibrar família e trabalho tornou-se hercúlea. O esgotamento é um mal que me ronda constantemente, assim como o ressentimento e a falta de perdão para com aqueles que pensei que fossem me ajudar, mas não o fizeram.

Foram as lições que aprendi com meus confrades celestes, os santos perfeccionistas em recuperação, que me mantiveram de pé e me deram forças para continuar. Sem sua sabedoria, não me vejo tentando navegar pelas águas turbulentas dos últimos seis meses — eu, que às vezes ainda me flagro vítima das velhas ilusões perfeccionistas. Aquela decisão médica, tão excruciante, que tive de tomar, provavelmente teria me matado e, se não fosse ela, seria alguma das muitas que vieram depois.

Não que eu esteja fazendo uma espécie de curso intensivo para superar o perfeccionismo. Essa ex-aluna nota dez fica feliz com um consistente sete, sete e meio, na maioria das suas disciplinas semanais. Por mais desafiador que seja, é uma grande alegria buscar a perfeição do Evangelho nos dias de hoje, sendo gentil comigo mesma e com os outros, desacelerando e respirando fundo enquanto tudo ao meu redor desmorona, lembrando que julgar é trabalho de Deus, não meu. Embora a busca da perfeição mundana seja miserável e cansativa, mesmo quando se está perto de alcançá-la, o caminho do amor é repleto de recompensas ao longo da jornada. Mesmo quando ainda tropeço, e nos meus próprios pés, passados poucos passos da linha de largada, fico contente só por estar nela. É o caminho que leva à vida, à vida abundante que Jesus promete em João 10, 10, e é esse o caminho que quero seguir.

Há outra vantagem em trilhar esse caminho, razão pela qual o procurei em primeiro lugar: seguindo ao meu lado, meus filhos aprendem comigo. Diferentemente da minha busca pelo fantasma da perfeição mundana, a busca da perfeição cristã não exige que eu tenha tudo planejado antes de poder ensiná-los. Assim como os santos me ensinaram através de seus fracassos e sucessos, também ensino meus filhos através dos erros que cometo e depois admito diante deles. Toda vez que, ao desabafo sobre alguém com quem me chateei, emendo uma oração, ou peço-lhes desculpas por repreendê-los de forma dura demais, eles aprendem comigo. Assim, eles veem que os erros são inevitáveis, que o perdão é possível e que eles podem tratar um ao outro com compaixão, pois não conhecem apenas o que a mamãe diz, mas o que a mamãe faz.

Na semana passada, quando a Festa do Sagrado Coração se aproximava, perguntei às crianças durante o almoço o que sabiam sobre ela. Será que já tinham olhado para aquele retrato no nosso hall de entrada? Por que, nele, Jesus aponta o Seu coração? E por que há chamas saindo dele?

— Porque Seu coração está queimando de amor por nós! — respondeu Maryrose, de oito anos, radiante, saltando da cadeira, do jeitinho que ela sempre faz quando se anima de verdade.

— Mas... e se cometermos grandes erros? — perguntei, — ele nos amará menos?

— Não! — Maryrose gritou, agora de pé e sacudindo seu misto-quente para enfatizar, o sorriso largo como o sol. — Ele ama a gente, não importa o que a gente faça.

Ela nunca teria aprendido isso tão bem — eu nunca teria aprendido isso tão bem — não fosse aquela ferida que me fez correr para a sala de emergência anos atrás; não fossem todas as feridas e fraquezas que, desde então, descobri em mim.

Hoje, a ferida do meu filho já sarou. Ficou só uma cicatriz branca e fina que ninguém nota, exceto eu. Durante anos, rezei para que ela desaparecesse completamente, para que eu não tivesse de me lembrar do meu fracasso, da minha mágoa naquele dia. E me perguntava por que Deus não atendia ao meu pedido.

Agora sei por quê. Ele queria que eu a visse e me lembrasse da verdade salutar que aquela ferida revelava: a de que não sou perfeita, nem preciso ser, pois Ele me ama de qualquer maneira — para sempre e perfeitamente.

SUGESTÕES DE LEITURA

Listo aqui alguns livros que a meu ver são úteis. Alguns foram escritos pelos próprios santos que lutavam contra o perfeccionismo; outros, por estudiosos escreveram a seu respeito:

```
Santa Joana de Chantal
e São Francisco de Sales
```

- *Francis de Sales, Jane de Chantal: Letters of Spiritual Direction*, seleção e introdução de Wendy M. Wright e Joseph F. Power. Nova York, Paulist Press, 1988.

- *Filoteia: introdução à vida devota*, São Francisco de Sales. Petrópolis, Vozes, 2019.

- *Heart Speaks to Heart: The Salesian Tradition*, Wendy M. Wright, editado por Philip Sheldrake. Nova York: Orbis Books, 2004.

- *The Life of Saint Jane Frances Fremyot de Chantal*, Emily Bowles. Londres, Burns and Oates, 1872.

- *Madame de Chantal: Portrait of a Saint*, Elisabeth Stopp. Westminster, The Newman Press, 1963.

- *St. Jane Frances de Chantal*, Janet Mary Scott. Londres/Glasgow, Sands & Co., 1948.

- *Santa Joana de Chantal, fundadora da Visitação*, Andre Ravier. Coimbra, Edições Tenacitas, 2013.

- *Francisco de Sales: sábio e santo,* Andre Ravier, S.J. Porto, Edições Salesianas, 2021.

Santo Afonso de Ligório

- *A prática do amor a Jesus Cristo*, Santo Afonso de Ligório. Aparecida, SP: Editora Santuário.

- *Alphonsus de Liguori: Selected Writings*, Santo Afonso de Ligório. Nova York, Paulist Press, 1999.

- *Alphonsus Liguori: The Redeeming Love of Christ, A Collection of Spiritual Writings,* editado por Joseph Oppitz. Nova York: New City Press, 1992.

- *St. Alphonsus Liguori: Tireless Worker for the Most Abandoned*, Theodule Rey-Mermet. Brooklyn, New City Press, 1989.

- *Alphonsus de Liguori: The Saint of Bourbon Naples, 1696–1787*, Frederick M. Jones. Westminster, Christian Classics, Inc., 1992.

SUGESTÕES DE LEITURA

Santo Inácio de Loyola

- *Exercícios Espirituais de Santo Inácio de Loyola.* São Paulo, Edições Loyola, 1985.

- *O discernimento dos espíritos: guia inaciano para a vida cotidiana*, Timothy M. Gallagher. São Paulo, Edições Loyola, 2021.

- *A Oração do Exame: sabedoria inaciana para as nossas vidas no tempo presente*, Timothy M. Gallagher. Braga, Apostolado da Oração, 2014.

- *Consolação Espiritual: guia inaciano para o maior discernimento dos espíritos*, Timothy M. Gallagher São Paulo, Edições Loyola, 2021.

- *Discerning the Will of God: An Ignatian Guide to Christian Decision Making*, Timothy M. Gallagher. Nova York, Crossroad, 2009.

- *Draw Me into Your Friendship: A Literal Translation and a Contemporary Reading of the Spiritual Exercises*, David L. Fleming. St. Louis, Institute of Jesuit Sources, 1996.

- *Ignatius of Loyola: The Psychology of a Saint*, W. W. Meissner. New Haven e Londres, Yale University Press, 1992.

São Bento

- *A Regra de São Bento.*

- *O caminho do claustro: a experiência de uma mulher em um mosteiro beneditino*, Kathleen Norris. Rio de Janeiro, Nova Era, 1998.

- *Living with Contradiction: Reflections on the Rule of St. Benedict*, Esther de Waal. São Francisco: Harper & Row, 1989.

- *À procura de Deus*, Esther de Waal. Mosteiro Santa Cruz, Edições Subiaco, 2008.

- *St. Benedict, Blessed by God*, Guy-Marie Oury, Collegeville, The Liturgical Press, 1980.

- *St. Benedict: A Character Study*, Rt. Rev. Ildephonsus Herwegen. Londres, Sands & Co., 1924.

São Francisco de Assis

- *Francis and Clare: The Complete Works.* Nova York, Paulist Press, 1982.

- *Francis: A Biography of the Saint of Assisi*, Michael de la Bédoyère. Nova York, Harper & Row, 1962.

- *Saint Francis of Assisi*, Msgr. Leon Cristiani. Boston: St. Paul Editions/Daughters of St. Paul, 1975.

SUGESTÕES DE LEITURA

- *Following Francis of Assisi: A Spirituality for Daily Living*, Patti Normile. Cincinnati, St. Anthony Messenger Press, 1996.

- *The Richest of Poor Men: The Spirituality of St. Francis of Assisi*, John R. H. Moorman. Huntington, Our Sunday Visitor, 1977.

Santa Teresinha do Menino Jesus

- *História de uma alma*, Santa Teresinha. São Paulo, Paulus, 2002.

- *Everything Is Grace: The Life and Way of Thérèse of Lisieux*, Joseph F. Schmidt. Ijamsville, MD, The Word Among Us Press, 2007.

- *Walking the Little Way of Thérèse of Lisieux: Discovering the Path of Love*, Joseph F. Schmidt. Frederick, The Word Among Us Press, 2012.

- *Maurice and Thérèse: The Story of a Love*, Patrick Ahern. Nova York: Image, 2001.

- *História da família Martin: o lar onde floresceu Teresa de Lisieux*, Stéphane Joseph Piat. São Paulo, Cultor de Livros, 2017.

O Sagrado Coração de Jesus

- *Heart of the Redeemer: An Apologia for the Contemporary and Perennial Value of the Devotion to the Sacred Heart of Jesus*, Timothy T. O'Donnell. São Francisco, Ignatius Press, 1992.

- *A Heart on Fire: Rediscovering Devotion to the Sacred Heart of Jesus*, James Kubicki. Notre Dame, Ave Maria Press, 2012.

AGRADECIMENTOS

«A gratidão», disse G. K. Chesterton certa vez, «é a felicidade redobrada pelo assombro».

Nos últimos nove anos, meu marido e eu embarcamos para valer nessa tão esperada aventura de sermos pais, uma aventura que acabou motivando e moldando a redação deste livro. E devo dizer que, durante todo esse tempo, fui abençoada com mais momentos felizes e maravilhosos do que eu merecia. Assim, dedico este livro aos meus quatro filhos: Maryrose Therese, John Patrick, Clara Colleen e Joseph Francis.

Meus pequerruchos, ser sua mãe e professora é o maior privilégio que eu poderia ter nesta vida, uma missão que, de tão deleitosa, tem sido capaz de ensinar a mim muito mais do que eu poderia lhes ter ensinado. É difícil traduzir em palavras o meu amor por vocês. Se nada mais eu lhes puder ensinar, espero ao menos mostrar que cada um de vocês é amado «com eterno amor» (Jr 31, 3) por Deus, assim como por seu pai e por mim. E nada que vocês façam ou deixem de fazer poderá separá-los desse amor (cf. Rm 8, 38-39).

É certo que, se não fossem o amor e apoio do meu marido, meus pequerruchos, vocês não existiriam, nem eu teria tempo para escrever livros enquanto educo vocês. John Allan Campbell foi o meu primeiro interlocutor e meu primeiro leitor, o principal incentivador da escrita deste livro, e assim é John com tudo o que faço. Mesmo quando eu não acreditava neste livro, ele acreditava; e, dia após dia, pôs essa crença em prática, cuidando das crianças nas noites de sábado para que eu pudesse escrever; ajudando com a educação domiciliar nas manhãs de quarta e quinta-feira, para que eu escrevesse ainda mais; e ficando acordado até tarde, durante inúmeras noites, a fim de conversar comigo sobre minhas ideias e frustrações, para que eu pudesse continuar escrevendo. Além disso, John prontificou-se ao máximo para supervisionar os cuidados médicos que minha mãe recebeu após sua lesão cerebral no ano passado — mais de uma vez, sua dedicação e entrega salvaram a vida dela. John é minha rocha, meu parceiro, o amor da minha vida. E eu sou abençoada por ser sua esposa. Eu te amo, John. Para todo o sempre.

Sou grata a meus pais, Thomas Patrick e Mary Beatrice Carroll, por compartilharem o dom da fé comigo e por testemunharem o amor inabalável de Deus durante um casamento de 38 anos e uma batalha de doze contra o mal de Alzheimer. Foi um livro que ganhei de papai que me revelou os santos; quase todos os outros presentes, ganhei-os da mamãe. Agradeço a Deus por seu amor, por suas orações, e também pela vida de minha mãe, um dom que Ele logrou preservar. Fico feliz por você ainda estar conosco, mãe.

Agradeço à minha agente, Lisa Jackson, que me ajudou a encontrar o lar certo para este livro e ofereceu valioso auxílio durante o processo de publicação; minha editora, Beth Adams, que abraçou este livro com entusiasmo e trabalhou diligentemente com a equipe da Howard/Atria para garantir seu sucesso; Kelly Hughes, que encarregou-se de sua publicidade; e Bill Barry, cujos comentários a um esboço que lhe enviei me ajudaram a refinar meu escopo.

Sou grata à querida Judy Wilson, amiga que tem sido minha fonte de encorajamento, de orações e de auxílio há anos, e que, durante a recente crise de saúde de minha mãe, me ajudou de maneira ainda mais intensa.

AGRADECIMENTOS

O último nesta lista, mas o primeiro em meu coração, é Jesus. Ele me amou desde o princípio, me amou em todas as reviravoltas por que passei ao longo da minha jornada, e continua a me amar apesar dos meus tropeços e murmurações diárias, apesar dos meus períodos de aridez, apesar de minha confiança vacilante. Foi Jesus quem inspirou este livro, foi Jesus que o tornou possível. E qualquer bem que este livro venha a fazer procede totalmente de Jesus, assim como eu procedo d'Ele.

COLLEEN CARROLL CAMPBELL
Festa de Cristo Rei
25 de novembro de 2018

MINHAS ANOTAÇÕES

MINHAS ANOTAÇÕES

MINHAS ANOTAÇÕES

Direção geral
Renata Ferlin Sugai

Direção editorial
Hugo Langone

Produção editorial
Gabriela Haeitmann
Ronaldo Vasconcelos
Juliana Amato

Capa & diagramação
Gabriela Haeitmann

ESTE LIVRO ACABOU DE SE IMPRIMIR
A 25 DE FEVEREIRO DE 2025,
EM PAPEL IVORY SLIM 65 g/m².